电子商务类专业
创新型人才培养系列教材

互联网销售

AI + 微课版

姚大伟 曹琳◎主编

徐建宁 何炜◎副主编

人民邮电出版社

北京

图书在版编目（CIP）数据

互联网销售：AI+微课版 / 姚大伟，曹琳主编.

北京 ：人民邮电出版社，2025. --（电子商务类专业创

新型人才培养系列教材）. -- ISBN 978-7-115-66470-9

Ⅰ. F713.365.2

中国国家版本馆 CIP 数据核字第 20251YC001 号

内 容 提 要

互联网销售能够突破地域限制、提高营销效率，并降低运营成本，促进企业的数字化转型，为企业的可持续发展注入新的活力。本书以互联网销售的流程管理与创新实践为主线，系统地介绍了互联网销售的策略、方法与技巧，共分为 10 个项目，内容包括互联网销售概述、互联网销售分析、售前服务与管理、售中服务与管理、售后服务与管理、直播销售与管理、智能客服系统、销售数据分析、客户关系维护，以及销售管理。

本书内容新颖，案例丰富，既可作为高等职业院校电子商务、市场营销等专业相关课程的教材，也适合企业管理人员、销售培训师，以及对互联网销售感兴趣的读者阅读参考。

◆ 主　编　姚大伟　曹　琳
　　副 主 编　徐建宁　何　炜
　　责任编辑　侯潇雨
　　责任印制　王　郁　彭志环
◆ 人民邮电出版社出版发行　　北京市丰台区成寿寺路 11 号
　　邮编　100164　　电子邮件　315@ptpress.com.cn
　　网址　https://www.ptpress.com.cn
　　三河市祥达印刷包装有限公司印刷
◆ 开本：787×1092　1/16
　　印张：14.75　　　　　　　　2025 年 5 月第 1 版
　　字数：368 千字　　　　　　2025 年 7 月河北第 2 次印刷

定价：56.00 元

读者服务热线：(010)81055256　印装质量热线：(010)81055316
反盗版热线：(010)81055315

前言

随着信息技术的不断革新和网络基础设施的日益完善，互联网以其超越时空限制的特性，为销售行业开辟了前所未有的广阔天地。消费者越来越倾向于通过网络平台满足购物需求。这一趋势推动互联网销售行业以惊人的速度崛起和扩张，从最初的简单线上交易模式，迅速演变为涵盖多种复杂业务流程和创新营销手段的综合性行业。

面对激烈的市场竞争、消费者日益增长的个性化需求，以及不断变化的线上消费趋势，许多企业面临前所未有的挑战。如何有效管理线上销售渠道，提升消费者体验，实现精准营销，成为摆在众多企业面前的难题。

党的二十大报告指出，"加快发展数字经济""加快实施创新驱动发展战略"。互联网销售模式本身就是创新的产物，并且其不断推动着销售渠道、营销方式等多方面的创新。在各个销售环节中，企业要实施精细化的管理策略，利用先进的技术手段，如优化直播销售、完善智能客服系统、深入挖掘销售数据，并且注重客户关系的长期维护等，建立起一套完整且行之有效的互联网销售管理体系。

正是基于这样的时代背景和企业需求，编者精心策划并编写了本书，旨在帮助读者拨开互联网销售的迷雾，找到解决问题的关键路径，在这个竞争激烈的数字商业时代中脱颖而出，实现销售业绩的稳步增长和可持续发展。

本书主要具有以下特色。

- **立德树人，素质引领**：本书全面落实党的二十大精神，贯彻实施科教兴国战略、人才强国战略、创新驱动发展战略，以社会主义核心价值观为引领，在案例选取、就业技能引导上，结合家国情怀、工匠精神和职业素养等思政维度，构建全面育人体系。

- **体系完善，知识新颖**：本书紧跟时代发展潮流，融入了 AI 技术在互联网销售领域的新应用，对互联网销售过程中的各种策略进行了深度诠释。本书内容新颖，注重实践，并充分考虑课程要求与教学特点，以必需和实用为准则，在简要而准确地介绍理论知识的基础上，重点讲解了行之有效的策略和方法，着重培养读者的互联网销售能力，以解决互联网销售过程中的痛点和难点。

- **案例丰富，融会贯通**：本书通过"案例导入"模块引入项目内容，并在理论和技能讲解的过程中穿插"案例链接"模块，通过案例深入解析互联网销售策略。读者可以从案例中汲取经验，掌握互联网销售业务的精髓，做到融会贯通。

- **实战导向，巩固技能**：本书采用项目任务式体例结构，既有详细的理论阐述，又注重培养读者的实战技能。无论是刚接触互联网销售业务的新手，还是行业精英人士，都能从本书中学到有价值的实战经验和技巧，并应用到工作实践中。同时，本书非常注重实操训练，每个项目结尾均设有"项目实训"模块，让读者在实训中提升综合素养。

- **资源丰富、拿来即用**：本书提供了丰富的立体化教学资源，其中包括 PPT 课件、教学大纲、教案、课程标准等，用书老师可以登录人邮教育社区（www.ryjiaoyu.com）下载相关资源。

本书立足产教融合，组建校企"双元"编写团队。本书由上海思博职业技术学院姚大伟、江苏省南通中等专业学校曹琳担任主编，厦门网中网软件有限公司徐建宁、陇南师范学院何炜担任副主编。全书共分为 10 个项目，项目一由姚大伟编写，项目四和项目五由曹琳编写，项目六和项目七由徐建宁编写，项目九和项目十由何炜编写，项目二由上海思博职业技术学院翟井波编写，项目八由上海邦德职业技术学院周玲琍编写，项目三由上海市浦东外事服务学校陆旭东编写。姚大伟教授负责全书的统稿、定稿。尽管编者在编写过程中力求准确、完善，但书中难免有疏漏与不足之处，恳请广大读者批评指正。

编　者
2024 年 11 月

目录

项目一

互联网销售概述

知识目标

➤ 了解互联网销售的类型和职责。
➤ 了解互联网销售岗位与其他岗位的关系。
➤ 掌握互联网销售的业务知识要求和素质要求。

能力目标

➤ 能够阐述互联网销售岗位与其他岗位的关系。
➤ 能够阐述互联网销售需要掌握的业务知识类型。
➤ 能够阐述互联网销售需要具备的能力、素质。

素养目标

互联网销售要遵循"公平、公正、透明"的原则，不进行不正当竞争，不损害客户利益，维护良好的市场秩序。

项目导读

随着互联网技术的不断发展，电子商务兴起，电商平台大量涌现，企业为了拓展市场，需要构建低成本的高效渠道，这些因素促使互联网销售岗位的产生。而从业人员在互联网销售领域要想取得成就，就需要掌握各种知识和能力，如专业知识、沟通能力、营销能力、客户服务能力、强大的心理素质、持续学习和创新的能力等。

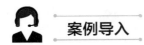

知识导图

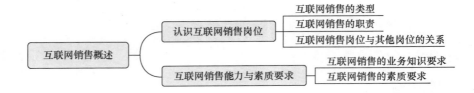

互联网销售概述
├─ 认识互联网销售岗位
│   ├─ 互联网销售的类型
│   ├─ 互联网销售的职责
│   └─ 互联网销售岗位与其他岗位的关系
└─ 互联网销售能力与素质要求
     ├─ 互联网销售的业务知识要求
     └─ 互联网销售的素质要求

案例导入

红米 Note 14 Pro 上市，互联网销售助推销量翻倍

红米 Note 14 Pro 系列手机于 2024 年 9 月 26 日正式发布，其中 Note 14 Pro+搭载首发的高通第三代骁龙 7s 处理器、小米澎湃 T1 信号增强芯片，性能强劲，还配备了高分辨率的护眼屏幕、旗舰级别的三摄像头系统，支持全焦段抓拍，满足摄影需求；电池方面内置 6200mAh 大容量的小米金沙江电池，续航能力强大。

在首销日，该系列手机相比红米 Note 13 Pro 系列手机实现了销量翻倍，展现出强大的市场吸引力。

红米 Note 14 Pro 系列手机之所以能取得好的销售业绩，除了依靠其优质的产品质量以外，其互联网销售策略也是关键因素。

在 2024 年 9 月 26 日至 10 月 14 日，消费者只要购买红米 Note 14 Pro 系列手机，就能获赠价值 595 元的品质保障，包括一年碎屏保、一年电池盖保、一年进水保、五年电池保、365 天只换不修等。

在社交媒体宣传策略上，小米高管及相关人员在社交媒体平台积极推广该系列产品。例如，通过展示手机的外观设计、性能、拍照效果等方面的优势，吸引消费者的关注。小米官方还在网络上发起相关话题讨论，引发网友对红米 Note 14 Pro 系列手机的关注和讨论，增加了产品的热度和曝光度。

微课资源

总之，红米 Note 14 Pro 系列手机通过展示产品的优势、有力的促销活动，以及多渠道的宣传推广，在 2024 年的互联网销售中取得了出色的成绩。

任务一　认识互联网销售岗位

互联网销售岗位是指利用互联网平台进行产品或服务的推广、销售和客户服务的职业。它融合了传统销售技巧与现代互联网技术，实现了销售模式的创新与升级。随着互联网技术的不断发展，互联网销售岗位的需求将持续增长，特别是在电子商务、金融科技等领域，互联网销售将成为推动行业发展的重要力量。

一、互联网销售的类型

互联网销售就是利用互联网平台进行产品或服务的销售活动。它涵盖了官方线上商城、社交媒体、电商平台等多种销售渠道，通过这些渠道，企业或个人可以更高效地与潜在消费者进行互动和交易。

在互联网销售模式下，消费者可以随时随地通过互联网购买所需产品或服务，不受时间、地点的限制，企业也能拓展更广阔的市场。互联网销售允许企业与消费者进行实时互动，如在线咨询、售后服务等，能够更好地满足消费者需求。相较于传统销售模式，互联网销售可以降低企业的运营成本和营销成本。

根据平台销售模式来划分，互联网销售可以分为以下几种类型。

1. B2C（Business-to-Consumer）

B2C是电子商务的一种模式，也是企业直接面向消费者销售产品和服务的零售模式。B2C模式可以细分为以下几种类型。

（1）综合电商平台

天猫（见图1-1）、京东、拼多多等平台是具有代表性的综合电商平台。这些平台为消费者提供了海量的商品，涵盖了各个品类，如服装、电子产品、家居用品等。它们有庞大的供应商网络，消费者可以在一个平台上比较不同品牌和商家的产品价格、质量、评价等信息。例如，在天猫平台上，消费者可以购买到苹果、华为等众多品牌的手机，并且能看到其他消费者对这些手机的使用评价，还能享受平台提供的配送、售后服务等。

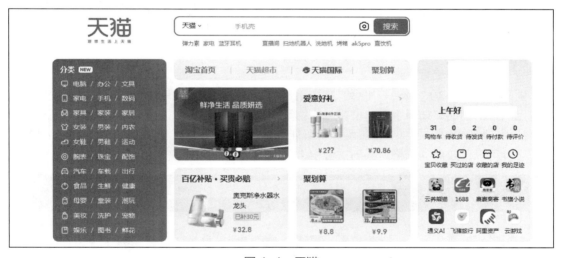

图1-1 天猫

（2）品牌官方电商网站

许多品牌会建立自己的官方电商网站，如安踏、小米等品牌的官方商城。这样的电商网站主要销售该品牌自己生产的产品，目的是更好地展示品牌形象、产品特色和品牌文化，如图1-2所示。

（3）垂直电商网站

垂直电商网站是专注于某一特定品类或行业的电商网站，如母婴类的美囤妈妈、汽车类的易车网等。这些网站在特定领域有更深入的产品知识和资源，能够为消费者提供专业的产品推荐和服务。以美囤妈妈为例，它针对母婴人群，不仅提供婴儿奶粉、纸尿裤等商品，还提供育儿知识、母婴产品评测等内容，帮助新手妈妈们更好地选择适合自己孩子的产品。

图 1-2　小米官方商城

2. C2C（Consumer-to-Consumer）

C2C 是指个人与个人之间的电子商务。例如，某消费者有一台计算机，通过网络销售给另一名消费者，这种交易类型就称作 C2C 模式。

具体来说，C2C 模式可以细分为以下几种。

（1）二手交易平台

闲鱼（见图 1-3）、转转等平台，主要用于消费者之间进行二手物品的交易。消费者可以将自己闲置的物品，如旧手机、书籍、衣物等发布在平台上出售。这种销售类型有利于资源的再利用，减少浪费。例如，摄影爱好者可能会在闲鱼上出售自己升级设备后闲置的旧相机，而初学者可以用较低的价格购买到这台相机，以满足自己的学习需求。

图 1-3　闲鱼

（2）个人手工艺和创意作品平台

这类平台为手工艺人和创意工作者提供了一个展示和销售作品的舞台，同时也为消费者提供了购买独特、个性化商品的机会。例如，手工客聚集了大量热爱手工艺品的人群，为手工艺者提供了一个专业的展示和销售渠道。在这一平台上，手工艺者可以找到志同道合的伙伴，互相学习、交流经验，共同提高技艺水平和拓宽市场。

3．B2B（Business-to-Business）

B2B 是指企业与企业之间通过专用网络或互联网进行数据信息的交换与传递，开展交易活动的商业模式。它将企业内部网和企业的产品及服务，通过 B2B 网站或移动客户端与客户紧密结合起来，为客户提供更好的服务，从而促进企业的业务发展。

B2B 模式可以细分为以下几种。

（1）综合性 B2B 平台

阿里巴巴国际站、1688（见图 1-4）等是典型的代表。这些平台主要用于企业之间进行产品批发、原材料采购等交易。它们为供应商和采购商提供了一个广阔的市场空间，能够降低企业的采购成本和拓展销售渠道。例如，一家小型服装加工厂可以在 1688 平台上寻找布料供应商，比较不同供应商的价格、质量和交货期等条件，然后进行批量采购，而布料供应商也可以通过该平台找到更多的服装加工企业客户，扩大自己的业务范围。

图 1-4　1688

（2）行业特定 B2B 平台

针对特定行业的 B2B 平台，如化工行业的盖德化工网、钢铁行业的"我的钢铁网"等。这些平台聚焦于某一特定行业的产品和服务交易，能够提供更专业的行业资讯、市场动态和交易服务。以盖德化工网为例，化工企业可以在上面发布产品供应信息，如各种化学试剂、化工原料等，同时也可以寻找下游企业客户，进行精准的业务对接。

4．O2O（Online-to-Offline）

O2O 是指将线下商务机会与互联网结合在一起，让互联网成为线下交易前台的商业模式，这样线下服务就可以通过线上平台来引流，消费者可以用线上平台来筛选产品或服务，在线支付，然后到线下实体店取货或享受服务。

O2O 模式可以细分为以下几种类型。

（1）本地生活服务平台

美团、大众点评等平台将线上流量引导到线下实体店铺，主要涉及餐饮、酒店、美容美发、健身等生活服务领域。图 1-5 所示分别为美团和大众点评的 App 首页。消费者可以通过该类平台在线上查看商家信息、评价、优惠活动等，然后到线下店铺进行消费。例如，消费者可以在美团上搜索附近的火锅店，查看店铺的菜品、价格、其他消费者的评价，然后预订座位并享受线上提供的折扣优惠，最后到店消费。

图 1-5　美团和大众点评的 App 首页

（2）新零售模式

一些传统零售企业采用线上线下融合的方式，发展新零售业态。消费者可以在网上商城下单，选择到附近的实体门店自提商品；或者在实体店内体验商品后，通过线上渠道进行购买，享受线上的优惠价格和配送服务。这种模式结合了线上购物的便捷性和线下体验的真实性，提升了消费者的购物体验。

二、互联网销售的职责

在互联网的浪潮下，互联网销售人员正在成为一支日益壮大的队伍。互联网销售的职责主要是通过互联网平台将产品和服务推向市场，实现销售目标。具体来说，互联网销售的职责包括以下几个方面。

1. 市场调研与分析

互联网销售人员要收集和分析市场数据，了解行业动态、竞争对手情况、客户需求变化等，为销售策略的制定提供依据。在进行市场竞争分析时，要对竞争对手的产品、价格、促销策略等进行深入分析，找出自身的优势和劣势，制定有针对性的竞争策略。

2. 客户开发与维护

互联网销售人员要积极寻找并开发新客户，通过线上渠道如社交媒体、电子邮件、在线广告等方式，收集客户资料，了解客户需求，进而推荐合适的产品或服务。例如，销售高端宠物食品的人员可以在宠物论坛、宠物相关的社交媒体群组中寻找那些经常讨论宠物饮食、对宠物品质生活有要求的用户，将他们作为潜在客户，然后通过私信或者在群组中适当介绍产品来引起他们的兴趣。

互联网销售人员还要对已成交的客户进行定期回访和跟进，了解客户的使用体验和反馈，及时解决客户问题，提升客户满意度和忠诚度。在维护客户的过程中，互联网销售人员可以使用客户关系管理系统，建立和维护客户关系数据库，记录客户的基本信息、购买历史、偏好等，通过对这些数据的分析，为客户提供个性化的服务和营销。

例如，当一位客户在电商平台购买了多次运动装备后，销售人员可以根据其购买记录，在有新的运动装备上市或者有相关促销活动时，及时通过平台消息推送、微信聊天等方式告知该客户，并且根据客户的反馈不断改进服务质量。

另外，互联网销售人员还要及时回复客户提出的关于产品的各种问题，如产品功能、价格、售后服务等方面的问题。对于客户的投诉，要以积极的态度去解决，尽量让客户满意。例如，客户在网上投诉购买的电子产品出现质量问题，互联网销售人员要及时协调售后部门，为客户提供退换货或维修服务的解决方案，并且跟进整个处理过程，确保客户的问题得到妥善解决。

3. 产品推广与营销

互联网销售人员需要根据产品特点、目标受众和市场竞争情况来设计推广计划。例如，对于一款新型的智能手环，互联网销售人员要确定是通过社交媒体广告、搜索引擎营销，还是与科技博主合作等方式进行推广。如果目标受众是年轻的运动爱好者，可能会重点选择在运动健身类的 App 或社交媒体平台上进行广告投放，并且结合运动达人的推荐来吸引客户。

在设计推广计划后，互联网销售人员还要负责制作有吸引力的营销内容，包括产品介绍文案、图片、视频等。这些内容需要突出产品的优势和卖点，然后通过电商平台、搜索引擎平台、品牌官网、社交媒体等渠道进行传播，以增加产品的曝光度。

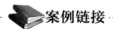 案例链接

加加食品闪耀"年货节"，多平台联动创佳绩

2024 年 1 月中旬开始，各平台的"年货节"活动陆续上线，加加食品积极参与"年货节"活动。

1 月 11 日，加加食品与抖音平台合作推出互动话题"和加加一起告别高盐厨房"，邀请网友发布体验视频，分享真实使用体验。1 月 19 日，推出"龙年我要加加油"话题活动，通过与达人和 KOC（关键意见消费者）合作，助推"年货节"促销。

另外，全新包装的"加加减盐生抽"同步上线抖音官方旗舰店，并上线满减活动，让利消费者。除此之外，加加食品还在天猫旗舰店、京东旗舰店开展"年货节"促销，同时在小红书、微博发起"龙年新车发车"活动，联动 24 家品牌共同发起"龙年我要加加福"抽奖活动。

微课资源

自活动上线以来，"加加减盐生抽"持续登上抖音商城生抽酱油人气榜，截至 1 月 29 日，相关话题整体累计播放量近 8 亿次，参与人数近 25 万，总互动量近 2000 万。

4. 促成商品交易

互联网销售人员可以通过在线沟通工具与客户进行沟通，解答客户疑问，消除客户顾虑，

最终促使客户下单购买产品。例如，客户在电商网站上浏览一款笔记本计算机，对其性能和价格有些犹豫，于是进行咨询，互联网销售人员可以向客户详细介绍笔记本计算机的配置优势、性价比，并提供一些购买优惠（如赠品、分期付款等），从而提升客户的购买意愿。

5. 订单处理与跟踪

互联网销售人员负责处理客户的订单，包括确认订单信息、安排发货等，同时要跟踪订单的物流状态，及时向客户反馈。如果遇到订单延迟、商品缺货等情况，互联网销售人员要提前与客户沟通并协商解决方案。例如，客户在网上购买了一件衣服，互联网销售人员在收到订单后，要核对尺码、颜色等信息，然后通知仓库发货，并在发货后通过物流系统跟踪包裹的运输情况，当发现可能会延迟送达时，要及时通知客户并表达歉意，提供可能的补偿措施（如优惠券等）。

6. 销售数据分析

互联网销售人员要善于分析销售数据，如销售额、销售量、客单价、转化率等，以了解销售业绩和市场动态，并通过这些数据找出销售过程中的问题和机会点。例如，如果发现某款产品的转化率较低，就要分析是产品页面介绍不够吸引人，价格没有竞争力，还是推广渠道选择不当，然后有针对性地采取措施来提升销售业绩。

7. 与团队成员协作与沟通

与团队成员的协作与沟通可以分为内部协作与跨部门沟通。内部协作指的是与客服团队、物流团队等紧密合作，确保销售流程的顺畅进行。跨部门沟通是指与企业其他部门（如市场部、产品部等）保持沟通，共同推动企业业务的发展。

三、互联网销售岗位与其他岗位的关系

互联网销售岗位与其他岗位之间有着紧密的联系，这种联系的形成是基于企业运作的整体性和协同性要求。这种紧密联系有助于确保整个业务流程的顺畅进行，提高市场推广和销售活动的效率和质量。通过与其他部门的紧密合作，互联网销售人员能够更好地理解产品、技术、设计和市场等方面的信息，从而更有效地推广产品和服务。

互联网销售岗位与其他岗位的关系主要体现在以下几个方面。

1. 与产品部合作

互联网销售人员需要与产品部紧密合作，共同推动产品的市场推广和销售。互联网销售人员需要深入了解产品的特点和优势，以便更好地向客户介绍和推广产品。产品部提供产品的详细信息、使用说明和市场定位，帮助互联网销售人员更好地理解产品，从而更有效地进行销售。

2. 与技术部合作

技术部负责产品的技术开发和维护，确保产品的稳定性和安全性。互联网销售人员需要与技术部保持良好的沟通，了解产品的技术细节和问题解决方案，以便在客户咨询时提供专业的技术支持。技术部的支持有助于增强客户对产品的信任，提升销售效果。

3. 与设计部合作

设计部负责产品的视觉设计和用户体验优化。互联网销售人员需要与设计部合作，了解产品的设计理念和用户界面，以便在推广过程中更好地展示产品的独特之处。设计部的支持有助于提升产品的吸引力，从而促进销售。

4. 与运营部合作

运营部负责产品的市场推广和用户运营。互联网销售人员需要与运营部紧密合作，共同制定市场推广策略和用户维护计划。运营部的市场活动和用户反馈有助于互联网销售人员更好地理解市场需求和用户需求，从而制定更加有效的销售策略。

5. 与市场部合作

市场部负责企业的品牌推广和市场营销活动。互联网销售人员需要与市场部合作，了解企业的市场定位和推广策略，以便更好地向客户传达企业的价值和优势。

任务二　互联网销售能力与素质要求

互联网销售岗位面临激烈的市场竞争、客户需求的多样化，以及技术的快速迭代等挑战。互联网销售人员需要不断提升自己的专业素养，以适应市场的变化。

一、互联网销售的业务知识要求

在互联网销售中，互联网销售人员需要掌握一系列的业务知识，以确保销售活动的高效性。这些业务知识涵盖了以下几个方面。

1. 市场营销知识

互联网销售人员需要了解市场营销的基本概念。互联网时代的市场营销是以现代营销理论为基础，借助网络、通信和数字媒体技术实现营销目标的商务活动。互联网销售人员还要掌握市场调研的方法，包括目标市场定位、竞争对手分析、消费者行为研究等。这些基础知识有助于销售人员更好地了解市场需求，制定合适的营销策略。

2. 产品知识

互联网销售人员要深入了解所销售产品的详细特点。例如，销售电子产品时，要清楚产品的处理器型号、内存容量、屏幕分辨率、电池续航能力等具体参数。对于软件产品，要知道其功能模块、操作流程、兼容性等内容。互联网销售人员只有对产品特性了如指掌，才能准确地向客户介绍产品，解答客户关于产品的疑问。

另外，互联网销售人员还要关注产品的更新换代情况，了解产品的升级计划、更新内容以及更新后的变化。以互联网软件服务为例，互联网销售人员需要知道软件每次更新后的新功能、性能优化情况以及对客户体验的提升之处，这样在销售过程中可以及时告知客户产品的动态，吸引客户购买最新版本的产品，或者鼓励现有客户进行升级。

对于实体产品，了解其生产工艺的改进和外观设计的变化等信息也很重要。例如，汽车销售人员要清楚新款汽车在发动机技术、内饰材料、智能驾驶辅助系统等方面的更新，以便更好地推广产品。

3. 平台规则

互联网销售人员要熟悉所使用的电商平台或企业自有销售平台的规则，包括开店要求、商品上架规则、交易流程、支付方式、售后服务规范等。例如，在淘宝平台上销售商品，互联网销售人员需要了解商品标题的规范、详情页的制作要求、保证金的缴纳标准，以及淘宝的信用评价体系和争议处理规则。

平台可能会根据市场情况和监管要求调整相关规则，如税收政策的变化、促销活动规则

的更新等。互联网销售人员要时刻关注平台相关规则的变化，确保销售行为符合平台要求，同时利用相关规则变化带来的机会，如参与新的促销活动来提高销售额。

4．平台操作技巧

互联网销售人员要熟练掌握平台的操作功能，包括以下几类。产品上架操作，能够准确地填写产品信息，上传高质量的产品图片；订单处理功能，如确认订单、操作发货、处理退款等；客户管理功能，如查看客户信息、对客户进行分类管理等。

互联网销售人员还要学会利用平台的营销工具。例如，电商平台提供的各种广告工具或SEO（搜索引擎优化）工具。掌握这些工具的使用方法，可以提高产品的曝光率，吸引更多潜在客户。

5．网络营销与推广知识

互联网销售人员要了解各种互联网营销渠道的特点和适用范围。例如，社交媒体营销渠道（如微信、微博、抖音等）适合进行品牌推广和产品"种草"，通过发布有吸引力的内容（如产品评测、使用教程、客户案例等）来吸引客户关注。搜索引擎营销则可以通过在搜索引擎上投放广告，提高产品在搜索结果中的排名，增加流量和转化率。在内容营销方面，互联网销售人员要学会撰写高质量的文案，制作视频等内容，并将其分发到合适的渠道。

互联网销售人员还要熟悉常见的促销策略，如打折、满减、赠品等，了解每种促销策略的优缺点和适用场景。例如，满减策略可以提高客户的客单价，鼓励客户购买更多产品；赠品策略可以增加产品的附加值，吸引客户购买。互联网销售人员要能策划简单的促销活动，包括确定活动主题、活动时间、活动规则、活动宣传方式等。

6．数据分析知识

互联网销售人员要熟悉与销售相关的基础数据指标，如销售额、销售量、客单价、转化率、复购率等，理解这些指标的含义和计算方法。例如，转化率是指产生购买行为的客户数量与访问店铺或产品页面的客户数量的比值。通过对这些基础数据的分析，互联网销售人员可以了解销售业绩的基本情况和客户的购买行为。

互联网销售人员还要学会使用销售平台提供的数据报表工具，或者第三方数据分析软件（如生意参谋）查看和分析数据，并根据数据分析结果做出决策。例如，如果数据分析显示某一产品的转化率较低，可以通过优化产品详情页、调整价格或者改进营销方式来提高转化率。当发现某一地区的客户复购率较高时，可以考虑在该地区加大营销投入，或者推出针对该地区客户的专属优惠活动。

二、互联网销售的素质要求

在互联网销售中，互联网销售人员需要具备一系列关键的素质，以确保能够有效地与客户进行沟通，建立信任关系，并最终促成交易。互联网销售人员需要具备的素质及其对这些素质的要求主要体现在以下几点。

1．沟通能力

互联网销售人员要熟练掌握客户沟通技巧，包括提升语言表达能力和倾听能力。在与客户沟通时，互联网销售人员要使用礼貌、专业、通俗易懂的语言。例如，在回复客户咨询时，要简洁明了地回答问题，避免使用过于复杂或生僻的词汇。同时，要善于倾听客户的需求和意见，不打断客户的发言，让客户感受到被尊重。除了传统的文字聊天，互联网销售人员还要掌握电话沟通和视频沟通的技巧。例如，在视频沟通中，要注意语音语调、语速和表情，保持热情、友好的态度。

2. 洞察能力

互联网销售人员要具备敏锐的洞察力，能够通过客户的浏览行为、咨询内容、购买记录等信息，洞察客户的潜在需求。例如，发现客户频繁浏览某一类产品但未购买，可能是该客户对价格或产品细节存在疑虑，这时可以主动提供相关的优惠信息或更详细的产品介绍，引导客户做出购买决策。

互联网销售人员还要有换位思考的意识，要学会站在客户的角度思考问题，理解客户的痛点和期望。在处理客户问题时，设身处地为客户着想，为其提供更贴心的解决方案。例如，当客户对产品不满意并要求退货时，要理解客户的不满情绪，积极协助客户办理退货手续，并询问客户对产品的改进建议。

3. 问题解决能力

互联网销售人员要具备快速响应能力和问题解决能力，对于客户提出的问题，包括产品咨询、售后问题等，要能快速响应并提供解决方案。在互联网销售环境下，客户期望得到及时的反馈，所以快速解决问题是提升客户满意度的关键。

当客户投诉时，互联网销售人员首先要安抚客户情绪，然后认真调查问题，提出合理的解决方案，并跟进反馈，确保客户的问题得到彻底解决。例如，对于产品质量问题的投诉，及时为客户提供换货、退款或维修等服务，并对客户进行回访，了解客户对解决方案的满意度。

4. 强大的心理素质

互联网销售人员还要具备强大的心理素质，包括抗压能力和情绪管理能力。

抗压能力主要体现在应对销售压力方面，因为互联网销售工作往往面临着销售指标、竞争压力等诸多压力源，互联网销售人员需要具备良好的抗压能力，能够在压力下保持积极的工作态度和高效的工作状态。例如，在销售旺季或面对高销售目标时，能够合理调整心态，通过有效的工作策略努力完成销售任务。

在销售过程中，互联网销售人员会不可避免地遇到客户的拒绝和销售挫折。这时互联网销售人员要能正确看待这些情况，从中吸取经验教训，分析客户拒绝的原因，调整销售策略。例如，当客户拒绝购买产品时，分析是产品不符合客户需求、价格太高还是沟通不到位，以便下次销售时做出改进。

情绪管理能力主要体现在保持良好情绪的能力。在与客户沟通等工作过程中，互联网销售人员要能控制自己的情绪，始终保持积极、热情的情绪状态，即使面对客户的抱怨、指责等负面情况，也能冷静应对，不与客户发生冲突。例如，当客户对产品或服务不满而情绪激动时，互联网销售人员要通过耐心的沟通和安抚来化解客户的情绪，而不是被客户的情绪所影响，导致局面恶化。

5. 遵守行业规范

互联网销售人员需要遵守的行业规范体现在多个层面，如产品规范、销售行为规范、客户服务规范。产品规范主要有保证产品信息的真实性，保护知识产权；销售行为规范主要有明码标价、杜绝价格欺诈，促销活动宣传真实，活动开展公平、公正，销售渠道合规、合法；客户服务规范主要有信息收集合法、保护客户隐私，售后服务规范、退换货规则明确。

6. 持续学习和创新能力

互联网销售领域变化迅速，互联网销售人员需要不断学习新知识、新技能，以适应市场变化，例如，及时更新产品知识，学习最新的平台规则，不断积累营销领域的知识，提升营销工具的使用熟练度，学习新的客户服务理念、方法和工具。同时，互联网销售人员还要具备创新思维，能够提出新的销售策略、产品或服务的改进建议，以在激烈的竞争中脱颖而出。

项目实训：小米 SU7 互联网销售分析

1. 实训背景

小米作为一家科技公司，凭借其强大的研发能力和品牌影响力，在汽车行业也取得了不俗的成绩。小米 SU7 在上市前进行了充分的预热宣传，通过制造价格悬念、"玩梗"互动等方式吸引消费者的关注。在发布会上，小米更是邀请了众多行业资深人士和 KOL 进行互动，进一步提升了产品的曝光度和话题性。同时，小米还通过打造创始人雷军的个人 IP，将品牌与创始人紧密联系在一起，增强了品牌的识别度和差异化竞争优势。小米 SU7 在发布后获得了巨大的锁单量，力压各竞争对手，成为汽车行业的热门话题。

2. 实训要求

在网上搜索小米 SU7 互联网销售的相关内容，并从互联网销售人员的角度分析其销售策略。

3. 实训思路

（1）搜集相关资料并讨论

在网上搜索小米 SU7 互联网销售的相关内容，深入了解小米 SU7 在各个互联网营销渠道采用的营销策略，并与同学进行讨论。

（2）分析小米 SU7 的互联网销售策略

站在互联网销售人员的角度，对小米 SU7 的销售策略进行分析，可以从市场调研分析、客户开发、客户维护、产品推广等角度考虑，如果自己销售小米 SU7，会做出哪些方面的努力？

（3）思考销售小米 SU7 需要掌握的知识和技能

站在互联网销售人员的角度来考虑，要想成功销售小米 SU7，自己需要掌握哪些知识和技能？如何与其他岗位合作？

巩固提高

一、单选题

1. 天猫属于（   ）模式。

    A. C2C   B. B2B   C. B2C   D. O2O

2. 下列不属于互联网销售职责的是（   ）。

    A. 市场调研与分析   B. 企业战略目标制定

    C. 产品推广与营销   D. 订单处理与跟踪

3. 下列属于互联网销售人员需要掌握的市场营销知识的是（　　　）。

    A. 消费者行为研究　　B. 产品升级计划　　C. 客户分类管理　　D. 数据指标分析

4. 下列属于产品知识的是（　　　）。

    A. 商品标题规范　　　　　　　　　　B. 智能驾驶辅助系统

    C. 直通车使用技巧　　　　　　　　　D. 数据报表工具

5. 与（　　　）部合作有助于互联网销售人员更好地理解市场需求和用户需求。

    A. 产品　　　　　　B. 技术　　　　　　C. 设计　　　　　　D. 运营

二、判断题

1. 互联网销售人员要善于单打独斗，独当一面，用自己的智慧开发客户。（　　　）

2. 互联网销售人员需要熟练掌握平台的操作功能。（　　　）

3. 熟练了解产品知识，有助于促成商品交易，提升推广效果。（　　　）

4. 技术部的支持有助于提升产品的吸引力，制定更有效的销售策略。（　　　）

5. 当客户投诉时，互联网销售人员要先澄清事实，据理力争。（　　　）

三、简答题

1. 根据销售模式来划分，互联网销售可以分成哪些类型？

2. 简述互联网销售人员客户开发与维护的职责内容。

3. 互联网销售人员需要具备哪些素质？

项目二

互联网销售分析

知识目标

➢ 掌握商品特点分析与商品卖点分析的方法。
➢ 掌握客户类型分析与客户需求分析的方法。
➢ 掌握客户购买力分析和客户决策过程分析的方法。
➢ 掌握销售漏斗的创建方法。

能力目标

➢ 能够进行商品特点分析。
➢ 能够根据商品及客户特征提炼商品卖点。
➢ 能够进行客户需求及购买力的分析。
➢ 能够创建销售漏斗。

素养目标

培养互联网销售数据分析与解读能力，学会以数据驱动决策，优化销售策略，进而提升销售业绩。

项目导读

在数字化时代，互联网销售已成为商业领域的中流砥柱，它不仅重塑了传统销售模式，还极大地拓宽了市场边界，使企业与客户之间的连接更加紧密且高效。在此背景下，深入进行互联网销售分析，对于企业把握市场动态、优化经营策略、提升竞争力而言，显得尤为重要。互联网销售分析主要包括商品分析、客户分析和销售漏斗的建立。

知识导图

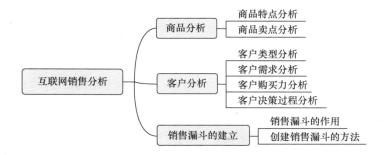

商品分析 ── 商品特点分析
         └─ 商品卖点分析

互联网销售分析 ── 客户分析 ── 客户类型分析
                        ├─ 客户需求分析
                        ├─ 客户购买力分析
                        └─ 客户决策过程分析

          └─ 销售漏斗的建立 ── 销售漏斗的作用
                           └─ 创建销售漏斗的方法

案例导入

安踏——从客户需求出发，凭大数据与社交媒体评价重塑销售策略

安踏是国内知名的体育用品品牌，在运动服装和运动鞋类市场竞争激烈的环境下，其管理者深知通过互联网销售渠道深入了解客户需求是保持竞争优势的关键。因此，安踏利用电商平台的大数据分析工具，对客户的购买行为进行深度剖析，包括客户购买的产品类型（如篮球鞋、跑步鞋、运动服饰等）、购买频率、购买时间、价格区间等信息。

此外，安踏还会关注客户在社交媒体上对品牌和产品的评价，通过微博、抖音等平台收集客户对产品设计、穿着体验等方面的反馈。例如，安踏发现很多客户在社交媒体上提到希望运动鞋有更好的支撑性和缓震性。

根据客户对运动鞋支撑性和缓震性的需求，安踏在产品研发过程中加大了对相关技术的投入，并在销售过程中将这些技术优势作为产品的核心卖点进行宣传。例如，安踏的电商产品页面详细介绍了采用的新型缓震材料和专业的鞋底支撑技术，如图 2-1 所示。同时，针对客户购买频率和价格区间的分析，安踏推出了不同档次的产品线，包括高性价比的基础款和高端的专业运动款。对于高性价比的基础款，其通过促销活动吸引价格敏感型客户；对于高端的专业运动款，提供个性化的定制服务，以满足专业运动员和高端客户的需求。

图 2-1 安踏的商品详情页

安踏通过精准把握客户需求，调整销售策略后，其产品在互联网销售渠道的销量得到显著提升。同时，不同档次产品线的设置也拓宽了安踏的客户群体，使其在运动品牌市场中的份额进一步扩大。

微课资源

任务一　商品分析

商品是互联网销售中的核心要素。企业要想做好互联网销售，需要打造商品与客户之间沟通的桥梁，以图片、视频、文案等形式向客户展现并传递商品信息，吸引客户的注意，并激发客户的购买行为，进而完成商品销售。

客户在网上购买商品时，主要通过商品图片了解商品信息，从而做出是否购买的判断。因此，商品图片不仅要美观，符合客户的审美需求，还要展现出商品的卖点，快速吸引客户。商品视频主要是以影音结合的方式，直观地呈现商品的重要信息，从而激发客户的购买欲。文案一般以文字的形式出现，通过与商品图片、视频等搭配来实现商品销售。

一、商品特点分析

商品特点是指商品本身所具有的属性、特征或性质。这些属性主要基于商品的物理特性、化学组成、结构设计、功能参数、使用场景等方面。将商品独有的优良性能、质量、款式、造型、包装等特性展现出来，能够有效地刺激客户的购买欲望。

1．物理特性分析

商品的物理特性包括商品的外观与结构特点。

（1）外观特点

商品的外观特点主要指商品的形状、大小、重量、尺寸、颜色、图案、材质、面料质感等。例如，手机有直板、折叠等形状，尺寸包括机身长宽高、屏幕大小，还有手机重量、颜色等外观特点，如图2-2所示。

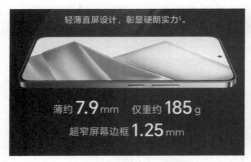

图2-2　手机外观特点

又如，服装的面料材质有棉质、麻质、丝绸等，棉质舒适透气，丝绸光滑柔软，这些材质特点影响客户的穿着体验。家具材质有木质、皮质，木质有自然纹理，皮质则有柔软和光泽的质感。

（2）结构特点

商品的结构包括整体架构、组装结构和内部结构等。

- 整体架构。商品的整体架构有很多种，如分层结构、模块结构等。例如，多层蛋糕有分层结构，每一层都有不同的口味、馅料，这种分层结构既增加了蛋糕口味的丰富性，也便于制作和装饰。有些商品是由多个模块组成的，例如，计算机主机就是典型的模块结构，它包括主板、CPU、内存、硬盘、显卡等模块，这些模块相互独立又相互协作，客户可以根据自己的需求对某些模块进行升级或更换。

- 组装结构。有些商品需要组装完成，如家具、玩具等，其组装的简易程度、连接方式可以反映出其重要特点。连接方式主要有螺栓连接、卡扣连接、榫卯连接、焊接等方式。

例如，采用榫卯连接方式的传统木质家具组装后更牢固，而一些简易家具使用卡扣连接，方便客户自行组装，如图 2-3 所示。

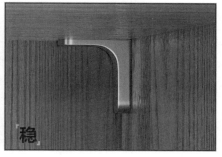

图 2-3　家具组装结构

- 内部结构。对于复杂商品，内部结构影响其功能和性能。例如，手机内部结构复杂且高度集成，包含了多个关键组件和子系统，如芯片、存储器、显示屏、摄像头等，这些组件协同工作，以实现手机的各项功能，如图 2-4 所示。

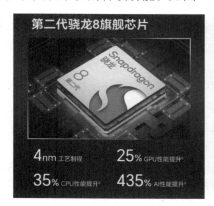

图 2-4　手机内部结构

对商品结构特点的分析，通常涉及内部构造与外部框架的关系，各项功能的协同作用，以及结构的稳定性与灵活性等方面。互联网销售人员要从这些方面着手介绍商品的结构特点。

2. 功能特点分析

商品的功能特点是大部分客户购买商品时考虑的主要因素。互联网销售人员首先要明确商品的核心功能，例如，相机的核心功能是拍摄照片和视频，其拍摄质量（包括像素、感光度、防抖能力等）是关键。又如洗衣机，其核心功能是洗净衣物，洗净比、不同的洗涤模式（如轻柔、强力、智能洗等）就是重要的功能特点。

另外，许多商品除了核心功能以外，还有辅助功能。例如，智能手表除了显示时间，还有心率监测、运动记录、睡眠监测等健康功能，以及接收通知、支付等拓展功能。互联网销售人员除了要清楚商品的功能、用途外，还要了解商品是如何实现其核心功能的。例如，智能门锁通过指纹识别技术、密码输入系统、蓝牙连接等方式实现开锁功能，不同的实现方式在安全性、便捷性等方面存在差异。

还有一部分商品具有多种功能集成的特点。例如，多功能一体机可以实现打印、扫描、复印等功能，节省办公空间和成本。多功能厨房电器可以兼具榨汁、绞肉、研磨等功能，满足家庭多样化的烹饪需求。

3. 性能特点分析

商品的性能是指商品在使用过程中表现出来的各种特性与功能，主要包括耐用性、安全性、舒适性、经济性等。

- 耐用性。耐用性主要考虑商品的使用寿命和使用周期内的性能保持能力，如高品质家具的耐用性和抗变形能力。例如，优质的刀具在长时间使用后依然能保持锋利等，其耐用性就比较高。
- 安全性。安全性主要考虑商品在使用过程中对客户或环境造成的潜在风险。例如，电器产品要有安全认证和防火性能，这样才能减少客户的使用风险，增加客户购买的安全感。
- 舒适性。舒适性考虑商品在使用时给客户带来的舒适感受，如服装的柔软度和透气性。
- 经济性。经济性考虑商品的价格与性能之间的比值，即性价比。例如，冰箱、空调等电器如果有节能的功能，就比不节能的电器更有性价比，经济性就较强。

另外，对于一些工具类或设备类商品，客户会考虑其工作效率，例如，打印机的打印速度会影响办公效率，吸尘器的吸力大小决定了清洁效率和质量等，这些也属于商品的性能。还有一些商品的性能表现在客户使用后的效果，如护肤品，如果其保湿、美白效果好，就证明其商品性能好。

4. 使用特点分析

商品的使用特点主要是指商品在实际应用中的表现，如操作便捷、适用于多种场景等。例如，智能家居设备操作简单便捷，客户通过手机 App 可一键操控。

有些商品能够适应多种应用场景，有较强的实用性。例如，一款防水、防尘、防摔的运动相机可以在多种运动场景（如冲浪、登山、骑行）以及日常记录场景中使用。还有些商品环境适应性强，表现在不同环境条件下仍具备优良的性能，例如，一些工业机械设备能在高温、高湿度、高粉尘等恶劣环境下持续正常工作。

▌二、商品卖点分析

商品卖点是指商品所具备的独特优势、特点和功能，是商品与竞品相比的差异化特征。商品卖点是商品和品牌的核心竞争力，如果商品没有充足的卖点，就很难在市场上形成竞争力，也很难说服客户在众多商品中选择该商品。

1. 商品卖点的特征

商品卖点一般具有以下 3 个特征。

（1）独特性

商品卖点的独特性是其最关键的特征，它能使商品在众多同类产品中脱颖而出。商品卖点应区别于竞品，且具备让客户感知和衡量的独特价值，通俗地讲，就是能让客户找到选择该商品的理由，例如，农夫山泉的"有点甜"。有些卖点是基于品牌自身的特色而形成的。例如，"不是所有牛奶都叫特仑苏"，其高品质奶源以及高标准的原料甄选和生产工艺所带来的优良品质，是客户选择它的重要原因。

（2）说服力强

商品卖点要有足够的说服力，能够打动客户购买。卖点应与客户核心利益息息相关，例如，"怕上火，喝王老吉"。

（3）品牌辨识度高

商品卖点要具有长期传播的价值，有高度的识别性，通俗地讲，就是让客户在选择同类商品时，能不由自主地联想到该品牌。例如，"好空调，格力造"，客户想买空调时，就容易想到格力空调。

2. 商品卖点的提炼

在互联网销售中，好的商品卖点可以激发客户的购买欲望，促使他们点击购买链接，完成购买行为。互联网销售人员可以从商品的概念和更高层次的需求角度来提炼商品卖点。

- 从商品概念角度提炼卖点。一个完整的商品概念是立体化的，包括核心商品、形式商品和延伸商品 3 个层次。核心商品是指商品的基本效用和利益；形式商品是指商品的外在表观，如外形、重量、体积、包装等；延伸商品是指商品的附加价值，如服务、承诺等。
- 从更高层次的需求角度提炼卖点。互联网销售人员可以从情感、时尚、热点、公益、梦想等更高层次的需求角度提炼卖点。例如，以情感为诉求，可以适当加深人们对商品的好感，如伊利 QQ 星的"孩子眼中的老师"。伊利 QQ 星在 2024 年教师节当天通过官方微博发布了一条视频，以孩子们的视角，向大众温情地展示出了孩子们对老师的纯真爱意，也让人们看到了教育的力量如何在每个人的心中生根发芽，如图 2-5 所示。

图 2-5　伊利 QQ 星发布的微博视频

提炼商品卖点的角度主要有以下几种。

（1）商品价格

一般来说，客户想要既便宜又好用的商品。如果是普通商品，互联网销售人员可以用价格去刺激客户，以满足客户追求性价比的心理。在互联网销售中，这种卖点的呈现形式可以是打折、满减等优惠活动，如图2-6所示。

（2）自身特点

如今，商品的同质化现象越来越普遍，要想让自己的商品从众多同类商品中脱颖而出，单靠价格优势是不行的，还需要从商品自身出发，挖掘出商品的核心卖点，以解决客户的"痛点"，如图2-7所示。需要注意的是，核心卖点可以是一个，也可以是多个。

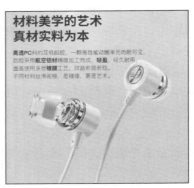

图2-6　从价格入手提炼卖点　　　　图2-7　从自身特点提炼卖点

📖 案例链接

完美日记——用创新科技与文化底蕴打造高品质美妆产品

完美日记作为新锐国货美妆品牌，曾亮相2023年"读懂中国"国际会议，展现了该品牌作为中国品牌代表的强劲实力。在该会议上，完美日记携带当时全新推出的"中国之美"高定妆养礼盒，向全球参会嘉宾传递中国美的文化精髓，为中国品牌的国际化发展提供了新的解读。

完美日记自成立以来，始终致力于市场需求的洞察与研发创新。近年来，该品牌从"妆养一体"的理念出发，不断推动着美妆与护肤的结合。2023年，完美日记推出的"中国之美"高定妆养礼盒进一步体现了品牌对中国美学的深刻理解与创新应用。该产品通过精心研发，将传统美学与现代科技相结合，满足消费者对高品质妆容与护肤效果的需求，代表了品牌在产品创新上的新高度。

2024年，完美日记又推出新品口红——第二代"仿生膜"精华口红，其不仅延续了前代产品的热销势头，还在技术上实现了质的飞跃。据悉，截至2024年9月，"仿生膜"精华口红第一代全渠道已售出300万支以上，而第二代"仿生膜"精华口红采用了Biotec™科技，在护唇的同时提升显色度，为消费者带来全新的美妆体验。

完美日记始终坚持通过创新与科技驱动品牌发展，不断推出更多高品质、富有文化底蕴的美妆产品，将中国美妆推向更广阔的国际舞台。同时，该品牌也积极承担社会责任，传递正能量，为中国品牌的国际化发展贡献自己的力量。完美日记口红作为品牌的主力产品之一，将继续引领潮流趋势，致力于成为消费者心中不可或缺的美妆伴侣。

微课资源

（3）销量与评价

客户一般有从众心理，对于销量高、评价好的商品更容易产生信任感。对于同样的商品、同样的价格甚至更高的价格，客户一般更偏向于选择销量好的商品。用销售数据凸显实力、用好口碑打动客户，无疑是直击人心的销售方式，如图 2-8 所示。

图 2-8　将销量与好评作为卖点

（4）优质服务

除了在价格、质量、性能、销量、评价等方面提炼卖点以外，互联网销售人员还可以考虑用优质的服务来吸引客户注意。将服务作为卖点，能够让自己与众不同的利益点能脱颖而出。例如，为客户提供更便捷的快递服务、更优质的售后服务，如图 2-9 所示。

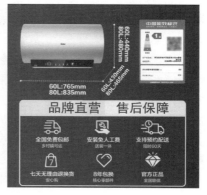

图 2-9　将优质服务作为卖点

（5）情感联系

互联网销售人员还可以通过建立情感联系来突出商品卖点。例如，美的厨房清凉空调的广告融入父母做饭的生活场景，如图 2-10 所示，引发客户的情感共鸣，促使客户下单购买。

有的电商店铺及其销售人员承诺，其销售的部分收益会捐赠给山区，用于支援儿童教育事业，这种公益性的情感卖点能够吸引那些有爱心、关注社会公益的客户，让他们在购买商品的同时获得一种精神上的满足和价值认同。

图 2-10　将情感联系作为卖点

任务二　客户分析

在互联网销售中，客户分析是指企业通过收集、整理和解读与客户相关的各种数据和信息，以深入了解客户的特征、行为模式、心理需求等诸多方面内容的过程。通过对客户进行分析，互联网销售人员可以更好地了解客户诉求，对客户进行更加精准的营销。

一、客户类型分析

在互联网销售中，划分客户类型的标准有很多，如客户的消费行为、客户的忠诚度、客户的购买方式、客户与店铺的关系、客户的价值等，下面主要介绍两种分类标准，分别是客户的消费行为和客户的价值。

1. 按消费行为进行划分的客户类型

根据客户的消费行为进行划分，客户可以分为潜在客户、现实客户、流失客户和非客户4种类型。

（1）潜在客户

潜在客户是指对店铺的商品或服务有需求和购买动机的人群，即有可能购买但还没有产生购买行为的目标消费群体。例如，一家经营大码女装的互联网店铺将身材偏丰满的女性作为自己的潜在客户。潜在客户虽然尚未在店铺购买过商品，但他们有可能在将来产生交易。

当潜在客户对店铺的商品产生兴趣，并通过某种渠道与商品接触时，企业应该积极地向其介绍自己的商品或服务，耐心解答他们提出的各种问题，帮助他们建立对商品的信心和认同。企业对潜在客户的管理目标是先将他们发展为初次购买客户，再将其培养成重复购买客户乃至忠诚客户。

企业应通过交易以外的其他途径来收集能够反映潜在客户基本属性的数据，如年龄、性别、收入、消费偏好和婚姻状况等，然后运用这些数据生成客户画像，分析其潜在价值。

（2）现实客户

现实客户是指已经购买了店铺商品的消费群体。按照客户的消费行为，现实客户又可以分为初次购买客户、重复购买客户和忠诚客户。忠诚客户是指对店铺商品进行持续性的、指向性的重复购买的客户。

企业对初次购买客户的管理目标是将他们发展成为店铺的重复购买客户或忠诚客户，因此在初次交易时，就要为他们提供符合其需求、甚至超过其期望值的商品。此外，企业要与初次购买客户展开个性化的交流，与他们保持长期的联系和沟通，为他们提供关怀服务，并尽量为其提供能满足其个性化需求的商品或服务，努力与其建立一种互相信任的关系。

此外，企业应努力加强与重复购买客户和忠诚客户的联系，积极、主动地与其进行沟通，听取他们的意见，然后根据其需求和建议及时对商品做出调整与改进，还可以单独成立相关部门，专门对这些客户进行服务和管理，以加深客户关系。

（3）流失客户

流失客户是指曾经是某店铺的客户，但由于种种原因，现在不再购买该店铺商品的客户。对于流失客户，企业要找到其流失的原因，可以通过销售记录、客户服务反馈、网站行为数据（如浏览历史、购买频率变化）等多渠道收集信息，确定客户流失的原因，然后根据客户过去的购买行为、购买频率、平均购买金额等数据，估算客户在整个商品生命周期内可能为企业带来的价值。对于高价值流失客户，企业应采取相应的措施挽回客户，例如，与其进行个性化沟通或采取激励措施等。

（4）非客户

非客户是指那些与店铺的商品无关，或者对店铺有敌意、购买竞争者商品的人群。对于这类客户，企业可以采取如下策略：与其沟通，发送私信介绍企业的基本情况、品牌理念和主要商品，引导他们了解商品的优势，解决他们可能存在的疑问，并建立信任；通过社交媒体举办抽奖、问答、投票等互动活动，吸引他们参与，增加他们与品牌的接触和互动频率，培养他们对品牌的好感和对商品的兴趣；及时、热情地回应这类客户在社交媒体上的评论、私信等互动行为。

以上这几类客户是可以相互转化的。例如，潜在客户一旦做出购买行为，就变成了店铺的现实客户，如果竞争者的商品更有吸引力，或者因为对店铺不满，现实客户也会成为流失客户。流失客户如果被成功挽回，就又可以成为重复购买客户或忠诚客户；如果无法挽回，他们就可能永远流失，成为店铺的非客户。

2．按客户价值进行划分的客户类型

不同的客户对店铺产生的价值是不同的，且不同价值客户的需求也有所不同。企业应根据客户的不同价值为其分配不同的资源，以更好地满足不同客户的需求。根据不同的价值，可以把客户分为4种类型。

（1）VIP客户

VIP客户的数量虽然不多，但他们的消费金额在店铺的销售总额中占有很大的比例，对店铺做出的贡献最大。一般情况下，VIP客户的数量占店铺客户总量的1%左右。

（2）主要客户

主要客户是指除了VIP客户以外，消费金额占比较大，能够为店铺提供较高利润的客户。这类客户约占店铺客户总量的4%。

VIP客户和主要客户为店铺创造的利润占整个店铺总利润的80%，是店铺利润的主要来源。企业必须认真维护与这两类客户的关系，这样才能使店铺保持竞争优势。对这两类客户管理的目标是提高客户的忠诚度，并在保持关系的基础上进一步增加他们对店铺的贡献。企业要集中优势资源服务这些客户，通过积极的沟通和感情交流密切双方的关系，可以设置专门的部门负责这些客户的服务工作。

（3）普通客户

普通客户所产生的消费金额能为店铺带来一定的利润，这类客户的数量占店铺客户总量的15%左右。企业对普通客户进行管理的目标是提升普通客户创造的价值。此外，对于不同类型的普通客户，企业应该采取不同的管理方法，针对有升级潜力的普通客户，要努力将其培养成主要客户。

企业可以根据普通客户的需求丰富自己的商品品类，以更好地满足其潜在需求，增加其购买量。此外，还可以鼓励普通客户购买更高价值的商品或服务。

（4）小客户

小客户在店铺客户总量中占比最大，但为店铺带来的盈利不多。对于不同类型的小客户，企业可以采取不同的管理方法。针对有升级潜力的小客户，要努力将其培养成普通客户甚至是主要客户，要为他们提供更多的关怀，挖掘并满足其个性化需求。

二、客户需求分析

客户需求分析依托于马斯洛提出的需要层次理论。人的需要具有从低级到高级的层次，只有当低级的需要得到相对满足时，高级的需要才会起主导作用，成为支配人行为的动机。

一般来说，需要强度的大小和需要层次的高低成反比，即需要的层次越低，需要的强度越大。马斯洛依据需要强度，把人的需要分为 5 个层次，分别为生理的需要、安全的需要、社会交往的需要、尊重的需要和自我实现的需要，如图 2-11 所示。

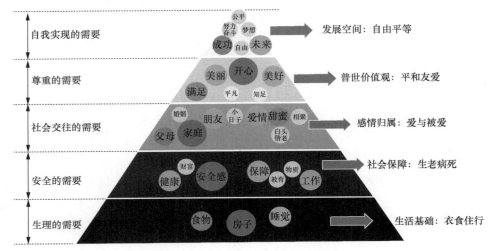

图 2-11 马斯洛的需要层次理论

- 生理的需要：人的生理需要是最低限度的基本需要，如衣、食、住、行等方面的需要。
- 安全的需要：包括对人身安全、生活稳定，以及免遭痛苦、威胁或疾病等方面的需要。
- 社会交往的需要：人们在社会生活中往往很重视人与人之间的交往，希望成为某一团体或组织有形或无形的成员，得到友谊和爱情等。
- 尊重的需要：人具有自尊心和荣誉感，希望有一定的社会地位和自我表现的机会，得到社会的尊重和认可，使自尊心得以满足。这是比较高层次的需要，只有当前 3 种需要得到一定程度的满足时才会产生。
- 自我实现的需要：自我实现的需要是最高层次的需要，如对获得成就、发挥自我潜能、追求理想的需要等。

人的需要层次不同，消费观念和消费动机也就有所不同。因此，通过分析马斯洛的需要层次理论，企业可以对处于不同需要层次的客户的消费需求进行详细分析。

与需要层次理论对应的客户需求有以下 5 个层次。

第一层：客户仅关注商品的使用功能和价格，对其他方面没有需求。

第二层：除了使用功能之外，客户还对商品便捷性、实用性或者舒适度产生要求，同时开始追求大众品牌。

第三层：客户追求个性化，满足自己的个性化需求。

第四层：客户不仅关注商品的使用功能，还注重商品是否可以满足自己的身份需求。

第五层：客户希望参与商品的设计，开始追求私人定制。

如今，随着人们生活水平的提高，我国绝大部分消费者的需求层次早已超越了生理的需要和安全的需要，而到了社会交往的需要这一层次，其消费需求层次也就相对应地到了第三层次，开始追求个性化，满足自己的个性化需求。

因此，在互联网时代，大多数消费者在选择商品时，是否可以满足自己的个性化需求是影响他们做出购买决策的重要因素，特别是一些新生代的年轻消费者。这部分消费者对传统营销手段已经厌倦，对大众品牌也没有什么好感，他们追求的是新鲜、特别、个性化，一旦有这样的商品出现，他们的注意力就会被吸引。

当然，这并不是说所有企业都必须走满足消费者个性化需求的路线，因为虽然目前我国大多数消费者处于这个消费需求层次，但是不同企业的商品不同，面对的潜在客户群体也不相同，这就需要企业根据自身情况去判断，然后针对不同需求层次的消费者制定相应的营销方案。

例如，一个做高档西服定制的企业，它的潜在客户群体就处于消费层次的最高级，希望参与商品设计，开始追求私人定制。这些潜在客户最关注的不是商品的使用价值与质量，而是自己的意见是否在商品中体现，商品是不是为自己量身打造，同时也会关心品牌是否能够彰显出自己的身份和地位。因此，这类企业在营销推广活动中就不能将商品质量与价格等作为宣传重点，而是要突出私人定制，突出商品的高端和身份象征。

三、客户购买力分析

在互联网销售中，分析客户购买力能够使企业更精准地定位目标客户，从而制定有效的营销策略。购买力是指客户在购买商品或服务时所具备的支付能力和消费意愿。购买力是实现消费的必要前提，只有客户具有现实的购买力，才能把潜在需求变为现实需求。互联网销售人员应当注意，分析客户的购买力时不仅要分析其收入水平和经济实力等，还要研究其消费观念、消费倾向及其变化趋势。

1. 影响购买力的因素

影响客户购买力的因素主要包括收入水平、消费观念、资产状况及家庭状况等。

（1）收入水平

个人或家庭的收入是决定客户购买力的最基本因素。一般来说，高收入客户更有可能购买高价值、高端的商品或服务。例如，奢侈品网络店铺的主要目标客户群体通常是高收入人群，他们有足够的资金支付价格昂贵的首饰、手表等商品。

收入的稳定性也很重要。有稳定收入来源的客户在做出购买决策时会更有信心，而收入波动较大的客户一般会更加谨慎。例如，有固定工作且收入稳定的上班族更容易购买一些高品质的健身器材或在线课程，而自由职业者在购买高价商品时会考虑更多因素。

（2）消费观念

不同的客户往往会有不同的消费观念，有些客户注重商品的功能和性价比，这类客户在电商平台购物时会仔细比较不同品牌、不同商家的产品参数和价格，选择最能满足自己实际需求且价格合理的商品。而有些客户会更看重品牌，他们会因为喜欢某位品牌代言人而忠于购买某品牌的商品。有些客户更愿意为了体验和享受而消费，这类客户可能会频繁购买一些新颖的、能带来愉悦感的商品，如高端美食礼盒、VR 游戏设备等，他们一般不太在意价格是否高昂，只要商品能给他们带来独特的体验即可。

（3）资产状况

除了收入，资产状况也是影响客户购买力的因素之一。拥有较多资产的客户，如房产、存款、投资等，即使收入一般，也有较强的购买力。另外，还要考虑资产的流动性，如果客户的资产大多是固定资产，难以快速变现，那么客户在购买一些需要即时付款的高价值商品时可能会受到限制；反之，客户如果有较多的现金或高流动性的金融资产，购买能力就相对较强。

（4）家庭状况

客户的家庭人口数量和结构也会影响其购买力。一个大家庭一般需要购买更多的生活必需品，如食品、日用品等，其购买总量较大，因此在购买单价较高的奢侈品时会更谨慎。而小家庭或单身人士在购买个人喜好的商品时更有灵活性，例如，单身人士更容易购买一些个性化的电子产品或时尚单品。

2. 分析购买力的方法

在互联网销售中，分析客户购买力的方法主要有以下几种。

（1）数据分析法

数据分析法就是对客户的消费行为数据进行分析，判断客户的消费水平，进而分析其购买力。企业可以通过分析客户在互联网平台上的历史交易记录，了解客户的购买频率、购买金额、购买商品类型等信息，掌握客户的平均消费水平和消费频次。高价值客户通常具有更高的消费能力和更频繁的购买行为，企业可以针对这类客户推出专属的优惠活动，或者提供个性化的商品和服务。

（2）问卷调查法

企业可以设计针对性的调查问卷，以获取客户的收入、资产、消费观念等信息。例如，在问卷中设置客户的月收入范围、是否有房产或其他大额资产、在购买商品时更注重价格还是品质等问题。企业可以采取网站弹出问卷、电子邮件邀请等方式引导客户填写问卷。不过，这种方式会受到客户配合度的影响，部分客户可能不愿意提供真实信息。

（3）客户细分法

客户细分是指企业根据客户的属性、行为、需求、偏好，以及价值等因素进行分类，将其分为不同的消费群体。客户细分一般有定性和定量两种：定性是根据客户价值的侧重点不同进行分类，该方法没有严格的论证过程，主要依赖于决策者的判断，在分析过程中会出现偏差，容易造成决策失误；定量是以具体的客户变量（客户特征、客户价值、消费行为特点等）为依据，运用定量分析技术，较为客观、真实。

基于消费数据的客户细分法是定性和定量的结合体，兼具两者的优势，具体是以客户消费数据为基础，以客户消费的变量为支撑（定量），根据客户以往、现在的消费行为（定性）来预测将来行为的一种细分法，如图 2-12 所示。

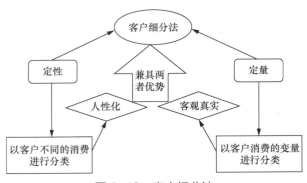

图 2-12　客户细分法

通过聚类分析等数据挖掘技术，企业可以构建更精准的客户细分模型，更好地了解客户的购买能力。

四、客户决策过程分析

一般客户的完整决策过程是以购买为中心，包括购前、购后一系列活动在内的复杂行为过程。在分析客户的决策过程之前，互联网销售人员需要了解购买决策过程中的参与者。

1. 确定购买决策参与者

同一个客户可能会以不同的角色参与购买。界定购买决策过程中的消费角色是有效制定互联网营销策略的基础。互联网销售人员及店铺运营者必须具体地、有针对性地为不同消费角色制定商品或服务方案。

识别购买者相对容易，例如，化妆品通常为女士购买，数码科技产品多为男士购买，但有时也会有男士为女士购买化妆品、首饰之类的商品。在实际购买中，很多商品的购买决策往往有多个参与者。

- 发起者：购买行为的建议人，是首先提出或有意购买某一种商品或服务的人。发起者是倡导别人进行消费的角色。
- 影响者：以各种形式影响消费过程的一类人，如家庭成员、朋友、同事等，对发起者的建议表示支持或反对的人，他们的意见会对决策者产生影响。
- 决策者：对是否购买、如何购买等有权进行最终决策的人，其在整个购买过程中起到关键作用。
- 购买者：直接购买商品的人，对商品的价格、质量、购买地点进行比较和选择，并同销售方进行谈判，然后交易成交。
- 使用者：实际消费或使用商品或服务的人。

互联网销售人员可以观察购买过程中的互动和讨论，这有助于识别关键决策者，或者直接与参与者沟通，了解他们的需求和偏好，这也是确定关键决策者的重要方法。

2. 购买决策的一般过程

客户购买决策的一般过程包括以下 5 个阶段。

（1）唤起需求

唤起需求是客户做出消费决策的基本前提。客户在互联网上搜索相关商品或服务，或者在电商平台长时间浏览某一类商品，表明其有一定的需求存在。这种需求可能源于内部生理或心理的刺激，也可能是外部环境的触发。互联网企业通过数据分析工具对客户需求进行分析，从而了解客户的真实需求，为后续的推荐和销售提供指导。

（2）收集信息

当需求被唤起后，客户就会通过各种渠道收集关于商品或服务的信息。互联网提供了丰富的信息资源，客户可以通过查阅商品介绍、客户评价、专家评论等方式获取详细的信息。这些信息有助于客户对各种选择进行评估和比较，从而做出更明智的决策。

（3）评估和比较

在收集到足够的信息后，客户开始对商品或服务进行评估和比较。他们收到的信息可能是重复的，甚至相互矛盾的，需要对其进行分析。他们会从商品的功能、性能、价格、品牌、售后服务等多个方面进行考虑。此外，客户还会受到口碑和社交网络的影响，他们通过社交网络平台获取朋友、同事及其他客户对商品或服务的评价和意见。这些经验分享可以在客户的购买决策上产生重要的影响。

在此环节，互联网销售人员需要注意以下几点。

- 商品性能是客户所考虑的首要因素。
- 不同客户对商品各种性能的重视程度不同或评估标准不同。
- 多数客户的评估比较过程是将实际商品同自己理想中的商品进行比较。

（4）购买决策

在完成评估和比较后，客户会进入购买决策阶段。他们会根据自己的需求和偏好，选择最适合自己的商品或服务。在这个阶段，商品价格与品牌仍然是他们的重要考量因素。同时，个性化推荐也会对客户的购买决策产生影响。企业通过分析客户行为数据，能够将个性化的推荐商品或服务呈现给客户，从而提高客户的购买转化率。

（5）购后评价

购后评价是客户对已购商品通过自用或参考他人评价，来评估购买商品的选择是否正确、是否符合理想等，是对商品是否满足预期的反馈。购后评价一般表现为满意、基本满意和不满意 3 种情况。购后评价会影响客户的重复购买率，并将影响他人的购买行为，这对企业信誉和形象的影响极大。

任务三　销售漏斗的建立

销售漏斗是一种将潜在客户逐步转化为现实客户的模型，它可以形象地描绘客户从最初对商品的认知，到产生兴趣、进行评估、有购买意向，直至最终完成购买的全过程。这个过程就像一个漏斗，顶端是大量的潜在客户，随着流程的推进，客户数量逐渐减少，最后从漏斗底部流出的是真正购买了商品的客户。

一、销售漏斗的作用

在互联网销售中，建立销售漏斗有着重要的作用与意义，销售漏斗能够直观地反映销售机会的升迁状态，预测销售结果，并帮助销售团队识别和解决销售中出现的问题。

销售漏斗的作用具体体现在以下几个方面。

1. 实现精准营销

建立销售漏斗能够帮助企业根据客户在不同阶段的行为和需求，对客户进行细分，进而实现精准营销。例如，在认知阶段的客户一般会通过广告或者社交媒体渠道初步了解商品，企业就可以针对这部分客户推送更具吸引力的商品介绍内容，还可以制作精美的宣传视频，让他们更好地了解商品亮点。

对于已经进入评估阶段的客户，企业可以提供商品对比资料、客户好评等，帮助他们做出购买决策。这种精准营销能够提升营销投入的针对性，进而提高转化率。

2. 销售流程可视化

企业在销售管理过程中使用销售漏斗时，要根据商品特点、客户特点、销售周期和购买过程来确定漏斗中的各个阶段划分，各个阶段所代表的成交可能性，以及各个阶段需要完成的任务。建立销售漏斗能够使销售流程清晰可见，销售团队可以清楚地看到潜在客户处于哪个阶段，例如，刚刚访问了企业网站（认知阶段），或者已经点击了商品展示页（兴趣阶段）。这种可视化有助于管理者合理分配销售资源，安排互联网销售人员的工作重点。

又如，对于处在购买意向较强阶段的客户，管理者可以安排经验丰富的互联网销售人员进行重点跟进，及时解答客户疑问，推动交易完成。同时，通过对销售流程的监控，企业可以发现流程中的瓶颈环节。如果大量客户在评估阶段流失，企业就可以分析是商品功能介绍不够清晰、价格缺乏竞争力，还是客户服务不到位等原因导致的，从而针对性地进行优化。

3. 预测销售业绩

企业建立销售漏斗，基于其数据可以对未来的销售业绩进行较为准确的预测。通过分析每个阶段的转化率（如从兴趣阶段到评估阶段的转化率），结合每个阶段现有的潜在客户数量，企业可以推算出在未来一段时间内可能完成购买的客户数量。

例如，如果在兴趣阶段有 100 个客户，以往数据显示从兴趣阶段到评估阶段的转化率为 30%，那么可以预估大概有 30 个客户会进入评估阶段，再结合后续各阶段的转化率，就可以大致计算出最终的购买客户数量，从而为商品生产、库存管理、财务规划等提供参考依据。

4. 提升销售效率

销售漏斗为企业销售团队提供了明确的工作方向和重点。互联网销售人员可以根据客户所处的阶段，采用不同的销售策略和沟通方式。例如，对于刚刚进入漏斗的潜在客户，销售人员可以采用较为宽泛的沟通方式，如发送一般性的商品介绍信息。

而对于接近购买决策的客户，则可以通过电话沟通或者视频沟通等方式，深入了解客户的顾虑并提供解决方案。这样可以避免互联网销售人员盲目地开展工作，提高工作效率，同时也有助于提升销售团队的整体协作能力，因为团队成员可以共享客户在漏斗中所处的阶段，协同跟进。

二、创建销售漏斗的方法

创建销售漏斗是一个系统性的过程，涉及多个步骤和关键环节。通过以下步骤的实施，企业可以有效地管理销售过程，提高销售效率和转化率。

1. 明确销售阶段

互联网销售人员首先要确定销售漏斗的各个阶段，在互联网销售中一般包括认知阶段、兴趣阶段、评估阶段、购买意向阶段和购买阶段，如图 2-13 所示。不同的阶段代表了不同的客户群体及客户在购买过程中所处的不同位置和状态。

图 2-13　销售漏斗的各个阶段

认知阶段主要是让潜在客户知道企业商品或服务的存在。兴趣阶段可以通过提供有吸引力的内容，激发客户对商品产生兴趣。评估阶段则要提供商品销量、客户口碑等内容，提升客户对商品的信任感。购买意向阶段可以设置一些引导措施，如优惠活动、专属折扣等，促使客户产生购买意向。购买阶段就是完成交易的过程，要确保支付系统安全、便捷。

2．确定销售目标

根据企业业务发展和市场需求，企业的管理者要设定可实现的销售目标。设定的这些目标要与每个销售阶段的转化率相匹配，以确保销售漏斗的有效性。然后，识别出每个销售机会转化到下个阶段时客户通常有哪些行为，如浏览、搜索、咨询、支付等。了解这些行为有助于销售团队更好地把握销售节奏，推动销售进程。

3．提升客户认知

企业可以选择不同的方式对商品或服务进行宣传推广，以提升客户的认知。

（1）社交媒体平台营销

不同的社交媒体平台拥有不同的受众群体，企业需要选择与目标客户相契合的社交媒体平台进行商品宣传与推广，如微信、微博、抖音、小红书等。例如，时装、美妆等视觉类商品，可以在小红书发布高质量的图片和短视频，以吸引客户关注。

（2）搜索引擎营销

搜索引擎营销是指基于搜索引擎平台的网络营销方式，其利用人们对搜索引擎的依赖和使用习惯，通过付费推广或优化搜索引擎排名，将信息传递给目标客户。企业可以发布付费搜索广告，设置相关的关键词，当客户搜索这些关键词时，商品广告就会展示在搜索结果页面的顶部或侧边，这是一种快速吸引流量的方式。

搜索引擎优化则是通过优化网站内容、结构等因素，提高网站在自然搜索结果中的排名。例如，在网站的商品页面中合理地使用关键词，优化页面加载速度，建立高质量的外部链接等，以增加网站在搜索引擎中的可见性，让更多的潜在客户在搜索相关商品时能够找到企业网站。

（3）内容营销

内容营销是指通过创建和分享有价值、有吸引力的内容来吸引和保留目标受众，并最终推动其采取购买或其他有利于企业的行动的营销策略。内容营销的渠道包括微信公众号、微博等。例如，如果销售健身器材，企业可以创建微信公众号，发布一些健身常识的文章，如以"如何在家庭环境中进行高效的力量训练"为文章标题，并在文章中自然地提及健身器材的商品，以此来吸引更多潜在客户的关注。

4．增强客户兴趣

对于处于认知阶段的客户，企业可以采用优化着陆页和提供互动内容来增强客户兴趣。

（1）优化着陆页

当潜在客户通过营销渠道点击进入企业网站时，他们首先看到的着陆页非常关键。着陆页要简洁明了，突出商品的核心优势和价值主张。例如，如果推广一款智能手机，着陆页上应该有醒目的手机图片、主要功能介绍（如高清屏幕、强大的处理器等），以及一个明确的行动呼吁（Call To Action，CTA），如"了解详情""了解更多""立即体验"等按钮，如图2-14所示。同时，着陆页的设计要注重客户体验，加载速度要快，内容排版要合理，这样才能吸引潜在客户进一步了解商品，从而进入兴趣阶段。

图 2-14 小米官网着陆页

（2）提供互动内容

企业还可以在网站上设置一些互动元素，例如，商品演示视频、360 度商品展示、虚拟试用等，吸引客户深入了解商品。

5. 赢得客户信任

对于处于评估阶段的客户，企业要想办法赢得客户的信任，促使其产生购买意向，进入下一阶段。

（1）提供商品比较资料

在商品展示页中，企业可以提供与竞品的比较信息。例如，销售笔记本计算机时，可以制作一个表格，对比自身的商品和其他品牌商品在处理器性能、屏幕分辨率、电池续航时间、价格等方面的差异，凸显自身商品的优势，从而激发客户的购买欲望。

（2）展示商品销量与客户口碑

在商品展示页中，企业还可以展示商品的高销量，以及真实的客户评价和案例，如客户好评、使用场景照片或视频等，让客户在评估过程中有更多的参考依据，增强他们对商品的信心。

（3）设置激励措施

为了促使客户产生购买意向，企业可以设置一些激励措施，如折扣、赠品、免费试用等。在商品展示页面和购物车页面都要有明确的 CTA，如"立即购买""加入购物车""申请免费试用"等按钮。这些按钮要设计得醒目，颜色和位置要能吸引客户的注意力，引导他们采取购买行动。

6. 购买支付及售后跟进

客户进入购买阶段，企业要确保购买流程简单、安全、快捷，要提供多种支付方式，如信用卡、支付宝、微信支付、银联等。同时，在购买过程中要清晰地展示订单信息、价格明细、配送方式等内容，减少客户在购买过程中的疑虑。例如，在电商平台上，客户下单后可以实时看到订单状态的更新，已下单、已发货到已签收等各个环节都有明确的通知。

客户完成购买并不是销售的终点。销售人员要及时进行售后跟进，通过电商平台在线客服、电话、微信、电子邮件、短信等方式询问客户对商品的满意度，提供商品使用教程、保养建议等。如果客户遇到问题，要及时提供解决方案。同时，通过建立客户忠诚度计划、推荐奖励等措施，鼓励客户进行重复购买和推荐新客户，从而使客户在销售漏斗中循环，提高客户的终身价值。

项目实训：分析并提炼小米 15 系列智能手机的商品卖点

1．实训背景

智能手机市场竞争激烈，小米 15 系列作为小米公司的新产品，需要在众多竞品中脱颖而出，才能吸引消费者的注意力。消费者在选择手机时会综合考虑多种因素，因此深入挖掘小米 15 系列智能手机的卖点，并将其有效传达给消费者，可以有效提升产品的市场竞争力和销售业绩。

2．实训要求

收集小米 15 系列手机的资料，如硬件参数（处理器性能、摄像头配置、屏幕参数等）、软件特色（操作系统功能、个性化设置等）、外观设计（材质、颜色、尺寸等），分析其商品特点，对比市场上同价位段的其他品牌手机，提炼出至少 3 个突出的差异化卖点。

3．实训思路

（1）搜集资料

搜集小米 15 系列智能手机的相关资料，了解并分析其商品特点。

（2）挖掘卖点

基于商品特点，以及小米品牌在消费者心中的形象和价值，挖掘出能够体现品牌辨识度的卖点，可以从商品概念的 3 个层次或满足消费者更高层次需求的角度提炼商品卖点。要求提炼出的卖点要精准，对目标受众具有吸引力和说服力。

（3）撰写实训报告

围绕小米 15 系列手机的卖点分析与提炼过程，撰写一份详细的实训报告，要求结构清晰，逻辑严谨，语言通顺。

巩固提高

一、单选题

1．商品卖点的独特性是指（　　）。
　　A．能让客户找到选择该商品的理由　　　B．基于价格优势
　　C．由品牌决定，与商品本身无关　　　　D．其功能多样性

2．（　　）要具有长期传播的价值，有高度的识别性。
　　A．商品功能　　　B．商品价格　　　C．商品外观　　　D．商品卖点

3．客户希望参与商品设计、寻求私人定制，这属于下列需要层次中的（　　）。
　　A．生理的需要　　　　　　　　　　　B．安全的需要
　　C．自我实现的需要　　　　　　　　　D．社会交往的需要

4．互联网销售人员可以从（　　）和更高层次的需求角度来提炼商品卖点。
　　A．商品性能　　　B．商品结构　　　C．商品概念　　　D．商品价格

5. （　　　）是指对店铺的商品或服务有需求和购买动机的人群。

    A．现实客户　　　　　B．潜在客户　　　　　C．普通客户　　　　　D．小客户

二、判断题

1．商品卖点是商品和品牌的核心竞争力。（　　　）

2．商品性能的耐用性主要体现在商品在使用过程中对客户或环境造成的潜在风险。
（　　　）

3．在影响购买力的因素中，收入水平是唯一决定因素。（　　　）

4．对网店客户来说，VIP 客户数量最多，对店铺的贡献最大。（　　　）

5．客户的收入是决定其购买力的最基本因素，与家庭收入无关。（　　　）

三、简答题

1．简述商品卖点的特征。

2．简述影响客户购买力的因素。

3．简述创建销售漏斗的方法。

项目三

售前服务与管理

知识目标

➢ 掌握接待客户的方法与技巧。
➢ 掌握挖掘客户需求及推荐关联商品的方法。
➢ 掌握处理客户疑虑的策略。
➢ 掌握确认订单与备注订单的方法。

能力目标

➢ 能够有效接待不同客户并与其进行沟通。
➢ 能够快速准确地回复客户咨询。
➢ 能够有效挖掘客户需求并推荐关联商品。
➢ 能够妥善处理客户的各类疑虑。
➢ 能够准确地进行订单处理。

素养目标

树立"以客户为中心"的服务理念，提高沟通应变与问题解决的能力，适应行业发展，提升专业素养。

项目导读

售前服务是企业与客户建立联系初期的重要环节，它涉及深入了解客户需求并提供针对性的解决方案。这一环节不仅关乎企业形象，更是推动销售成功的关键所在。精心打磨售前服务，科学管理服务流程，是企业在激烈竞争中脱颖而出的关键，更是实现企业与客户双赢的重要保障。

知识导图

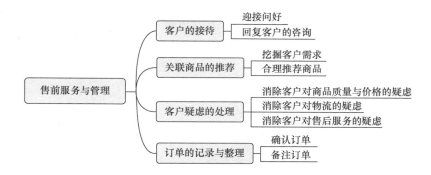

 案例导入

得物 App——AR 技术赋能购物新体验

2020 年，得物 App 上线了"AR 虚拟试穿"功能，用户可以在购买鞋子前，通过手机摄像头将虚拟的鞋子"穿"在自己脚上，查看试穿效果，如图 3-1 所示。无论鞋子的材质是网面、帆布，还是皮质，AR 虚拟试穿的贴合度和真实性都较好，如同真实上脚一样。此外，得物 App 还研发了超过 2 万个鞋类数字模型，搭建起国内最大的鞋类 AR 模型库，让消费者有更多的鞋款可以选择试穿。

图 3-1　得物 App"AR 虚拟试穿"效果

得物 App 的 AR 足部测量功能也是一大亮点。该功能可以帮助用户快速建立专属的高精度足部模型，以毫米级精度测量脚长和脚宽，识别脚型、足弓高低，并从"得物模型数据库"中快速匹配最适合用户脚型的鞋款，提升用户购买到合脚鞋子的概率。

得物 App 在推出 AR 试鞋功能后，又升级上线了"AR 试妆"功能。用户可以在线体验口红、腮红、眼影、修容、高光等全线美妆产品，甚至还能体验"云染发"。此功能既方便了女性用户，也受到了许多年轻男性用户的欢迎。用户在试妆时如果遇到适合自己的商品，可以一键收藏，或者一键跳转至购买页面直接下单。

除了鞋类和美妆产品外，得物 App 针对帽子、饰品、手表等商品也开发了"AR 试戴"功能。用户可以通过手机摄像头查看虚拟的手表、配饰等商品佩戴在自己身上的效果，弥补了在线购物无法试戴的不足，能够帮助用户更好地选择适合自己的商品。

微课资源

得物 App 持续深耕 AR 技术，随后又推出了 AR 贺卡和"AR 球鞋博物馆"创新应用服务，为用户提供了从商品体验到情感交流的服务模式。

任务一　客户的接待

客户接待并非单纯的交流与互动，实则是企业形象的展示窗口，以及销售成功的关键基石。从最初迎接客户时的一声问好，到精准地回复客户咨询的每一个细节，都彰显着企业客服人员的专业素养与服务水平。

▌一、迎接问好

迎接问好是企业开启与客户交互的首要环节，为客户指引着与企业沟通交流的方向。在当今"以客户为中心"的商业时代，企业精心制定并切实执行有效的迎接问好策略，对于提升客户满意度、推动销售增长起着至关重要的作用。

1. 开场语的重要性

开场语是企业与客户之间的第一句话。一个热情、真诚且恰当的问候，能够瞬间打破客户与企业之间的陌生感，让客户感受到特别的关注与尊重。恰当的开场语的重要性有以下几点。

（1）建立良好第一印象

当企业客服人员首次接触客户时，热情的开场语能拉近两者之间的距离，给客户留下良好的印象。如同在人际交往中，温暖的微笑和友好的问候能为进一步的交流奠定基础。良好的第一印象有助于提高客户对品牌和产品的好感度，为后续的销售过程创造积极的氛围。例如，客户进入在线店铺咨询时，一句热情洋溢的"您好，欢迎光临！很高兴为您服务！"能够让客户瞬间感受到商家的热情与专业，从而更愿意停留并继续交流。

（2）激发客户兴趣

富有吸引力的开场语可以快速将客户的注意力从众多的选择中吸引到自己的产品或服务上，提高企业的销售机会。企业客服人员可以在表示欢迎问好的开场语中，巧妙地融入产品或服务的亮点。例如，"您好，欢迎光临，今天有特大惊喜哦！我们的爆款产品正在促销优惠，快来了解一下吧！"这样的开场语能够勾起客户的好奇心，促使他们进一步询问产品详情。

（3）传递积极情绪

在互联网销售中，客户往往无法直接感受到客服人员的面部表情和肢体语言，所以语言的感染力就显得尤为重要。一句充满热情的开场语可以让客户感受到客服人员的积极态度，从而更容易被感染，以更愉快的心情参与交流。当客户处于积极的情绪状态时，他们更有可能做出购买决策。

2. 高效开场语指南

一个高效的开场语可以通过以下几点来实现。

（1）善用表情符号

企业客服人员在线上平台向客户礼貌问候的同时，可以在文字中加入一些表情符号，如图 3-2 所示。这些表情符号可以活跃气氛，增加企业客服人员的亲和力和语言的表现力。企业客服人员要注意不发带有夸张性质的动态图片，否则会给客户留下不严谨、不专业的印象。

图 3-2 PaperOK 公众号的开场语

（2）善用修饰词汇

企业客服人员在表明身份和来意时，可以使用一些修饰性的词汇来介绍自己和企业。例如，"我是[公司名称]的高级[职位名称]。""我们公司在[具体领域]深耕了[具体年限]，其间成功帮助众多客户解决了各种难题，完成了一系列极具挑战性的任务。"这样的表述不仅可以让客户对企业客服人员的专业能力有所认知，还可以让客户了解企业在业界的地位，增加客户的信任感。

（3）以问句作结

通常而言，简单的欢迎问候只会收到来自客户的礼貌回应或者沉默，这会使企业客服人员错失与客户沟通的良好时机。而以问句结尾的开场语可以促使客户做出回应，从而进行互动交流。例如，"我们的互联网产品可以为您节省大量的时间和成本，您有没有兴趣了解一下呢？"客户可能会回答"有兴趣"或者提出一些疑问，这样就为进一步的交流创造了机会。

3. 问候语的呈现方式

在互联网的环境中，问候语的呈现方式主要有以下几种。

（1）在线客服问候语

标准的问候语如"欢迎来到我们的线上店铺！有什么可以帮您？"可以简洁地传达出对客户的欢迎以及积极的服务意愿。

在不同的时间段，问候语也可以有所变化，如图 3-3 所示。早上，一句"早上好！新的一天，我们为您准备了超多精彩商品。"让人如沐春风；晚上，"晚上好！忙碌了一天，来我们这里放松购物吧。"给予客户温暖的关怀。而在节假日，像"国庆快乐！节日特惠，快来选购您心仪的商品。"这样的问候更能增添节日氛围，激发客户的购物热情。

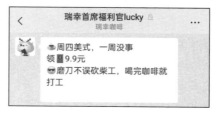

图 3-3 瑞幸微信客服的问候语

（2）自动化弹窗提示

当客户进入网站或者 App 的特定页面时，企业可以通过自动化弹窗提示的形式展示问候语和重要信息。弹窗的设计要注意简洁美观，避免过于繁杂和干扰客户的浏览体验。例如，"欢迎来到我们的网站！现在注册即可享受专属优惠。"弹窗要有关闭按钮，让客户可以根据自己的需求选择是否继续查看。此外，弹窗的出现时机也很重要，可以在客户进入网站后的适当时间弹出，这样既不会让客户感到突兀，又能及时传达欢迎信息。

4. 根据不同客户类型调整问候方式

企业客服人员可以将客户划分为新客户和老客户两种类型，然后对这两种客户采用不同的问候方式。

（1）热迎新客户

对于新客户，企业客服人员要以热情、友好且专业的态度给予他们特别的欢迎。新客户可能对线上平台还不太熟悉，此时可以附上一些简洁的介绍，如图 3-4 所示。企业可以为新客户提供一些特别的优惠或福利，以吸引他们进一步了解和尝试。常见的语句如："新客户专享福利来啦！现在注册即可获得[具体福利内容]，快来开启您的精彩之旅吧！"

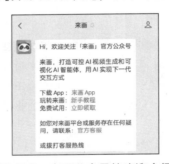

图 3-4　来画公众号的欢迎介绍

（2）关切老客户

对于老客户，问候要充满关切和温暖，体现出对他们的重视和感激，如图 3-5 所示。例如，可以这样说："您好呀，好久不见！非常感谢您一直以来的支持和信任。最近我们又推出了一些新的产品和服务，相信会给您带来更多的价值。您上次购买的[产品名称]使用得还满意吗？有任何问题随时告诉我们哦！"

企业客服人员可以根据老客户的历史购买记录和偏好，对其进行个性化的推荐："知道您一直对[老客户偏好的产品类型或风格]感兴趣，我们最近新到了一批类似的产品，要不要看看呢？[具体产品推荐]，肯定会符合您的口味。"

企业也可以为老客户提供一些专属的回馈活动，例如，"为了感谢您的长期支持，我们为您准备了专属

图 3-5　鸿星尔克客服对老客户的问候

折扣和优惠。这次您可以用更实惠的价格享受到我们的优质产品和服务哦！"或者"老客户回馈活动正在进行中，您的积分可以兑换[具体可兑换的物品或服务]，快来参与吧！"

▌二、回复客户的咨询

客户在售前阶段的咨询是其出于某种特定需求与期望而主动与企业进行沟通的重要一步。在此过程中，企业客服人员务必把握好这一契机，以有效的回复方式与客户建立牢固的信任关系，进而推动交易的成功达成。

1. 快速响应的意义与标准

互联网缩短了人与人交互的时空距离，呈现出一种聚焦的效果，这使同类产品竞争的情况更加明显和激烈。信息的快速传播也在塑造着人们快节奏的行为，客户在进行售前产品咨询时，往往期望能够在短时间内得到回复，否则他们很可能会转向企业的竞争对手。

因此，企业客服人员对客户的咨询做出快速的响应就有了至关重要的意义。当客户的问题得到及时解决时，他们会对企业产生信任感，更有可能做出购买决策并成为忠诚客户。此外，快速响应还可以提高销售效率，缩短销售周期，为企业带来更多的商业机会。

快速响应的标准主要包括两个方面：一是响应时间要短，一般来说企业客服人员应在几分钟内对客户的咨询做出回应，最长不超过半小时；二是回复内容要具体、准确，要针对客户的问题进行详细的解答。

2. 准确理解客户问题的方法

准确理解客户问题指的是理解客户的需求和期望，这是提供有效回复的前提。企业客服人员可以采取以下方法来理解客户的问题。

（1）耐心分析

企业客服人员应仔细阅读客户的咨询内容，不要急于回复，要认真分析客户的问题，理解其真正的需求和意图。

（2）提问澄清

如果客户的问题不够明确，企业客服人员可以通过提问的方式进一步了解情况，确保自己准确理解客户的问题。

（3）换位思考

企业客服人员可以站在客户的角度思考问题，想象自己如果是客户，会希望得到什么样的回复。

（4）结合上下文

有时，客户的问题可能需要结合之前的对话内容或其他相关信息才能准确理解。企业客服人员要具备良好的观察力、同理心和耐心，从与客户的聊天记录中寻找线索。

（5）多举例说明

客户有可能会对企业所涉及的领域陌生，难以理解企业客服人员所传达的信息。企业客服人员可以通过举例来传达一些涉及专业领域的信息。

3. 清晰、专业的回复话术技巧

清晰、专业的回复话术可以提高回复的质量和效果。以下是一些常用的回复话术技巧。

（1）态度先行

企业客服人员在与客户进行沟通时，要展现出一个友好的、亲和的形象，以平和的心态对待问题，从客户的角度去理解他们的需求和感受，在话语中处处流露出对客户的尊重。

（2）语言简明

企业客服人员要避免使用过于复杂或专业的术语，让客户能够轻松理解回复内容。

（3）突出重点

企业客服人员要在回复中明确回答客户的问题，并突出重点内容，在内容结构上体现解决问题的思路，让客户能够快速抓住关键信息。

（4）适时赞美

企业客服人员要善于发现客户的优点，适时给予其赞美。例如，如果客户提出了一个很有建设性的问题，可以这样说："您这个问题提得非常好，很有深度，可以看出您对我们的产品和服务有很深入的思考。"赞美可以博得人心，让客户感到愉悦，从而更愿意与企业客服人员进行交流和沟通。

（5）提供价值

当客户提出不利于促成交易的意见或看法时，企业客服人员不要急于否定客户，而是要先表达理解，然后用委婉的方式表达继续交易会为客户提供的价值。例如，客户表示产品价格太贵了，企业客服人员可以说："感谢您的关注，您在购买产品时价钱确实是考虑的方面，但产品的质量和售后服务才是考量产品好坏的重要因素，这样您才能买着放心，用着舒心呀！"

4. 常见咨询问题分类及应对策略

在互联网销售的售前服务中，常见的客户咨询问题可以分为 4 类，其相应的应对策略如表 3-1 所示。

表 3-1 常见的客户咨询问题类型及应对策略

问题类型	内容描述	应对策略
产品信息咨询	产品的特点、功能、规格、价格等	企业应提供详细、准确的产品信息，并突出产品的优势和特色。可以通过图片、视频等多种方式展示产品，让客户更好地了解产品
购买流程咨询	买产品的流程、支付方式、配送方式等	企业应提供清晰、简洁的购买流程说明，并解答客户关于支付和配送的疑问。可以提供一些购买案例或教程，帮助客户顺利完成购买
售后服务咨询	产品的售后服务承诺、保修期限、维修方式等	企业应提供详细、明确的售后服务承诺，并解答客户关于售后服务的疑问。可以提供一些售后服务案例或客户评价，让客户放心购买产品
其他问题咨询	企业的资质、信誉、口碑等	企业应提供客观、真实的信息，并表达对客户的信任和尊重。可以提供一些相关的证明材料或客户评价，让客户更好地了解企业

任务二 关联商品的推荐

关联商品是指与主商品在功能、用途、使用场景等方面具有一定关联性的商品。它们可以相互补充、相互搭配，为客户提供更完整的购买方案和更好的使用体验。通过对客户需求的了解，企业客服人员能够向客户推荐更符合客户期望的关联商品。关联商品的设置可以提高企业销售转化率，并能从主商品处吸引额外的流量，从而实现利润的优化配置。

一、挖掘客户需求

客户的需求是不断变化的，且不同的客户又各自有着不同的期望、偏好及习惯。企业只有深入了解他们的具体需求，才能为客户量身打造服务方案，满足客户的需求，这也是企业实现可持续发展的关键。

1. 客户行为数据分析

对客户行为进行深入的数据分析，是互联网销售企业挖掘和识别客户需求的常用手段。通过对客户的浏览历史和购买历史进行深入分析，企业能够洞察客户的兴趣偏好和潜在需求，为精准的关联商品推荐提供有力依据。

（1）浏览历史分析

企业客服人员可以通过数据分析工具跟踪客户的浏览历史，对客户频繁浏览的商品类别进行统计和分析，能够了解客户的兴趣偏好。例如，如果发现某客户经常浏览运动装备类商品，这可能表明该客户对运动相关产品有较高的兴趣。企业客服人员可以针对其推荐运动服装、运动鞋、运动器材等关联商品。

客户在某些商品页面上停留的时间较长，往往意味着他们对这些商品有更深入的了解需求或者较高的购买意向。例如，某客户在某款高端相机的产品页面停留了较长时间，可能暗示着该客户对摄影器材有较高的关注度。此时，企业客服人员可以向其推荐相机配件如镜头、存储卡、三脚架等关联商品。

（2）购买历史分析

企业客服人员可以分析客户已购买商品的特点和属性，找到与之相关的其他商品。例如，如果某客户购买了一台笔记本计算机，企业就可以考虑向其推荐鼠标、键盘、散热器等关联商品。这些商品可以与笔记本计算机在使用上相互配合，提升客户的使用体验。

企业客服人员可以观察客户购买某些商品的频率，判断其潜在的需求趋势。例如，某客户频繁购买健身器材，可能意味着该客户对健康和运动有持续的需求。企业客服人员可以向其推荐运动营养品、健身服装、健身课程等相关商品，拓展客户的需求。

2. 客户反馈信息分析

挖掘和分析客户反馈信息，以识别客户的潜在需求，是销售行业的一种通用手段。互联网销售企业主要通过以下两个方面来分析反馈信息。

（1）在线评价与留言分析

企业客服人员应仔细阅读客户对已购买商品的评价和留言，以了解他们对产品的满意度、期望和改进建议。例如，某客户在评价中提到某款手机的电池续航能力不足，这可能提示需要向其推荐移动电源等相关产品。或者某客户对某件服装的尺码不满意，企业客服人员可以向其推荐尺码更全的类似款式服装。

根据客户的反馈，企业客服人员可以确定产品的改进方向，并挖掘与之相关的关联需求。例如，如果某客户对某款智能家居产品的操作复杂性提出了意见，企业客服人员可以考虑向其推荐更易于使用的智能设备或提供相关的技术支持服务。同时，也可以向其推荐与该智能家居产品配套的传感器、遥控器等关联商品，提升产品的使用体验。

（2）客服沟通记录分析

企业客服人员应复盘与客户之间的沟通记录，整理客户提出的问题和需求。例如，某客户咨询是否有适合儿童使用的平板电脑，这表明其对儿童电子产品有需求。客服人员可以进一步了解该客户的具体需求，如对平板电脑的功能要求、价格预算等，为其提供更精准的推荐。

企业客服人员可以从客户的问题和需求中挖掘潜在的关联商品需求。对于询问儿童平板电脑的客户，企业客服人员可以向其推荐儿童专用的平板电脑保护壳、耳机、学习软件等关联商品。这些商品能够提前满足客户购买儿童平板电脑后可能会产生的需求，提升客户的满意度。

3. 市场趋势研究

通过研究市场趋势，企业能够预见未来的市场走向，提前布局产品线，确保售前推荐的产品不仅满足当前市场需求，还能引领潮流，持续吸引并保留客户。这种前瞻性和灵活性是企业在快速迭代的互联网环境中保持竞争优势、实现业务增长的关键所在。

（1）行业动态跟踪

企业应关注当前行业的新技术发展和趋势，如人工智能、物联网、虚拟现实等，了解这些新技术对客户需求的影响。此外，流行话题和元素也是企业关注的重点。企业应结合自身定位选取合适的热点信息，进而推出相应的产品。

根据行业动态和客户需求的变化，企业需要及时调整关联商品推荐策略，确保推荐的商品符合市场趋势和客户需求。例如，当市场上出现新型的无线充电器时，企业可以将其作为手机等电子设备的关联商品进行推荐。或者当某一品类的商品出现新的功能或设计时，及时更新关联商品推荐，为客户提供最新的购物选择。

（2）竞争对手分析

企业可以分析竞争对手的网站、产品页面和促销活动，了解他们的关联商品推荐策略。例如，企业可以观察竞争对手在推荐计算机产品时，是否会同时推荐打印机、扫描仪等办公设备。或者竞争对手在推荐服装时，是否会搭配推荐配饰等。企业可以通过研究竞争对手的推荐方式，学习他们的优点，进而改进自己的推荐策略。如果竞争对手的关联商品推荐更个性化、更精准，企业可以借鉴他们的方法，提升自己的推荐质量。

此外，企业也要分析竞争对手的不足之处，避免犯同样的错误。例如，竞争对手的推荐可能过于频繁或不相关，导致客户反感。企业可以通过优化推荐算法和策略，提供更加合适的关联商品推荐。

▌二、合理推荐商品

企业要实现商品的合理推荐，需要基于大数据分析用户行为、偏好及历史购买记录，结合市场趋势与竞品分析，运用先进的算法模型精准匹配客户需求与商品特性。同时，注重推荐内容的多样性与个性化。这样才能确保推荐的商品既符合客户期望又能激发其潜在兴趣，从而构建积极的购物体验，促进销售增长。

1. 基于产品属性的关联推荐

根据产品属性，关联商品可以分为以下两种类型。

（1）功能互补型商品推荐

功能互补型商品推荐是指根据客户当前选购商品的功能特点，推荐能够与之相辅相成、增强整体使用效果的商品。这种推荐方式的关键在于挖掘商品之间的功能互补性。例如，手机壳可以保护手机免受损坏，它与手机在功能上相互补充。功能互补型商品推荐的核心在于精准识别客户潜在需求，提升客户的使用体验。

（2）配套使用型商品推荐

配套使用型商品推荐是指根据客户当前选购商品的使用场景与需求，推荐与之配套使用的商品，以满足客户全方位的消费需求。这种推荐方式注重商品之间的协同作用。例如，墨水是钢笔的耗材，与钢笔配套使用。配套使用型商品推荐的关键在于深入了解客户的使用场景与需求，为客户提供全面的商品选择范围。

2. 基于客户行为的关联推荐

在数字化时代，客户行为数据已经成为企业制定营销策略和进行商品推荐的重要依据。通过分析客户的购买历史、浏览记录、搜索行为等数据，企业可以深入挖掘客户的潜在需求，提供更个性化、更精准的关联推荐。

（1）购买协同推荐

企业可以分析大量客户的购买历史数据，找出经常同时被购买的商品组合，并进行组合销售，如图 3-6 所示。通过大数据分析，可以更加准确地了解客户的购买习惯和需求，提升推荐的针对性和有效性。

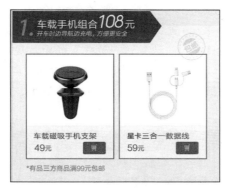

图 3-6　小米有品商城的车载手机组合

企业可以在向客户推送关联商品信息时附注推荐理由。例如，计算机需要某些外部设备才能更好地发挥其功能，所以企业可以根据客户的使用场景和需求，推荐游戏手柄、绘图板、摄像头等其他外部设备。

（2）浏览协同推荐

当客户浏览某一商品时，企业可以根据其他有类似浏览行为的客户的购买记录，推荐相关的商品。例如，某客户浏览了一款手机，企业可以向其推荐手机壳、钢化膜、充电宝等被其他浏览手机的客户购买的商品。这种推荐方式可以根据客户的实时行为进行个性化推荐，提升推荐的准确性和及时性。

3. 个性化推荐策略

随着大数据和人工智能技术的迅速发展和广泛应用，越来越多的企业在采用个性化推荐系统创造商业价值。企业个性化推荐的策略有以下两种。

（1）建立客户画像

企业可以通过收集客户的注册信息、购买历史、浏览行为等数据，建立客户画像，包括年龄、性别、兴趣爱好、职业等维度。例如，年轻客户可能对时尚、科技类商品更感兴趣，而中年客户可能更关注健康、家居类产品。

企业可以根据客户画像，为客户推荐符合其兴趣和需求的关联商品。例如，对于喜欢摄影的客户，可以推荐不同类型的相机镜头、摄影书籍、摄影培训课程等关联商品；对于喜欢音乐的客户，可以推荐耳机、音箱等关联商品。通过个性化推荐，可以提升客户的满意度和忠诚度。

（2）实时调整推荐

企业应根据客户的当前行为，如浏览商品、加入购物车、购买商品等，实时调整推荐内容。例如，当客户购买了一款手机后，企业的个性化推荐系统可以立即推荐手机壳、充电器等关联商品。如果客户浏览了运动装备类商品，系统可以推荐适合该客户的运动服装、运动鞋等关联商品。

为了确保推荐的时效性和针对性，企业需要不断优化推荐算法和策略。例如，定期更新商品数据库，确保推荐的商品是最新的和最热门的。同时，根据客户的反馈和行为数据，不断调整推荐算法，提升推荐的准确性和客户满意度。

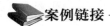**案例链接**

懂你"贪吃"又想瘦，饿了么和 Keep 陪你疯

2024 年早春，饿了么和 Keep 进行了一次有趣的跨界合作。

洞察到年轻人在减肥过程中"一边练，一边吃"的矛盾现状，饿了么联合 Keep 推出了主题为"劝你不要 Keep 一套，饿了么一套"的营销活动，其宣传海报如图 3-7 所示。宣传海报上的文案刻画出了年轻人生活的两面，一面努力锻炼，一面又忍不住享受美食，将"Keep 一套，饿了么一套"体现得淋漓尽致。

图 3-7　饿了么联合 Keep 宣传海报

同时，饿了么和 Keep 通过发起站内挑战赛，充分调动年轻人的参与度。用户报名并在 Keep 完成线上打卡动物流训练动作跟练、腹肌撕裂者入门等指定课程 5 次，同时登录饿了么 App，就有机会获得限定联名奖牌。奖牌设计独具匠心，旋转罗盘即可自定义减肥日期，拨动"flag"能指向任意月份和日期，让用户可随时随地立"减肥 flag"；而转动奖牌，原本的哑铃、瑜伽垫还能变成汉堡、鸡腿、奶茶等各种美食，十分有趣。

这次合作中，饿了么一方面通过反向劝诫的方式，说出了年轻人减肥的心声，引发情绪共鸣，拉近了与用户的距离；另一方面，也以健康餐品类做承接，将健康饮食和科学健身相结合。

对于 Keep 而言，与饿了么的合作扩大了其品牌影响力，让更多用户了解到 Keep 不仅是一个提供运动课程的平台，还关注用户的健康生活方式。

饿了么和 Keep 的这次合作是一次成功的跨界尝试，双方通过优势互补，满足了消费者在健康生活方面的多元化需求，实现了从情绪共鸣到产品需求的统一，为两个品牌带来了更多的发展机遇，也为餐饮与健身领域的跨界营销提供了新的思路和范例。

微课资源

任务三　客户疑虑的处理

客户在购买过程中往往会存在各种疑虑，这些疑虑如果得不到妥善处理，可能会导致客户放弃购买，影响企业的销售业绩。因此，及时、有效地处理客户疑虑，对于提高客户转化率、促进企业发展具有重要意义。

一、消除客户对商品质量与价格的疑虑

一般而言，商品质量和价格是客户在购买决策中最为关注的两个核心因素。为了消除客户对商品质量与价格的疑虑，企业需要采取一系列措施来增强客户的信任感和满意度。

1．提供详细的商品信息

企业应制作详细的商品说明书，包括商品的功能、性能、使用方法、注意事项等内容。企业可以将一些重要的信息内容展示在商品宣传介绍界面中，让客户对商品的规格、参数有更直观的了解。

在商品信息的呈现方式上，企业可以通过上传高清晰度的商品图片，从不同角度展示商品的外观和细节，或者制作商品视频，展示商品的使用过程、功能特点等，让客户更全面地了解商品。

此外，企业还可以通过分享客户评价和案例的方式来获得客户的信任。展示其他客户的评价和反馈，可以让潜在客户了解商品的实际使用效果；分享成功案例，如其他客户使用商品解决了某个问题或实现了某个目标，可以增强客户对商品的信心。

2．强调质量保证措施

仅仅依靠言语上的介绍说明是不足以让客户对商品质量完全放心的，企业还需要采取实际行动来加强质量保证。

（1）质量认证与检测报告

企业应在商品页面或宣传资料上清晰展示质量认证证书的图片，确保证书的真实性和有效性，可以提供证书的查询方式，让客户可以随时验证证书的真伪。

企业可以委托专业的检测机构对商品进行检测，并出具详细的检测报告。检测报告应包括商品的各项性能指标、安全指标、环保指标等检测结果。企业应将检测报告以易于阅读的格式展示给客户，如 PDF 格式或图片格式，可以在报告中突出显示关键的检测数据和结论，让客户一目了然地了解商品的质量状况，如图 3-8 所示。

（2）售后服务与商品的质量关联

企业可以向客户说明提供的售后服务内容，如免费维修、

图 3-8　维德医用口罩检测报告

更换配件、技术支持等，强调这些售后服务措施是对商品质量的承诺，让客户放心购买。企业还可以举例说明在商品出现质量问题时，企业会如何快速响应并解决问题，让客户感受到企业对售后服务的重视和专业。企业应强调对商品质量的负责态度，向客户表示如果产品出现质量问题，企业将承担相应的责任，保障客户的合法权益。

3. 对比竞品突出优势

在激烈的市场竞争中，企业需要突出商品的优势以吸引客户，通过对比竞品可以让客户更直观地了解商品的独特之处。

（1）性能、质量、价格对比

企业可以从商品的性能、质量、价格等方面进行对比，制作详细的对比表格，在表格中清晰地列出商品和竞品的各项指标，让客户一目了然地看出商品的优势。例如，对于一款智能手机，可以对比处理器性能、摄像头像素、电池续航时间、价格等指标；对于一款家电产品，可以对比功率、能效等级、功能特点、价格等指标。

（2）耐用性实测数据对比

企业可以将商品与竞品的耐用性对比数据以图片或表格的形式展示给客户，让客户直观地了解商品的耐用性，突出商品的优势。同时，解释测试的方法和标准，让客户相信测试数据的真实性和可靠性。例如，对于运动鞋的磨损测试，可以说明测试的方法是在相同的路面条件下，让相同的人穿着商品和竞品进行行走测试，记录鞋底的磨损情况；对于电子产品的连续使用测试，可以说明测试的标准是在相同的环境条件下，连续使用商品和竞品，记录性能下降的时间和程度。

（3）原材料及工艺对比

企业可以展示与竞品使用的原材料及工艺的对比结果，突出产品原材料及工艺的优势，如图 3-9 所示。此外，企业还可以向客户提供原材料的来源和供应商信息，让客户了解原材料的质量和可靠性。

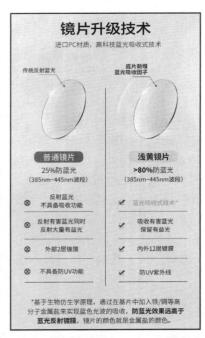

图 3-9　京东京造防蓝光镜片与竞品的对比结果

4. 解释价格构成

价格是客户购买商品时最为关注的因素之一。为了消除客户对价格的疑虑，企业需要详细解释价格的构成，并突出商品的价值。

（1）成本分析

企业可以列出商品的成本构成，包括原材料成本、生产成本、运输成本、营销成本、研发成本等，让客户了解产品的价格是由哪些因素决定的，以及为什么价格可能会高于或低于竞品。例如，一款电子产品的原材料成本可能包括芯片、显示屏、电池等零部件的采购成本；生产成本可能包括组装、测试、包装等环节的费用；运输成本可能包括物流费用、仓储费用等；营销成本可能包括广告宣传、促销活动、销售人员费用等；研发成本可能包括产品设计、开发、测试等环节的费用。

对于一些高成本的环节，企业可以进行详细的解释和说明，让客户理解成本的合理性。例如，商品采用了高端的原材料或先进的生产工艺，导致成本较高，价格也相应较高；可以介绍高端原材料的优势和特点，如性能更好、质量更稳定等；可以介绍先进生产工艺的好处，如提高生产效率、降低次品率等。

（2）价值体现

企业应详细介绍商品的功能和特点，让客户了解商品能够为他们带来哪些实际的好处。例如，一款智能手表不仅可以显示时间，还具备监测健康数据、接收通知、支付等功能，这些功能可以为客户的生活带来便利。

企业还可以强调商品的品质，如材料的质量、工艺的精湛、设计的美观等。高品质的商品可以为客户带来更好的使用体验和更长的使用寿命，也显示出客户的眼光和品位。例如，一款高端的皮革包采用优质的皮革材料，经过精细的手工制作，设计时尚大方，不仅可以提升客户的品位和形象，还可以使用很长时间，相比于低品质的包更具价值。

（3）与竞品价格差异的原因

企业可以引导客户在比较价格时，不要只看价格的高低，而应关注商品的综合价值。企业应从多个方面解释自身商品与竞品价格差异的原因，让客户理解价格差异的合理性。例如，在品牌价值方面，企业可以介绍自身的历史、文化、市场定位等，说明品牌的价值所在；在产品特点方面，企业可以介绍产品的创新之处、技术优势等，说明产品的独特价值；在售后服务方面，企业可以介绍售后的服务内容、响应速度、解决问题的能力等，说明售后服务的价值。

此外，企业还可以通过客户评价、专业评测等方式展示商品的价值。例如，引用一些客户对商品的好评，说明商品的功能和品质得到了客户的认可；引用专业评测机构对商品的评测结果，说明商品在性能、品质等方面的优势，以及为什么这些优势使商品的价格更具合理性，如图 3-10 所示。

图 3-10　郁美净面霜客户好评和机构检测结果

5. 提供优惠与促销活动

优惠与促销活动是吸引客户购买的重要手段，通过提供折扣、满减优惠和赠品等，可以让客户更容易做出购买决策。

（1）折扣

企业可以根据市场需求和销售情况定期推出折扣活动，让平日因商品价格望而却步的客户有机会购买。例如，可以在节假日、重大活动期间推出折扣活动，或者在新产品上市、周年庆、库存清理等时候推出折扣活动。

（2）满减优惠

企业可以根据客户的购买金额设定满减优惠规则。例如，满 1000 元减 100 元，或者满 2000 元送价值 200 元的礼品等。同时，可以设置不同的满减档次，满足不同购买力水平客户的需求。

（3）赠品

企业可以根据商品的特点和客户的需求，提供一些有价值的赠品。例如，购买手机可以送手机壳、耳机等配件；购买化妆品可以送小样、化妆工具等。选择赠品时，要考虑赠品的实用性、质量和与产品的相关性。赠品不能是质量低下、没有实用价值的东西，否则会降低客户对商品的好感度；赠品要与商品相关联，能够为客户带来更多的满足感。

企业也可以将赠品作为一个卖点，吸引客户购买商品。例如，在商品标题、宣传文案中强调赠品的价值，如"购买[商品名称]，送价值[×]元的赠品"等。

6. 强调性价比

性价比是客户在购买商品时非常关注的一个因素。企业通过强调商品的性价比，可以让客户在购买商品时获得更多的价值感。

（1）长期使用成本优势

企业可以提醒客户在购买商品时，不仅要考虑购买价格，还要考虑长期使用成本。例如，可以通过一些案例或数据，说明使用寿命长的商品可以为客户节省更多的费用。企业可以提供一些购买建议，推荐客户选择性价比高的商品。例如，推荐一些节能型、耐用型的商品，或者提醒客户在购买时关注商品的质量和售后服务，以降低长期使用成本。

（2）功能与价格的匹配度介绍

企业可以通过回顾商品的功能和品质优势，再次向客户强调这些优势与价格的匹配度。例如，可以说虽然商品的价格不是最低的，但是其功能和品质远远超过了价格较低的竞品，从性价比来看，该商品更具优势。例如，一款高端的智能手机，虽然价格较高，但是其拍照功能非常强大，可以为客户拍摄出高质量的照片和视频，十分适合喜欢拍照的客户使用。

二、消除客户对物流的疑虑

物流环节作为连接商家与客户的桥梁，其效率和可靠性直接影响着客户的购物体验和满意度。为了消除客户对物流的疑虑，提升客户的信任度，企业必须展示出强大的物流实力和细致入微的服务。

1. 展示物流合作伙伴的优势

选择一个可靠的物流合作伙伴，是企业提升物流服务质量、赢得客户信任的关键。通过与信誉度高的物流公司合作，企业可以为客户提供更稳定、更高效的物流服务。

（1）知名物流公司的信誉保证

企业可以与一些知名的物流公司合作，如顺丰、圆通、中通等。这些物流公司在行业内具有较高的知名度和良好的口碑，能够为客户提供可靠的物流服务。企业可以在企业官网、产品页面中展示物流公司的标志和介绍，让客户了解企业的物流合作伙伴。企业还可以引用一些客户对物流公司的好评，或者展示物流公司获得的相关荣誉和认证，以增强客户对物流公司的信任。

（2）物流跟踪系统的介绍

企业应向客户介绍物流跟踪系统的使用方法，让客户能够轻松查询商品的运输状态。物流跟踪系统可以通过企业官网、手机 App、短信等方式提供，方便客户随时随地查询。例如，可以在企业官网、商品页面中提供物流跟踪系统的入口和使用说明；还可以通过视频教程、图文说明等方式，向客户展示如何使用物流跟踪系统。

（3）配送范围与时效性承诺

在企业官网、商品页面中要有明确的物流配送范围说明，让客户知道是否可以送达自己所在地区。对于一些偏远地区或者特殊地区，可以提前告知客户可能存在的配送限制和延迟情况。企业可以为客户提供配送范围查询工具，让客户输入自己的地址，查询是否在配送范围内。

企业应向客户承诺配送的时效性。例如，可以承诺在下单后的 24 小时内发货，在 3～5 天内送达。对于一些紧急订单，可以提供加急配送服务，确保商品能够尽快送达客户手中。企业可以向客户表示，如果出现配送延迟的情况，会及时通知客户，并提供解决方案（如赠送优惠券、延长售后服务期限等）。

2. 明确运费规则

运费作为客户购物成本的一部分，其计算方式和优惠规则直接影响着客户的购买决策。因此，企业必须制定清晰、透明的运费规则，以消除客户的疑虑。

（1）运费计算方式透明化

企业应在企业官网、商品页面等地方公开运费的计算方式，让客户清楚地了解运费的构成。运费的计算方式可以根据商品的重量、体积、配送距离等因素确定。

企业可以提供运费计算器，让客户输入商品与地址的相关信息查询运费金额，这样可以避免客户在结算时对运费产生疑问。

对于运费的构成，企业应作出详细的说明，这包括基础运费、续重费用、偏远地区附加费、付费增值服务收费标准等，让客户知道在哪些情况下需要支付额外的运费，以及运费的具体金额是如何计算的。以京东商城为例，面向普通用户，其自营商品基础运费为 6 元，订单商品实付金额满 59 元，免基础运费，如商品超重将增收续重运费。自营商品续重运费收取规则如表 3-2 所示。

表 3-2 自营商品续重运费收取规则

订单实付金额	含饮用水类商品（饮料冲调—饮用水）		不含饮用水类商品（饮料冲调—饮用水）			
	限重	超出部分续重费	限重		超出部分续重费
			部分城市	其他地区/送礼物订单	
0 元＜订单实付金额＜199 元	20 千克	0.5 元/千克	20 千克	10 千克	1 元/千克
199 元≤订单实付金额＜299 元	30 千克	0.5 元/千克	30 千克	20 千克	1 元/千克

订单实付金额	含饮用水类商品（饮料冲调—饮用水）		不含饮用水类商品（饮料冲调—饮用水）			
	限重	超出部分续重费	限重		超出部分续重费
			部分城市	其他地区/送礼物订单	
299 元≤订单实付金额＜399 元	40 千克	0.5 元/千克	40 千克	30 千克	1 元/千克
399 元≤订单实付金额＜499 元	50 千克	0.5 元/千克	50 千克	40 千克	1 元/千克
订单实付金额≥499 元	250 千克	2 元/千克	50 千克	50 千克	1 元/千克

店铺名称为"京东超市自营秒送-×××"的自营订单运费主要包含基础运费、距离运费、重量运费、时段运费。基础运费为 5 元，距离运费、重量运费、时间运费收取规则如表 3-3 所示。

表 3-3　距离运费、重量运费、时段运费收取规则

运费收取规则	具体说明		
	配送距离范围	距离运费	备注
距离运费收取规则	距离≤1 千米	免收距离运费	配送距离范围向上取整，如 2.5 千米，按照 3 千米计算距离运费，收取 2 元距离运费
	1 千米＜距离≤3 千米	1 元/千米	
	3 千米＜距离≤10 千米	2 元/千米	
	距离＞10 千米	每 5 千米加 7 元	
	订单商品重量范围	重量运费	备注
重量运费收取规则	订单重量≤5 千克	免重量运费	①限重 24.99 千克；②订单商品重量向上取整，如 12.5 千克，按照 13 千克计算重量运费，收取 5.5 元重量运费
	5 千克＜订单重量≤10 千克	0.5 元/千克	
	订单重量＞10 千克	1 元/千克	
	配送选取时间段	时段运费	备注
时段运费收取规则	00:00—06:59	4 元	/
	07:00—07:59	2 元	
	08:00—21:59	免收时段运费	
	22:00—23:59	2 元	

店铺名称为"京东买菜×××店"的自营订单运费主要为基础运费，订单实付金额不超过 39 元，基础运费为 3 元，订单实付金额超过 39 元（包括 39 元），免基础运费。每笔订单限重 30 千克，超过 30 千克时客户将无法下单。

选取京准达服务的订单，如果产生基础运费或续重运费，则在此基础上额外加收京准达运费；如未产生基础运费和续重运费，则只收取京准达运费。其中，单个订单中的中小件生鲜商品、中小件非生鲜商品分别加收京准达运费。中小件商品加收京准达运费，会根据所选时段进行收费，时段不同价格会有所差异。大件商品加收京准达运费 29 元，若一个订单中同时包含中小件生鲜商品、中小件非生鲜商品及大件商品，将同时收取中小件生鲜商品、中小件非生鲜商品及大件商品的京准达运费。

（2）满额免运费等优惠措施

企业可以根据客户的购买金额，设定满额免运费的规则。例如，客户购买商品满一定金

额，即可享受免运费服务。这样可以鼓励客户增加购买金额，提高客单价。企业应确定满额免运费的金额和条件，让客户清楚地知道如何享受优惠。例如，满 100 元免运费，或者满一定数量的商品免运费等。除了满额免运费，企业还可以提供其他运费优惠措施，如新用户免运费、会员免运费、开学季运费补贴等。这些优惠措施可以吸引更多的客户购买商品，提升客户的满意度。

此外，企业还可以在企业官网、社交媒体平台等宣传运费优惠措施，让更多的客户知道，并及时更新运费优惠信息，确保客户能够享受到最新的优惠。

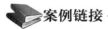 **案例链接**

澳柯玛携手京东物流，冷链无忧"链"通客户心

近年来，国产品牌澳柯玛通过与京东物流合作，实现了从传统家电企业向冷链物联网企业的转型。

澳柯玛积极实施"互联网＋全冷链"战略，构建起横跨家用电器、商用冷链、冷链运输等领域的全冷链产业布局。自 2017 年起，京东物流便开始为澳柯玛的物流业务提供坚实支持。而在 2023 年，京东物流更是为澳柯玛升级打造了创新性的"一盘货"服务模式。

这一模式将澳柯玛线上平台店铺订单与京东 POP 店铺库存巧妙融合、共享，实现了库存的灵活调拨与高效管理。由此带来的积极变化显著，不仅缺货率大幅降低，库存成本也得到了有效控制，还让物流时效性实现了质的飞跃。经过合作，澳柯玛物流周转率提高了 21.6%，发货时间平均缩短 1.5 天，为企业降本增效注入了强大的动力。

在提升消费者体验方面，京东物流的一体化供应链服务发挥了关键作用，有效助力澳柯玛提升了退换货时效性。京东物流通过京东云仓，为澳柯玛全国售后产品精心打造了一个规模达 $6000m^2$ 的仓储中心，对 5 万个大、中、小家电维修零配件 SKU 进行精细分类管理，极大地优化了统配服务，减少了交付环节，缩短了运输里程，多次搬运产生的物流费用显著降低，二次损耗也得到有效遏制，运输破损率明显下降。在售后环节，专业团队提供的"送、装、拆、收"一体化增值服务成功攻克了大家电售后"最后一公里"的难题，全面提升了消费者的使用体验。

微课资源

3．处理物流问题的预案

在物流配送过程中，难免会遇到各种问题，为了保障客户的权益，企业必须制定完善的处理物流问题的预案，确保在出现问题时能够及时、有效地解决。

（1）货物损坏的赔偿机制

企业应建立货物损坏的赔偿机制，明确赔偿的标准和流程。当客户的商品在运输中受到损坏时，一个完善的赔偿机制既能提高企业的处理效率，又能确保客户的权益得到保障。

根据商品的价值、损坏程度等因素，企业要制定合理的赔偿标准。例如，对于轻微损坏的商品，可以提供部分赔偿或补发配件；对于严重损坏的商品，可以全额退款或重新发货。

企业应规范赔偿流程。当客户发现商品损坏时，通常会联系企业客服人员。客服人员要迅速响应，记录客户的问题，并指导客户提供相关证据，如商品照片、包装照片等。企业要与物流公司进行沟通，确定责任方，并按照赔偿标准进行赔偿。赔偿要及时，过程要透明，

让客户了解赔偿的进展情况。

此外，企业应让客户知道如果商品在运输过程中损坏，他们可以得到哪些赔偿。在企业官网、购物页面和客户服务渠道上，应有明确的货物损坏的赔偿机制说明，包括赔偿标准、流程和联系方式等信息，让客户在购买商品前就清楚地了解自己的权益，增强客户的购买信心。

（2）延迟配送的解决方案

在物流配送过程中，可能会出现各种原因导致的延迟配送情况，企业应制定相应的解决方案，及时处理这些问题。

① 及时通知客户。当发现配送延迟时，企业要第一时间通知客户，说明延迟的原因和预计送达时间，可以通过短信、电子邮件、手机 App 推送等方式通知客户，让客户了解配送进度。

② 提供补偿措施。企业应根据延迟的时间长短和客户的实际情况，提供适当的补偿措施。例如，对于延迟时间较短的情况，可以提供一定金额的优惠券或积分；对于延迟时间较长的情况，可以提供免费的小礼品或升级配送服务。

▌三、消除客户对售后服务的疑虑

在当今的消费市场中，除了商品的价格和质量外，企业的售后服务也成为客户做出购买决策时不可忽视的因素。优质的售后服务不仅能够提升客户的购买体验，还能平衡企业在商品价格、商品性能和物流等方面的劣势。

1．详细介绍售后服务内容

售后服务的内容是客户做出购买决策的重要参考。企业应全面、详细地介绍售后服务内容，以便客户在需要时能够快速找到解决方案。

（1）维修服务的流程与时限

企业应详细地介绍维修服务的流程，如客户怎样申请维修、维修人员的响应时间，以及维修周期等。当客户购买的商品出现故障时，他们需要了解维修服务的具体流程，这样才能及时地解决问题。

企业首先要明确客户申请维修的方式，可以告知客户通过在线客服、电子邮件等渠道来提交维修申请。同时，要告知客户需要提供哪些信息，像订单号、商品型号、故障描述等。企业还应说明维修人员的响应时间，即在客户提交维修申请后，维修人员多长时间内会与客户联系。一般情况下，响应时间越短，客户的满意度就会越高。

此外，企业要确定维修周期，即从客户提交维修申请到维修完成需要花费多长时间。企业需要根据商品的类型和故障情况制定合理的维修周期，并且确保能够按时完成维修任务。

（2）退换货规则的具体规定

企业应详细地说明退换货的条件、流程以及时限。客户在购买商品之后，很可能会由于各种不同的原因申请退换货。因此，企业要明确地列出退换货的条件，使客户清楚地知道在哪些情况下可以进行退换货。退换货的条件可以涵盖商品存在质量问题、与商品描述不符、尺码不合适等。针对不同的退换货原因，需要制定相应的处理流程。

企业还应向客户说明退换货的具体流程，其中包括申请退换货的方式、需要提供哪些信息、商品的包装有哪些要求，以及邮寄方面的要求等。同时，也要告知客户退换货的时限，即在多长的时间范围内可以申请退换货。

（3）在线支持渠道及客户服务热线

客户在遇到问题时，需要及时得到企业的帮助和支持。企业应提供多种客户服务渠道（如微信客服、客服热线等），以方便客户联系。在线支持渠道的客服要及时回复客户的咨询，提供有效的解决方案。客户服务热线要保证畅通，有专业的客服人员接听电话，及时解答客户的问题。此外，企业应告知客户在线支持渠道和客户服务热线的工作时间，让客户在需要帮助时能够及时地联系到企业。

2. 展示售后服务团队的专业能力

售后服务团队的专业能力直接决定了客户对售后服务的满意度。企业应通过展示售后服务团队的资质认证、成功案例和客户满意度数据等方面，让客户更加信任企业的售后服务。

（1）资质认证

售后服务团队的专业能力对客户满意度有着直接影响。在这方面，企业可以通过介绍售后服务团队的资质认证，让客户更好地了解他们的专业水平。例如，企业可以向客户说明售后服务团队接受过哪些技术培训，拥有哪些专业技能等。此外，企业还可以向客户介绍售后服务团队的服务评价情况，让客户知晓售后服务团队不仅具备专业的技术能力，还能提供优质的服务。

（2）成功案例

企业可以分享售后服务团队成功解决其他客户问题的案例（如快速维修、满意的退换货处理等），让客户更直观地了解售后服务团队的专业能力和服务水平。

在案例选择上，企业可以选择一些具有代表性的案例，详细描述售后服务团队是如何解决客户问题的，可以包括问题的描述、解决过程和客户的反馈等方面。在呈现形式上，企业可以采用图片、视频等多媒体形式，以增强案例的可信度。

（3）客户满意度数据

客户满意度数据是衡量售后服务质量的重要指标。企业可以选取一些客户的评价和反馈，展示在企业官网、社交媒体平台等渠道上，让潜在客户了解其他客户的真实体验，增强他们对售后服务的信心。为此，企业需要定期进行客户满意度调查，收集客户的反馈意见，并将调查结果进行统计分析，展示客户对售后服务的满意度情况。

3. 提供售后保障承诺

售后保障承诺是企业对客户的一种承诺和保障，能够增强客户对售后服务的信心。企业应通过延长质保期、不满意无条件退款等承诺，让客户在购买商品后更加安心。

（1）延长质保期

长久的质保期可以增加客户对售后服务的信心和满意度。企业可以根据商品的类型和价格制定合理的延长质保期规则，明确延长质保期的范围和条件，让客户知道在什么情况下可以享受延长质保期的服务。例如，对于高价值的商品，可以提供更长的质保期。

（2）不满意无条件退款承诺

企业可以做出不满意无条件退款等承诺，展示企业对商品的信心，提升客户的购买意愿。对此，企业需要明确不满意无条件退款的条件和流程，让客户知道在什么情况下可以申请退款。

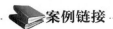

案例链接

OPPO A2 Pro"四年电保"翻新篇

随着手机使用时长的累积和充电循环次数的增多，电池容量会逐渐缩减，手机续航能力会受到严重影响。因此，手机电池不耐用成了困扰众多用户的一大难题。

2023年9月13日，OPPO正式对外宣称，将推出"手机电池四年包换"的活动，如图3-11所示，而在同年9月15日发布的OPPO A2 Pro成了首款享受该服务的机型。

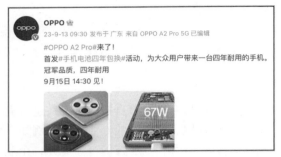

图 3-11　OPPO 微博宣发"手机电池四年包换"活动

OPPO官方表示，在产品预售与首销期间购买这款手机的用户，自服务开启起的四年时间里，只要经过OPPO官方授权服务体验中心检测发现电池容量不足80%，就能免费更换一次电池。

OPPO之所以有底气为A2 Pro做出四年电池包换的承诺，是有坚实基础的。首先，OPPO在电池技术研发领域成果丰硕，实现了全栈自研，并且拥有自主的电池生产工厂，从源头到成品都牢牢把控在自己手中。早在2022年，OPPO就推出了先进的长寿版150W超级闪充技术，该技术不仅提升充电功率，还配备了BHE（电池健康引擎）以及定制的电池管理芯片，再结合独特的电池健康算法和仿生修复电解液技术，有效保障了电池在经过多次充放电循环后仍能保持良好的容量状态。

微课资源

任务四　订单的记录与整理

订单记录与整理能够为企业提供准确的业务数据，帮助企业管理者做出明智的决策。通过对订单信息的详细记录和整理，企业可以清晰地了解产品或服务的销售情况、客户的购买偏好以及市场的需求趋势。同时，规范的订单记录与整理流程可以提高业务处理的效率和准确性，减少错误和纠纷的发生，为客户提供更加优质的售前服务体验。此外，高效的订单整理流程可以提高业务处理速度，优化资源分配，提升企业的整体竞争力。

▌一、确认订单

确认订单是订单处理流程的第一步，也是确保订单信息准确无误的关键环节。随着互联网的发展，很多专业的订单管理软件应运而生，企业通过自动化和人工审核相结合的方式，可以显著提升订单确认的效率和准确性。

1. 订单来源渠道分析

互联网销售企业的订单来源主要有以下几种。

（1）网站订单

企业的官方网站是客户下单的重要渠道之一。网站开发团队应致力于打造简洁明了、易于操作的下单界面，确保客户能够快速、准确地完成订单提交。例如，优化商品展示页面，提供清晰的商品图片和详细的商品描述，方便客户了解商品信息；简化加购和结算流程，减少客户的操作步骤。

市场分析人员要密切关注网站订单的特点，如订单金额分布、热门商品类型、客户地域分布等。通过对这些数据的分析，企业可以有针对性地进行市场推广和商品优化。例如，如果发现某个地区的订单量较大，可以加大在该地区的广告投放力度；如果某款商品的订单量持续增长，可以考虑增加该商品的库存。

（2）移动应用订单

随着移动互联网的普及，移动应用成为越来越多客户下单的首选方式。移动应用开发团队要充分考虑移动设备的特点，如屏幕大小、操作方式等，进行相匹配的设计。例如，设计简洁的界面布局，方便客户在小屏幕上进行操作；采用触摸式交互设计，提升客户的操作体验。

数据分析师要对比分析移动应用订单与网站订单的差异，包括订单金额、商品偏好、下单时间等方面。根据这些差异，企业可以制定相应的营销策略，如针对移动应用客户推出专属的优惠活动，优化移动应用的推送通知功能，提高客户的下单转化率。

（3）第三方平台订单

许多企业会选择在第三方电商平台上销售商品或服务，以扩大销售渠道和提高品牌知名度。这些平台通常具有庞大的客户群体和成熟的交易体系，但企业也需要遵守平台的规则和要求。运营团队要及时处理第三方平台订单，关注平台的评价和反馈，以维护企业的良好形象。

企业与第三方平台合作时，需要建立有效的沟通机制。例如，及时了解平台的规则变化和促销活动，调整企业的销售策略；与平台客服团队保持密切联系，共同解决客户的问题和纠纷。

2. 确认订单的流程

企业确认订单的流程主要包括对订单信息的全面检查和订单状态的初步设定，以便为相关部门的后续处理提供可靠依据。

（1）检查订单信息完整真实

企业客服人员要仔细检查订单中的客户信息，包括姓名、联系方式、地址等，确保这些信息准确无误，以便在需要时能够及时与客户沟通。如果发现客户信息不准确或不完整，应及时与客户联系进行核实和补充。

订单处理人员要检查订单中的商品名称、规格、数量、价格等信息是否清晰、明确。对于服务类订单，要确认服务的具体内容和要求。如果订单信息存在模糊或不明确的地方，应与客户进行沟通，确保双方对订单内容的理解一致。

（2）订单状态的初步设定

根据订单的处理进度，企业可以为订单设置不同的状态标识。待处理状态表示订单尚未开始处理，需要进一步确认或等待库存分配；已确认状态表示订单信息已经核实无误，可以进入后续的处理流程，如安排发货、提供服务等。设置明确的状态标识可以帮助企业内部各部门更好地了解订单的处理情况，提高工作效率。

二、备注订单

备注订单能够为后续处理人员提供额外信息，确保订单处理的准确性和个性化。通过运用智能备注提醒软件和制定相应的管理规范，企业可以进一步提升订单处理的效率和质量。

1. 备注的重要性

备注订单的重要性在于它能够为后续处理人员提供关键信息，帮助他们更好地理解客户需求，提升订单处理效率，并为客户提供个性化服务。

（1）方便后续处理

订单备注可以为后续处理人员提供额外的引导信息。在处理订单时，不同环节的工作人员可能面临各种复杂情况，而备注能够帮助他们迅速把握重点，做出准确决策。例如，当客户有特殊的配送要求或定制需求时，在备注中详细记录这些信息可以避免沟通不畅和错误处理。

（2）为客户提供个性化服务

通过备注客户的特殊要求，企业可以为客户提供更加个性化的服务，增强客户满意度。例如，对于重要客户或长期合作客户，可以在备注中记录他们的特殊偏好和需求，以便在下次服务中提供更加贴心的服务。

2. 备注的内容分类

备注的内容需清晰、明确，便于后续处理人员理解和执行，其内容主要有以下两类。

（1）客户特殊要求

如果客户有定制商品或服务的要求，企业客服人员应在备注中详细记录定制的内容和要求，如定制商品的尺寸、颜色、材质等，以及定制服务的具体流程和时间要求等。这些信息要及时传达给生产或服务部门，确保能够满足客户的定制需求。

对于有特殊配送要求的客户，如指定配送时间、要求快递保价等，企业客服人员要在备注中明确记录，并及时与物流部门沟通，确保能够按照客户要求进行配送。

（2）内部沟通信息

对于紧急订单或重要客户的订单，企业客服人员可以在备注中设置优先处理标识。例如，标注"紧急""VIP客户"等字样，以便相关部门优先处理这些订单。同时，要明确优先处理的原因和时间要求，确保各部门能够协调配合，高效完成订单处理。

如果订单需要多个部门协作处理，企业客服人员应在备注中明确各部门的职责和协作要点。例如，对于涉及产品定制和物流配送的订单，要记录生产部门的生产进度和物流部门的配送安排，确保各环节无缝衔接。

3. 备注的规范与管理

为了确保订单备注的规范性和可读性，企业应制定统一的备注格式。例如，可以采用特定的字段和编码方式，明确备注的内容结构和顺序。同时，对客服人员进行培训，确保他们能够正确使用备注格式，避免出现混乱和错误。

在订单处理过程中，备注信息可能会随着情况的变化而需要调整。因此，企业应定期审核订单备注的准确性和时效性。例如，每周或每月对已处理的订单备注进行检查，清理过期或不准确的备注信息；对于正在处理的订单，要及时更新备注内容，确保信息的准确性。

项目实训：佰客屋售前服务调研与分析

1. 实训背景

佰客屋是一家高端自行车与零配件代理及全链式服务平台，它在售前服务方面进行了积极的探索和创新。佰客屋通过微信公众号等线上渠道提供了便捷的售后申请、进度查询、正品查询等服务，同时，这些渠道也用于售前咨询服务，消费者可以通过这些渠道了解产品信息、咨询购买建议等。此外，佰客屋还通过 CRM 等数字化平台对消费者进行精细化管理，提供个性化的推荐和服务。

2. 实训要求

在网上搜索佰客屋相关内容，并尝试以消费者的身份咨询其产品，了解其售前服务的方法。

3. 实训思路

（1）搜集相关资料

在网上搜集佰客屋的相关内容，深入了解佰客屋在售前服务方面做出的努力。

（2）咨询佰客屋产品

仔细浏览佰客屋的电商网站、官方网站和社交媒体平台发布的内容，然后针对某一款产品咨询其客服，了解其客服接待消费者的方式。

其电商网站是否会对消费者进行关联商品推荐？当消费者对其产品产生疑虑时，客服人员会如何解释？其电商网站、社交媒体平台发布的内容是否有对商品质量、价格、物流等方面的介绍？

（3）售前服务评估

在详细了解佰客屋的售前服务后，评价其售前服务的质量，并与同学相互讨论，最后进行总结。

巩固提高

一、单选题

1. 在企业进行关联商品推荐时，下列哪种情况更符合基于客户行为的浏览协同推荐？
（　　）

    A. 客户购买了一款手机后，系统推荐手机壳等商品

    B. 客户浏览了一款相机，系统推荐相机包、存储卡等商品

    C. 企业根据客户购买历史，推荐功能互补的商品

    D. 企业根据市场趋势，推荐热门的关联商品

2. 企业在处理客户对价格的疑虑时，下列哪个不是正确的做法？（　　）

    A. 强调商品的低价，不提及其他优势

    B. 列出商品的成本构成，解释价格的合理性

    C. 强调商品的品质和功能带来的价值

    D. 解释与竞品价格差异的原因

3. 在确认订单的流程中，企业首先要做的是（　　　　）。

    A. 确定订单状态标识
        B. 检查订单中的商品价格是否合理

    C. 检查订单信息完整真实
        D. 分析订单来源渠道

4. 企业在展示售后服务团队的专业能力时，不包括下列哪个方面？（　　　　）

    A. 展示售后服务团队的办公环境

    B. 分享售后服务团队成功解决客户问题的案例

    C. 展示售后服务团队的资质认证

    D. 展示客户满意度数据

5. 在进行开场语设计时，下列哪个做法不太恰当？（　　　　）

    A. 使用夸张的动态图片，增加吸引力
    B. 使用表情符号，增加亲和力

    C. 使用修饰词汇，介绍企业和自己
    D. 以问句作结，开启互动交流模式

二、判断题

1. 当企业的商品在市场上具有较高知名度且口碑良好时，企业客服在接待新客户时使用较多专业术语和行业缩写进行开场交流，能更快地建立客户对企业专业性的认可。（　　　　）

2. 企业根据客户的浏览历史推荐了关联商品后，如果客户没有回应，继续多次重复推荐相同的商品组合可以提升客户购买的可能性。（　　　　）

3. 企业与大型物流公司合作并在官网展示合作信息后，客户反馈物流问题的频率会比合作前不展示信息时有所降低。（　　　　）

4. 企业的售后服务内容包括对商品维修的说明、退换货规则的规定和不满意条件退款等。（　　　　）

5. 企业观察到服务类订单在移动应用中的下单高峰期，在处理第三方平台订单时，也在这个时间段集中安排客服人员来应对。（　　　　）

三、简答题

1. 企业在挖掘客户需求时，如何进行客户行为数据分析？

2. 为了消除客户对商品质量的疑虑，企业可以采取哪些具体的行动？

3. 企业在进行订单备注时，如何进行备注的规范与管理？

售中服务与管理

项目四

知识目标

➢ 了解客户未支付的原因和引导客户支付的方法。
➢ 掌握确认并核对信息的方法。
➢ 掌握与物流公司的合作方式和为商品打包的方法。
➢ 掌握发货流程和物流跟踪的方法。
➢ 掌握短信内容的设计与撰写方法。

能力目标

➢ 能够引导客户支付订单。
➢ 能够确认并核对订单信息，处理异常情况。
➢ 能够选择合适的物流公司并建立合作。
➢ 能够为商品打包，并进行物流跟踪。
➢ 能够运用工具发送短信关怀。

素养目标

以开拓性思维处理问题，提升沟通服务水平，为客户创造优质体验，树立行业标杆。

项目导读

售中服务是企业与客户正式进行交易的阶段。企业需要依据实际情况与客户需求，制定并优化售中服务及管理策略。在此过程中，为了确保客户购物体验顺畅，企业需要提供诸如订单确认、支付指导、商品详细咨询、个性化推荐及库存物流实时更新等服务。同时，还要运用高效管理机制监控服务质量，迅速响应客户疑问、优化流程，进而促进销售与品牌发展。售中服务与管理的核心是满足客户购买过程中对便捷性与服务满意度的需求，不断提升服务质量。

知识导图

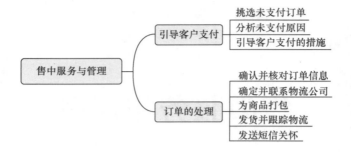

 案例导入

京东超市"智配"售中，贴心服务即时达

京东超市积极顺应行业趋势，从单纯的"商品销售"向"商品+服务"综合模式转型，凭借商品资源、创新技术和物流配送等优势，为消费者打造全方位、高品质的购物体验。

在售中服务方面，京东超市树立了行业标杆。它凭借强大的物流配送能力推出 211 限时达、京准达、京尊达等服务产品，让消费者享受到便利消费。京东超市依托大数据和人工智能技术构建了智能化物流配送体系，能够深度分析海量订单数据，精准预测需求，优化库存布局并智能规划配送路线。在消费者下单后，其系统能够迅速从各地仓库筛选距离最近且有库存的仓库发货，在配送中还会实时监控交通和天气，及时调整路径，以确保商品快速且安全地送达。

京东超市推出了"京超计划"，与品牌商共享线下库存，结合京东到家和京东物流协同配送优势，实现了订单的快速响应和高效处理。在消费者下单后，其系统能够迅速做出决策并向门店发送指令。随后，门店工作人员快速拣货，快递员迅速取货配送。这样的流程能使商品最快 1 小时内送达消费者手中，极大地提升了配送效率和消费者满意度。

微课资源

任务一　引导客户支付

在互联网销售中，客户支付是指客户为购买特定商品或服务，通过计算机、手机等设备，依托互联网技术发起支付指令，实现货币资金转移的行为。这是交易完成的最后一步，如何高效、安全地引导客户完成支付，不仅关系到企业的资金回笼，还直接影响到客户的购物体验和整个交易流程的完成度。

一、挑选未支付订单

在海量的订单中，准确挑选出未支付订单，是后续分析客户未支付订单原因和采取措施的前提。通过科学的筛选标准，销售人员可以迅速锁定潜在问题订单，提高处理效率。

1. 明确未支付订单的筛选标准

合理的筛选标准能够帮助销售人员快速识别出需要关注的未支付订单。销售人员可以根据以下因素筛选出未支付订单。

（1）订单创建时间

销售人员应将创建时间超过一定时长（如 12 小时）的订单筛选出来。在互联网购物环境中，从订单创建到支付成功的过程中存在一个由客户进行确认的环节。在此期间，客户的购买决策往往会受到一些因素的影响，可能会出现下单后未支付的情况。对于这类订单，及时的处理可以提高销售转化率。因此，通过设定合理的订单创建时间筛选标准，可以确保销售人员能够及时关注到这些未支付订单，以便采取相应的措施引导客户支付。

（2）商品类型和金额

销售人员应对高价值商品或特定类型商品的未支付订单给予重点关注。高价值商品通常意味着客户在购买决策过程中会更加谨慎，可能需要更多的时间来考虑和比较。此外，特定类型的商品，如定制商品、限量版商品等，也可能因为其特殊性而导致客户在支付环节出现犹豫。例如，对于一款高端电子产品的订单，客户可能会在下单后进一步研究商品的性能和评价，或者想要等待更好的购买时机而迟迟未能确认支付。在这种情况下，销售人员可以通过个性化的沟通和提供优惠措施的方式，引导客户尽快支付订单。

（3）客户行为特征

客户的行为特征也是销售人员筛选未支付订单的重要依据之一。例如，多次浏览同一商品但未支付的客户订单，或者曾经有过未支付记录的客户订单，都应该引起销售人员的高度关注。对于这些客户，销售人员可能需要更加深入地了解他们的需求和疑虑，采取针对性的措施来引导支付。例如，销售人员可以通过在线留言或电话沟通的方式，询问客户未支付的原因，并提供解决方案。

2. 使用数据分析工具进行订单筛选

借助数据分析工具，销售人员可以更加精准地筛选出未支付订单，并分析其背后的原因。

（1）数据报表的生成和解读

使用销售管理系统（如 ERP 企业资源计划系统或 CRM 客户关系管理系统）生成未支付订单报表，是销售人员进行订单筛选的重要手段之一。这些报表可以提供丰富的订单信息，如订单金额、商品类别、客户来源、创建时间等。销售人员要学会解读这些数据报表，从中发现未支付订单的规律和趋势。例如，如果发现某个时间段内未支付订单的数量明显增加，可能需要进一步分析原因，是促销活动的影响、系统故障还是其他因素导致的。通过对数据报表的深入分析，销售人员可以更好地了解未支付订单的情况，制定更有效的处理策略。

（2）筛选结果的分类和优先级确定

销售人员应根据订单的重要程度和紧急程度进行分类，确定处理的优先级。对于高价值订单、即将超时的订单以及客户行为特征明显的订单，可以将其列为高优先级。对于这些订单，销售人员应优先进行处理，采取更加积极主动的措施来引导客户支付。例如，企业可以安排专人进行催付，或者提供更加优惠的支付条件。对于一般的未支付订单，可以按照一定的时间顺序进行处理，确保所有订单都能得到及时关注。

二、分析未支付原因

深入了解未支付原因，是制定针对性措施的前提。通过深入分析客户自身因素和外部因素，销售人员可以更加准确地把握客户的购买心理和支付障碍。

1. 客户自身因素

客户自身因素是导致未支付的主要原因之一。通过分析客户的购买意愿、价格敏感度、支付方式偏好以及支付密码管理等方面，销售人员可以更好地理解客户的支付行为。

（1）购买意愿不强烈

客户可能只是随意浏览，并没有真正的购买需求。由于互联网上的商品种类繁多，以及在线购物的便捷性和高效性，客户有时可能只是出于好奇或者比较的目的而下单。对于这类客户，销售人员可以通过在线平台发送消息提醒，引导客户重新审视自己的需求，提升其购买意愿。当客户下次访问网站或购物程序时，可以通过弹窗广告或个性化推荐等方式，提醒客户未支付的订单，激发客户的购买欲望。

（2）对价格有疑虑

价格是客户在购买商品时最为关注的因素之一。销售人员可以通过分析客户的浏览历史和购买行为，了解客户对价格的敏感度。如果发现客户对价格比较敏感，可以考虑提供一些优惠措施，如折扣、满减、赠品等，降低客户的购买成本，提升客户的支付意愿。此外，销售人员还可以通过与客户的沟通，了解客户对价格的期望和需求，为客户提供个性化的解决方案。

（3）对支付方式不满意

客户可能不熟悉某种支付方式，或者支付页面中没有自己期望的支付方式。企业应尽可能提供多种支付方式的选择，如信用卡支付、支付宝支付、微信支付等，以满足不同客户的需求。同时，还可以在支付页面提供详细的支付说明和帮助信息，引导客户顺利地完成支付。

（4）忘记支付密码

客户可能会因为忘记密码而无法支付，或者综合其他因素放弃支付。如果只是因密码的遗忘导致未支付订单的产生，那么客户往往会在找回密码后重新进行支付的操作。如果客户因为忘记密码而无法支付，触发其对商品价格、自身购买意愿等因素的重新考量，那么客户很可能会顺此结果而放弃支付。客户的支付密码通常是由客户自己设置和管理的，企业应提供密码找回功能，帮助客户重新设置密码。同时，在支付页面提供清晰的密码找回指引，方便客户操作。

2. 外部因素

外部因素如网络问题、系统故障以及竞争对手的干扰等，也可能导致客户未能及时支付。企业应加强系统的稳定性和安全性，提高客户的支付成功率，并密切关注市场动态，灵活调整价格策略和促销活动。

（1）网络问题或系统故障

网络问题或系统故障是在线购物中不可避免的问题之一。如果客户在支付过程中遇到网络问题或系统故障，可能会导致其支付失败，错过支付期限，进而产生未支付订单。企业可以通过加强系统的稳定性和可靠性，提高服务器的访问速度，减少自身系统故障的发生。同时，还可以在支付页面提供清晰的故障提示和解决方案，引导客户重新尝试支付。如果客户因为企业支付系统故障导致支付失败，可以考虑为客户提供一定的补偿措施，如优惠券、积分等，以弥补客户的损失，提升客户的满意度。

（2）竞争对手的干扰

竞争对手的干扰是指客户在其他平台上发现了更优惠的价格或更好的商品，从而放弃支付当前订单。互联网拓宽了人们的信息获取渠道，客户能够轻松地在不同的平台上比较价格和商品质量，选择最优惠的购买渠道。

对此，企业需要提高自己商品的市场竞争力，加强市场调研和竞争对手分析，以准确把握市场动态和竞争对手的策略。基于这些信息，企业可以灵活地调整自己的价格策略和促销活动，确保自身商品在价格和质量上都能满足客户的期望。同时，还可以通过提供优质的客户服务和售后保障提升客户的忠诚度，减少客户的流失。

三、引导客户支付的措施

制定有效的引导策略是提升客户支付成功率的关键。通过个性化沟通、提供优惠、激励及简化支付流程等措施，销售人员可以更有效地引导客户完成支付。

1. 个性化沟通

个性化沟通是建立客户信任和提高客户支付意愿的重要手段。销售人员应根据客户的订单信息和行为特征，制定个性化的沟通策略。

（1）利用在线平台发送催付消息

销售人员可以用友好、温馨的语气提醒客户支付订单，并提供支付链接和帮助信息。销售人员可以根据客户的订单信息和行为特征，制定个性化的催付内容。例如，如果客户是首次购买，可以在内容中介绍企业的品牌和商品优势，增强客户的信任感。如果客户是老客户，可以在内容中表达对客户的感谢和关怀，提升客户的忠诚度。同时，还可以在内容中提供支付链接和帮助信息，方便客户快速完成支付。例如，"尊敬的客户，您的订单还未支付，我们非常期待您能尽快完成支付，以便我们能尽快为您发货。如有任何问题，请随时联系我们。点击以下链接即可完成支付：[支付链接]。"

（2）利用社交媒体平台进行提醒

社交媒体平台是企业与客户进行互动和沟通的重要渠道之一。如果客户在社交媒体上关注了企业账号，销售人员可以通过私信或发布提醒信息的方式引导客户支付订单。在私信中，销售人员可以采用个性化的语言和方式，提醒客户支付订单，并提供支付链接和帮助信息。在发布提醒信息时，可以采用图文并茂的方式，以便于客户浏览，提升提醒效果。

2. 提供优惠和激励

优惠和激励是刺激客户支付的有效手段。企业通过提供折扣、赠品、积分奖励或会员特权等优惠措施，可以吸引客户尽快完成支付。

（1）折扣和赠品

折扣和赠品是两种常见的促销手段，可以有效地刺激客户的购买欲望。对于未支付订单的客户，销售人员可以为他们提供折扣或赠品，以吸引他们尽快完成支付。例如，"在接下来的 4 小时内支付订单，即可享受 10%的折扣或获得精美赠品一份。"销售人员在提供折扣或赠品时，要注意折扣力度和赠品的价值，既要吸引客户，又要控制成本。

（2）积分奖励和会员特权

积分奖励和会员特权是两种长期的激励手段，可以提升客户的忠诚度和重复购买率。对于支付订单的客户，销售人员可以额外给予他们一定的积分奖励，积分可以用于兑换商品、优惠券或其他礼品。同时，还可以为客户提供会员特权，如优先发货、免费退换货、专属客服服务等。这些特权可以让客户感受到自己的特殊地位和价值，提升客户的忠诚度。

（3）满减活动和包邮服务

满减活动和包邮服务是另外两种常见的促销手段，可以提高客户的订单金额和购买欲望。如果客户的订单金额接近满减额度，销售人员可以提醒客户添加一些商品一并支付，以享受满减优惠。例如，"您的订单金额还差[×]元即可享受满减优惠，不妨再添加一些商品吧。"同时，还可以视情况为客户提供包邮服务，降低客户的购买成本。在提供满减活动和包邮服务时，要注意设置活动的门槛和规则。

3. 简化支付流程

简化支付流程是提高支付效率和客户体验感的重要途径。企业通过优化支付页面设计和增加支付安全保障措施，可以为客户提供更加便捷、安全的支付环境。

（1）优化支付页面设计

企业要确保支付页面简洁明了，易于操作，提高支付效率，减少客户流失。支付页面是客户完成支付的关键环节，其设计的好坏直接影响客户的支付体验和支付成功率。企业应减少不必要的信息输入等步骤，避免让客户感到烦琐等困惑。例如，企业可以与第三方支付平台合作，采用一键支付、快捷支付等方式，让客户能够更快捷地完成支付，如图 4-1 所示。

图 4-1　支付宝"免密支付"功能

（2）增加支付安全保障措施

尽管支付技术的不断进步已经使支付风险显著降低，但企业仍须重视支付安全的保障工作。这不仅是维护企业自身利益的关键，还是提升客户信任感的重要举措。企业可以在支付页面向客户展示支付安全标志和保障措施，以增强客户的支付信心。

例如，可以在支付页面上展示 SSL 证书加密标志、第三方支付担保标志等，让客户知道自己的支付信息是安全的。同时，还可以提供支付安全提示和帮助信息，让客户了解如何保护自己的支付安全。例如，企业可以通过页面弹窗提醒客户不要在公共场合使用不安全的网络进行支付，不要随意泄露自己的支付密码等。这些微小的细节恰恰是展示企业态度的关键。

任务二　订单的处理

订单处理是互联网销售中企业从接收客户订单至交付商品并完成相关服务的一系列流程，涵盖多个环节，包括确认并核对订单信息、确定并联系物流公司、为商品打包、发货并跟踪物流以及发送短信关怀等，以确保客户的订单能够准确、及时、安全地得到履行。

一、确认并核对订单信息

订单处理的起点是企业对客户提交的各项信息的全面核实与校验。

1. 订单信息的内容和重要性

订单信息涵盖了客户的联系方式、收货地址，以及商品规格、数量和价格等关键内容。

这些信息对于确保商品能够准确无误地送达客户手中，以及保障客户的购买权益和企业的经营效益起着决定性作用。

（1）客户联系方式、收货地址等

在客户在线下单的购物模式中，客户联系方式、收货地址等信息是确保商品能够准确无误地送到客户手中的关键。如果联系方式错误，可能导致快递员和企业无法及时与客户沟通，影响订单的处理进度和客户的购物体验。

例如，如果客户的手机号码错误，企业可能无法及时通知客户订单的处理情况，或者在物流配送过程中出现问题时无法与客户取得联系。同样，如果收货地址错误，则可能导致商品无法送达或延误送达时间，给客户带来不必要的麻烦和损失。因此，在订单处理的过程中，企业必须认真核对客户的联系方式和收货地址等信息，确保其准确无误。

（2）商品规格、数量和价格

商品规格、数量和价格是订单的核心内容，直接关系到客户的购买权益和企业的经营效益。在订单处理过程中，企业必须仔细核对订单中的商品规格、数量和价格等信息，确保其与客户的购买需求一致。如果出现发错商品或价格错误的情况，不仅会给客户带来不良的购物体验，还可能导致企业的经济损失和声誉受损。

例如，企业发错了商品规格或数量，客户可能会要求退换货，这将增加企业的物流成本和运营负担；企业发错了商品价格，可能会引起客户的不满和投诉，或者导致企业以远低于原商品成本的价格售出商品，造成经济损失。因此，企业必须建立严格的订单审核机制，确保订单中的商品信息准确无误。

2. 确认和核对订单信息的方法

为了确保订单信息的准确性，企业需要采用多种方法进行验证和核对。随着信息技术的快速发展，自动化系统验证已成为主流趋势，但人工审核和确认在某些情况下仍然不可或缺。

（1）自动化系统验证

随着信息技术的不断发展，越来越多的企业开始采用自动化系统来验证订单信息。此类自动化系统可以通过预设的规则和算法，对订单信息进行自动验证，如检查收货地址的格式是否正确、商品库存是否充足、价格是否合理等。

这种方法可以大大提高订单处理的效率和准确性，减少人为错误的发生。例如，销售管理系统可以通过与物流配送系统的对接，实时查询商品的库存情况，避免出现缺货的情况，同时可以通过与支付系统的对接，自动验证订单的支付状态，确保订单的有效性。

（2）人工审核和确认

虽然自动化系统可以对大部分订单信息进行验证，但一些重要订单或异常订单仍需要进行人工审核和确认，以做到双重保障。

例如，高价值订单通常涉及较大的金额和风险，企业需要对客户的身份信息、支付方式等进行进一步的核实，以确保交易的安全性。定制商品订单则需要人工审核客户的定制要求是否明确、可行，以及是否与企业的生产能力和工艺要求相匹配等。

3. 处理异常情况

在订单处理过程中，企业难免会遇到信息错误、不完整或客户要求修改订单信息的情况。这些异常情况需要客服人员及时、有效地处理，以确保订单的顺利进行。

（1）信息错误或不完整

当发现信息错误时，客服人员应迅速确定错误的类型和严重程度。如果是收货地址中的错别字或轻微错误，客服人员可以尝试自行判断并修正，但同时要做好记录，并在后续过程中与客户确认。如果是关键信息错误，如地址完全错误或联系方式无效，客服人员必须立即与客户沟通。

对于信息不完整的情况，处理方式与信息错误时的处理类似。如果是必填信息缺失，如缺少客户的联系方式或明确的收货地址，客服人员必须立即与客户沟通补齐。如果是一些非必填但可能影响订单处理的信息，如客户的特殊要求或备注，客服人员可以在适当的时候与客户确认是否需要补充完整。

（2）客户要求修改订单信息

如果客户要求修改订单信息，如更改收货地址、商品数量等，客服人员应根据具体情况进行处理。如果订单尚未发货，客服人员可以及时修改信息并通知客户；如果订单已经发货，客服人员则需要与物流公司协调，尽量满足客户的需求。

二、确定并联系物流公司

在订单确认完毕后，企业应确定将要对接的物流公司，确保商品种类、数量、收货地址、联系方式等信息准确无误地传递给物流公司。

1. 选择物流公司的考虑因素

选择合适的物流公司，不仅能够确保商品安全、准时地送达客户手中，还能提升企业的品牌形象和客户满意度。因此，企业在确定并联系物流公司时，需要综合考虑多方面的因素，以确保物流服务的优质与高效。

（1）商品性质和客户要求

企业需要根据自身商品的性质，全面评估后选择物流公司。例如，若销售的是易碎物品，如玻璃制品或陶瓷工艺品，企业应选择有专业包装和运输经验的物流公司。这些物流公司通常会采用特殊的包装材料和包装方式，以确保易碎物品在运输过程中不受损坏。对于重量较大或体积庞大的商品，如家具、电器等，企业需要考虑物流公司的运输能力和配送范围。一些大型物流公司拥有专业的运输设备和团队，能够处理大件商品的运输和配送。

如果客户对送货时间有较高要求，例如生鲜食品或急需的商品，企业应选择配送速度快、服务可靠的物流公司。这类物流公司可能会提供加急配送服务，或者采用更高效的运输方式，如航空运输、同城快递等，以确保商品能够在最短的时间内送到客户手中。

（2）运费价格和服务质量

运费价格是客户在物流方面关注的重点之一。客户通常希望尽快收到商品，因此选择运输速度快、可靠性高的物流公司可以提升客户满意度。但是，运输速度快的物流公司通常也意味着更高的运费价格。因此，企业需要权衡利弊，在保证服务质量的前提下，选择运费价格合理的物流公司。

例如，企业可以与多家物流公司进行谈判，争取更优惠的价格和更好的服务条款。同时，要关注物流公司的服务质量指标，如包裹跟踪的准确性和及时性、客户服务的响应速度和解决问题的能力等。

（3）覆盖范围和配送能力

企业在选择物流公司时，可以考虑物流公司的覆盖范围和配送能力，以此来补充可能存在的配送速度不足问题。具体而言，一家物流公司的覆盖范围广泛意味着它能够触及更多地区，能够满足企业在全国乃至全球范围内的配送需求。

例如，中国邮政以其遍布城乡的庞大网络，在覆盖范围上具有显著优势，即便在某些偏远地区，也能实现有效配送。尽管在某些情况下，中国邮政的运输速度可能不如顺丰等以高效著称的物流公司，但其广泛的覆盖范围和相对实惠的价格，使其成为许多企业在追求物流配送性价比时的优选。

此外，配送能力也是企业选择物流公司的重要参考。这包括物流公司的车辆调度、仓储管理、订单处理能力，以及应对高峰期或突发情况的灵活性。

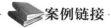**案例链接**

极兔快递助力，红卫日化展国货魅力

2023年9月，红卫日化董事长在直播中生吃肥皂的举动意外走红，订单量随之激增。然而，随之而来的物流发货难题让红卫日化陷入了困境。在这种情况下，极兔快递的介入顺利解决了红卫日化的发货难题。

红卫日化成立至今已有70多年的制皂历史，由于其采用动物油脂制皂，成本比工业油脂高，其产品在市场上一度不占优势。但也正因为其健康、环保的定位，受到了消费者的青睐。

红卫日化董事长表示："因为火得太突然，物流有些吃紧，感谢极兔快递帮忙解围，别的物流公司很难承接这个量。"极兔快递依托广泛的物流网络和智能化的仓储系统，使红卫日化在各大电商平台的货物运输得到了可靠保障，极兔快递也因此赢得了红卫日化的认可。

早在直播事件发生前，极兔快递就承接过红卫日化的小部分快递单量。直播事件发生后，红卫日化在各大电商平台的订单量飙升，物流方面遇到了前所未有的挑战。由于发货不及时，红卫日化在电商平台的物流评分受到了影响。正因为看到极兔快递在前期合作时的专业和真诚，红卫日化选择将一大部分单量交给极兔快递。极兔快递在接到需求后迅速响应，调动多地资源，确保订单的及时发货与运输，在履约时效和服务质量上狠下功夫，赢得了客户的肯定与信任。

微课资源

2. 与物流公司的合作方式

企业与物流公司的合作不仅仅是简单的货物托运关系，更是一种战略伙伴关系。通过签订详细的合同和服务协议，明确双方的权利和义务，企业能够确保物流服务的稳定性和可靠性。同时，建立有效的沟通渠道和反馈机制，企业能够及时发现并解决物流服务中的问题，不断优化合作流程。

（1）签订合同和服务协议

为了确保物流服务的质量和稳定性，并设定合理的包邮条件，企业通常会与物流公司签订合同和服务协议，达成长期合作。合同应明确双方的权利和义务，包括运输时效、运费价格、赔偿责任、服务标准等条款。

① 运输时效。运输时效是客户在物流方面关注的重点，合同中要明确物流公司的承诺时效，并规定超时的赔偿责任。

② 运费价格。运费价格要合理、明确，避免出现后期涨价或乱收费的情况。

③ 赔偿责任。要清晰界定赔偿责任，对于丢件、包裹损坏等情况，物流公司应承担相应的赔偿责任。

④ 服务标准。服务标准要具体、明确，如包裹的包装要求、配送方式、客户签收要求等。例如，合同中可以规定物流公司必须在[具体时间]内将商品送达客户手中，如果超时则按照订单金额的一定比例进行赔偿。同时，对于贵重商品或易碎商品，物流公司应采取特殊的包装和配送方式，以确保商品的安全。

（2）建立沟通渠道和反馈机制

在合作过程中，企业与物流公司要建立有效的沟通渠道，可以通过电话、在线物流平台等方式进行沟通，以及时了解物流进度和问题。企业要定期与物流公司进行沟通，以及时了解物流进度和问题，总结物流服务的情况，解决存在的问题。同时，要建立反馈机制，对物流公司的服务进行评价，并要求物流公司对自身服务进行改进。

客户往往会通过在线评价、投诉电话等方式反馈物流服务的问题，企业要及时收集这些反馈信息，并转达给物流公司。物流公司可以根据反馈信息及时改进服务，提高客户满意度。例如，企业可以建立一个物流服务评价系统，客户在收到商品后可以对物流服务进行评价。企业根据评价结果对物流公司进行考核，并与物流公司共同制定改进措施。

三、为商品打包

商品的包装直接关系到商品在运输过程中的安全性和完整性。一个精心设计的打包方案不仅能有效防止商品在运输中受损，还能提升客户的开箱体验。因此，企业在为商品打包时，需要注重打包材料的选择、打包规范的遵循，以及打包技巧的运用。为商品打包分为两个环节，一是企业对商品的初步包装，二是物流公司按照运输标准和客户指定需求对商品进行包装。

1. 企业打包环节

企业在为商品打包时，需要注重细节，确保每一步都符合规范。

（1）包装和材料的选用

企业要根据商品的性质和尺寸选择合适的包装和打包材料。

① 防护型包装

对于精密的电子设备，如计算机，企业可以使用质地细密的海绵，将海绵裁剪成合适尺寸，包裹在计算机四周，特别要包裹住边角等容易磕碰的部位，对其进行全方位防护。

而对于玻璃制品，如酒杯，企业可以在酒杯之间放置泡沫间隔板，并且在整体包装内填充大量的气泡膜，确保即使受到外力撞击，也有足够的缓冲空间。

对于液体物品，企业要确保其密封良好，避免其泄漏。可以使用专门的液体包装材料或密封袋，将液体物品密封好，并在包装外部标注"液体物品""易碎"等字样，以提醒物流人员轻拿轻放。

② 适配型包装

对于小巧的首饰盒，企业可以采用较厚的单层瓦楞纸制作的小尺寸纸箱进行包装。这种纸箱既能够承受首饰盒的重量，又节省空间，方便运输和存储。企业也可以在首饰盒周围填充一些柔软的材料，如泡沫颗粒或纸团，以防止首饰盒在纸箱内晃动而受损。

对于体积较大的毛绒玩具，企业可以选用大型的双层瓦楞纸纸箱。双层瓦楞纸具有更好的承重能力和抗压性能，能够使纸箱在搬运过程中不轻易破损。

在包装棉被时，企业可以采用真空压缩的方式，将棉被压缩至合适的尺寸，然后放入包装袋内，以减少运输所需空间。

（2）包装的外观设计

包装的外观设计是企业品牌形象的重要载体之一，精心设计的包装外观可以提升商品的价值感。企业在包装商品时，可以选用与商品风格相符或带有品牌标志性颜色的包装纸，如图4-2所示，这样不仅可以增强视觉效果，还能让客户在收到商品时感受到企业的用心。

图4-2　马登工装T恤衫的包装

（3）包装的方式

企业在包装前应仔细检查商品是否有瑕疵或损坏。对于服装类商品要进行熨烫、折叠等处理，并按照统一的标准进行包装。例如，将上衣和裤子搭配折叠，并用丝带捆绑固定，增加美观度。对于带有配件的商品，如电动工具搭配的不同钻头，企业应将其统一放置在一个小的塑料盒中，并与工具一起包装，防止配件丢失。在包装过程中，企业要注重商品的摆放方式，使商品在包装盒内摆放整齐、紧凑且美观。

企业应采用"工"字形或"十"字形的胶带封装方式，如图4-3所示，确保纸箱的各个边角都密封牢固。对于一些高档商品的包装，企业应尽量选用黏性强且不易残留胶痕的胶带进行封装，以减少对商品包装外观的影响，保持包装的整洁与美观。

图4-3　"工"字形胶带封装方式和"十"字形胶带封装方式

此外，企业还可以准备带有品牌标志的贴纸或封签，用于装饰和密封包装，这样既能起到宣传品牌的作用，又能增加包装的美观度。在封装完成后，企业可以在纸箱的合适位置贴上企业的标志和宣传语，既起到装饰作用，又能增加品牌曝光度。

对于价值较高的商品，企业可以进行多层包装。例如，企业可以先使用柔软的布袋包裹商品，然后再放入纸箱，在纸箱与布袋之间填充珍珠棉等缓冲材料，最后在纸箱外部再套上一层防水防尘的塑料薄膜，增强对商品的保护。每一层包装都可以有适量的品牌元素，如在布袋上绣有品牌标志或在塑料薄膜上印有品牌宣传语，使客户在接触包装的每一个环节都能感受到品牌的存在。

对于一些高端商品，企业可以选择质感较好的包装纸，以提升商品的档次，还可以在纸箱的开口处使用一次性的防伪贴纸，这种贴纸一旦撕开就无法复原，可以保证商品在运输途中未被开启，增加商品的安全性和品质感。对于一些有特殊要求的商品，如食品，企业应使用食品级的胶带进行包装，以保证食品安全，减少外界污染。

（4）环保趋势对包装的影响

在新时代绿色、可持续发展理念的要求下，企业在包装的程度和材料的选择上要体现出环保意识。企业可以选择可回收、可降解的包装材料，以减少对环境的影响。例如，企业可以使用纸质包装盒代替塑料包装盒，使用可降解的胶带代替普通胶带，还可以在包装上印刷环保标志和宣传语，提升客户的环保意识。例如，一些企业在包装盒上印刷"绿色包装，环保先行"的宣传语，会让客户感受到企业的环保理念。

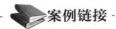案例链接

蒙牛携手陶氏，引领创新包装可持续发展新潮流

在环保理念日益深入人心的当下，蒙牛与材料科学公司陶氏公司达成合作，引领了乳业包装领域新的绿色风向。

2023 年 9 月，蒙牛推出采用陶氏公司 INNATE™ TF-BOPE 树脂制成的全聚乙烯材料可回收酸奶包装袋，如图 4-4 所示。这种树脂不仅可以赋予包装袋出色的物理性能，塑造包装袋精美的外观，保障产品在运输和储存过程中的安全，还极大地提升了包装袋的可回收性，有效减少资源浪费，降低对环境的影响。

图 4-4　蒙牛全聚乙烯材料可回收酸奶包装袋

早在此次合作之前，蒙牛就推出过绿色创新包装。蒙牛旗下一款酸牛奶袋采用了新型生物基可降解材料 BOPLA，这种材料具有生物基和可控降解的特性，其原料来源于植物中提取的淀粉，经过微生物发酵聚合而成。

BOPLA 可以使废弃的包装在一定条件的作用下，最短 8 周内降解成水和二氧化碳。同时，BOPLA 具有印刷适应性好、可多色印刷、可单独热封成袋、高透、高亮、挺度好等特点，可以为薯片包装、咖啡豆自立袋、茶叶自立袋等提供绿色包装方案。

此次合作不仅为蒙牛的绿色包装规划注入了新的活力，也为整个行业树立了新的标杆。

微课资源

2. 物流公司打包环节

当商品从企业流转到物流公司时,物流公司会根据商品的性质和运输要求进行二次打包,进一步确保商品在运输过程中的安全。

（1）特殊商品加强打包

对于一些特殊商品,物流公司会采取更加严格的打包措施。例如,对于易碎物品,物流公司会在企业包装的基础上添加一层缓冲材料,如泡沫板或气泡柱。泡沫板可以提供更坚固的保护,防止商品在运输过程中受到挤压而破碎。气泡柱则可以提供全方位的缓冲,有效吸收外界的冲击力。同时,物流公司会根据商品的形状和尺寸,合理安排缓冲材料的位置,确保在运输过程中商品始终处于安全状态。

（2）液体物品检查与处理

对于液体物品,物流公司会仔细检查其密封情况,确保没有泄漏的风险。如果发现密封不严,会及时采取补救措施,重新密封包装。对于一些容易泄漏的液体,可能会采用特殊的包装方式,如将液体物品放入密封袋中,再放入包装盒内,以提升密封性能。此外,物流公司还会在包装外部标注"液体物品"字样,提醒运输人员和收件人注意。

（3）根据运输方式选择打包方式

物流公司还会根据运输方式和距离,选择合适的包装材料和打包方式。对于长途运输或需要经过多次搬运的商品,会采用更加坚固的包装材料和更加严密的打包方式。

例如,对于航空运输的商品,可能会选择抗压性更好的包装材料,以防止在高空中受到气压变化的影响。对于海运的商品,会考虑防潮和防水的问题,选择具有防潮性能的包装材料,并进行严密的密封处理。对于陆运的商品,会根据运输距离和路况,选择合适的包装材料和打包方式,以确保商品在运输过程中不会受到损坏。

四、发货并跟踪物流

发货和物流跟踪是互联网销售流程的收尾环节。实时的物流跟踪能让客户随时知晓商品动态,强化购物体验。企业在这个环节中需要拟定合理的发货计划,跟踪物流状态,更新客户订单信息,并妥善处置物流异常状况。

1. 发货流程和时间安排

企业需要制定合理的发货计划,与物流公司协调好时间安排,优化发货流程,从而提高运营效率。

（1）订单处理的优先级

高价值订单和急需商品订单通常需要优先发货,以满足客户的需求,可以通过设置订单标记、优先级分类等方式,对订单进行区分。例如,可以将高价值订单标记为"重要订单",急需商品订单标记为"紧急订单",然后优先处理这些订单。同时,要合理安排发货时间,避免出现订单积压的情况。

（2）订单信息的传递

为了提高效率和减少错误,企业通常采用系统对接的方式,将订单信息导入物流公司的系统。企业应事先与物流公司协商并确定订单信息的传递格式,如电子表格、XML 文件,或者通过应用程序接口（Application Program Interface，API）进行数据传输。企业要确保双方使用的格式兼容,以便准确无误地传递订单信息。

如果采用 XML 文件或 API,需要进行技术对接和测试,确保数据传输的稳定性和安全性。企业可以与物流公司的技术团队合作，进行开发和测试，在测试过程中要模拟各种订单情况，检查数据传输的准确性和完整性。

对于一些临时性的订单处理需求（如定制化的物流服务，特定的包装、配送时间、收货方式等，这些定制化需求可能无法通过标准化的系统对接来实现），或者商家处于初创阶段、运营规模较小，可能还没有足够的资源或需求去开发一套与物流公司对接的系统。此时，手动录入就成为一种简单、直接的解决方案。企业需要手动将订单信息（如订单号、商品信息、收货地址、联系方式等）录入物流公司的系统。

对于有特殊要求的订单，如冷藏运输、货到付款等，企业要在订单信息中明确标注，并与物流公司提前沟通协调，以确保能够满足客户的需求。例如，如果订单需要冷藏运输，企业应在订单信息中注明，并与物流公司协商、确定冷藏设备的使用和运输方式。如果是货到付款订单，要明确付款方式和金额，以便物流公司代收货款。

（3）货物的交接

企业应与物流公司约定货物交接的时间和地点。一般来说，可以选择在企业的仓库、物流中心或指定的取件地点进行交接。如果企业有自己的仓库，可以与物流公司约定在仓库进行货物交接。如果企业没有仓库，可以选择在物流中心或指定的取件地点进行交接。在约定时间和地点时，要考虑双方的工作时间和交通情况，确保货物交接的顺利进行。

2. 物流跟踪的方法和频率

通过实时跟踪物流信息，企业和客户都能够随时了解商品的运输状态，从而做出相应的安排。选择合适的物流跟踪方法和频率，不仅能够提升客户的购物体验，还能增强企业的服务质量和品牌形象。

（1）利用物流查询平台

利用物流查询平台是企业和客户跟踪物流进度的常用方法之一。企业可以利用物流公司提供的查询平台，实时了解订单的配送进度。同时，可以将物流查询链接提供给客户，让客户随时了解物流进度。物流查询平台要准确、可靠，能够及时更新物流信息。例如，可以使用知名的物流查询平台，如快递100、菜鸟App等，这些平台能够实时跟踪多家物流公司的包裹信息，既方便又快捷。

（2）定期向客户发送物流更新信息

在商品运输过程中，企业要定期向客户发送物流更新信息，让客户了解商品的最新动态。企业应将物流状态信息同步到客户购买平台的"我的订单"页面中，以便客户随时查阅。

对于订阅了短信通知服务或微信服务号通知服务的客户，物流更新信息要简洁明了，包括包裹的位置、预计送达时间等关键信息。例如，企业可以在商品发货后的第二天、第三天分别向客户发送物流更新信息，告知客户包裹的运输情况和预计送达时间。同时，要根据物流进度的变化及时调整通知的频率和内容，让客户能够了解商品的最新情况。

3. 处理物流异常情况

在互联网销售中，物流管理各环节紧密相连，从选择物流公司到发货跟踪、处理异常情况，每个环节都关乎客户体验与企业声誉，需要精心规划与执行。

（1）包裹丢失、损坏或延误的处理

在物流运输过程中，可能会出现包裹丢失、损坏或延误等异常情况。当出现这些情况时，企业要及时与物流公司联系，了解情况并采取相应的解决措施。

对于包裹丢失或损坏的情况，企业要及时通知客户并道歉，协商赔偿事宜。如果情况复杂，企业也可以等客户收到包裹后移交售后部门处理。对于包裹延误的情况，企业首先要向物流公司了解延误的原因，并督促物流公司尽快解决问题。同时，企业要向客户解释原因，说明预计送达时间，并在客户购买平台的"我的订单"页面中同步情况与说明信息。

（2）与客户和物流公司的沟通协调

在处理物流异常情况时，企业要保持与客户的沟通协调，及时向客户反馈处理进度和结果，让客户感受到企业的关心和负责。同时，企业要与物流公司保持沟通，督促物流公司尽快解决出现的物流问题。

对于客户方面，企业客服人员应主动与客户沟通，解释物流异常的原因，并表达歉意。例如，"尊敬的客户，非常抱歉您的包裹出现了延误情况。我们已经与物流公司取得联系，了解到是[具体原因，如恶劣天气、交通拥堵等]导致的。我们会持续跟进，确保您尽快收到包裹。一有新的进展，我们会立即通知您。"在沟通中，要耐心倾听客户的诉求，给予客户积极的回应和解决方案。如果客户提出赔偿要求，要根据实际情况进行评估和协商，确保客户权益得到切实的保障。

对于物流公司方面，企业的物流管理人员应及时与物流公司的负责人或客服代表联系，了解物流的详细情况和问题的解决方案，可以要求物流公司提供实时的物流信息，以便及时向客户反馈。例如，"您好，我们有一批包裹出现了延误，麻烦您帮忙查询一下具体情况，并提供一个预计的解决时间。我们非常重视客户的体验，希望能够尽快解决这个问题。"在沟通中，企业的物流管理人员要保持坚定但友好的态度，促使物流公司积极采取措施解决问题。

此外，企业还可以建立物流异常处理应急机制，当出现物流异常情况时，能够迅速启动，明确各部门的职责和分工。例如，客服部门负责与客户沟通和安抚客户情绪，物流部门负责与物流公司协调和跟进，管理部门负责监督和决策。企业通过这种机制，可以提高处理物流异常情况的效率和质量，减少对客户的不良影响。

五、发送短信关怀

这里的短信并非指狭义上的"手机短信"，而是一种信息形式的统称，包括在线平台客服的留言和订单状态的具体描述等。企业向客户发送短信关怀，是提升客户满意度、增强客户黏性、塑造良好品牌形象的重要手段。通过贴心的关怀服务，企业能在客户心中树立专业、可靠、贴心的形象，赢得客户信任和支持，促进业务长期发展。

1. 短信关怀的主要环节

短信关怀的主要目的在于通过及时、准确的信息传递，增强客户的购物体验，提升客户的满意度和忠诚度。短信关怀主要有以下环节。

（1）下单关怀

当客户成功下单后，企业可以向客户发送下单短信通知。这一举措一方面可以让客户确认订单已成功提交，给予其安全感；另一方面，可以提醒客户仔细核对订单信息，避免后续因信息错误而引发配送问题。例如，"尊敬的客户，您的订单已成功下单，订单号为[具体订单号]。请您仔细核对订单信息，若有任何不符或疑问，欢迎随时与我们联系，我们将竭诚为您服务，确保您的购物之旅顺利愉快。"

（2）订单催付

如果客户在下单后一直没有支付，企业可以及时发送订单催付短信，这有助于避免因客户遗忘或犹豫而导致订单流失。短信内容应体现企业对客户的关怀，突出支付成功对客户的重要性。例如，"尊敬的客户，您的订单[订单号]目前处于待支付状态。为确保您能尽快收到心仪的商品，烦请您尽快完成支付。支付链接为[支付地址]。如有任何问题，随时联系我们的客服人员，我们将全力为您解决。"

（3）订单信息确认

在订单生成后但尚未发货之前，企业发送订单信息确认短信，能够再次确认订单的准确性，最大程度地避免因信息错误而影响客户的购物体验。例如，"尊敬的客户，您的订单[订单号]，商品信息具体如下：[商品明细]，收货地址为[详细收货地址]。请您仔细确认以上信息是否正确，若有错误请立即告知我们，客服电话为[客服电话]。我们致力于为您提供精确无误的商品配送服务。"

（4）订单发货通知

在商品发货后，企业向客户发送发货通知短信，可以满足客户对订单状态的关注需求。短信内容应包含订单编号、发货时间、物流公司、物流跟踪链接，以及预计送达时间等关键信息。例如，"尊敬的客户，您的订单[订单编号]已于[发货时间]发货，由[物流公司名称]负责配送。您可以点击以下链接[物流跟踪链接]查询包裹的运输情况，该包裹预计将于[预计送达时间]送达。如有任何问题，请随时联系我们。"

（5）物流进度提醒

在商品运输过程中，企业可以根据物流状态的变化，适时向客户发送物流进度提醒短信。短信内容应包含包裹的当前位置、预计送达时间和温馨提示等。例如，"尊敬的客户，您的包裹已到达[城市名称]，正在向您的所在地运输。预计明天送达，请您注意查收。如果您有任何问题，可以随时联系我们的客服人员。"

（6）订单签收关怀

当客户成功签收订单后，企业向客户发送订单签收关怀短信，可以进一步强化客户对企业服务的良好印象。此时的短信可以表达对客户的感谢，同时询问客户对商品的使用感受和建议，为企业改进服务提供依据。例如，"尊敬的客户，物流系统显示您的订单[订单号]已签收。如果没有什么问题，烦请您尽快确认收货。如您对货品有任何疑虑，请第一时间联系我们，我们一定会为您全力解决。"

（7）客户满意度调查

在客户收到商品后，企业可以向客户发送满意度调查短信。短信内容应简洁明了，表达对客户的感谢，并说明调查的目的和方式。例如，"尊敬的客户，感谢您购买我们的商品。如果对我们的商品或服务满意的话，劳烦您点亮一下评价页面全部的星星哦，谢谢啦[调查链接]或[二维码]。后续有任何问题希望能及时反馈给我们，勿直接评价哦，这边会收集您的宝贵建议，以保持亮点并改进不足。再次感谢您的支持！"

2. 短信内容的设计和撰写

短信内容的设计和撰写关乎短信关怀的效果。优质的短信应准确传达信息，给客户留下美好印象。短信内容设计和撰写的技巧如下。

（1）简洁明了、温馨友好

短信内容的设计和撰写应遵循简洁明了、温馨友好的原则。短信内容可以分条发送，单条内容不宜过长，要突出重点，如图4-5所示，避免使用过于复杂的语句和专业术语。同时，可以采用温馨、友好的语气，让客户感受到企业的关怀和尊重。

图 4-5　粉笔图书网店订单信息确认消息

例如，可以使用亲切的称呼，如"亲爱的客户""尊敬的客户"等；可以在短信中表达对客户的感谢和祝福，如"感谢您的支持""祝您生活愉快"等；可以在短信中表达会提供帮助和支持的承诺，如"如有任何问题，请随时联系我们"等。这样的短信可以让客户感到温暖，增加客户对企业的好感度。

（2）包含关键信息和联系方式

短信内容应包含关键信息，如订单号、物流跟踪链接、预计送达时间等，方便客户查询和了解商品的运输情况。同时，要提供企业的联系方式，如客服电话、邮箱地址、微信公众号名称等，方便客户在需要时进行咨询和反馈。

例如，"尊敬的客户，您的订单[订单编号]已于[发货时间]发货，由[物流公司名称]负责配送。您可以点击以下链接[物流跟踪链接]查询包裹的运输情况，预计将于[预计送达时间]送达。如有任何问题，请随时联系我们的客服人员，电话：[客服电话]，邮箱：[邮箱地址]，微信公众号：[微信公众号名称]。"这样的短信可以让客户在需要时能够及时联系到企业，提升客户的满意度和信任度。

3. 发送短信关怀的工具

在互联网环境下，AI 客服和自动化系统已成为企业发送短信关怀的常用工具，如图 4-6 所示。AI 客服和自动化系统能够快速处理大量的订单信息，并在相应的时机自动发送短信。这大大节省了人力成本和时间，相比人工发送短信，其速度更快、准确性更高。例如，在订单量较大的促销活动期间，AI 客服和自动化系统可以确保每一位客户都能及时收到下单确认、发货通知等短信，而不会出现遗漏或延迟的情况。AI 客服和自动化系统可以全天候运行，无论何时客户都能收到及时的短信关怀，不会受到人工客服工作时间的限制，这对于那些在非工作时间下单或有紧急问题的客户来说尤为重要。

通过对客户数据的分析，AI 客服和自动化系统可以根据客户的偏好、购买历史等信息，为不同的客户发送专属的短信关怀内容。例如，对于经常购买某一类型商品的客户，当相关商品有优惠活动时，系统可以自动发送个性化的推荐短信，提高客户的购买意愿。此外，在客户生日或特殊纪念日，也可以发送专属的祝福短信，增强客户与企业之间的情感连接。

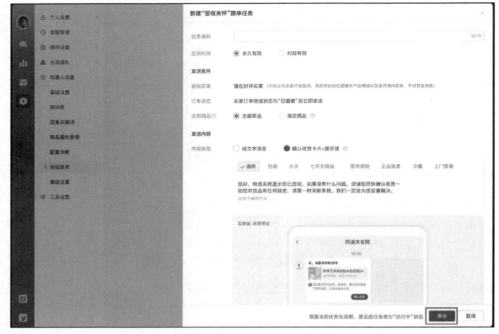

图 4-6　抖音飞鸽机器人"签收关怀"功能界面

这些系统通常可以记录短信的发送情况、客户的反馈等数据。企业可以通过对这些数据的分析，了解客户的需求和行为，进一步优化短信关怀策略，提升客户服务质量。例如，通过分析客户对不同类型短信的回复率和满意度，可以调整短信内容的风格和重点，使其更符合客户的期望。

此外，为确保短信不被客户视为骚扰，企业应控制短信发送频率，根据客户偏好设置发送规则。同时，企业应确保短信内容具有价值，避免单纯的广告推销。例如，在发送优惠活动短信时，突出活动的独特性和对客户的好处，而不是仅仅罗列商品信息。这样既能满足客户对信息的需求，又能提升客户对企业的好感度。

📈 项目实训：喜之郎集团售中服务调研与分析

1. 实训背景

广东喜之郎集团有限公司（以下简称"喜之郎集团"）成立于 1992 年，生产和销售果冻布丁、海苔、奶茶三大系列产品，拥有喜之郎、水晶之恋、CICI、优乐美、美好时光、开心时间、果园芳香等多个品牌，是全国闻名的休闲食品品牌。

随着互联网技术的发展，电商呈现出强劲的发展态势。众多传统企业纷纷试水电商业务，喜之郎集团也紧紧抓住这一机遇，在电商业务上持续发力，取得了不俗的销售业绩。在电商业务发展过程中，喜之郎的互联网售中服务起到了重要的支持作用。

喜之郎集团利用先进的订单处理系统，能够自动识别、分配和处理订单。当消费者下单后，系统会自动将订单信息发送至最近的仓库或门店进行拣货和打包，大大提高了订单处理的效率。

喜之郎集团提供了订单跟踪服务，消费者可以通过官方网站或 App 实时查看订单的配送进度和预计送达时间。这种服务增强了消费者对购物过程的掌控感，提升了购物体验。

喜之郎集团还支持多种支付方式，包括在线支付（如支付宝、微信支付等）、货到付款等，满足了不同消费者的支付需求。在支付环节，喜之郎集团采用了先进的加密技术和安全措施，确保消费者的支付信息不被泄露或盗用，这种安全保障措施增强了消费者对品牌的信任感。

另外，喜之郎集团设有在线客服团队，消费者可以通过官方网站、App 或社交媒体平台与客服人员实时沟通，咨询商品信息、订单状态等问题，客服人员会及时、专业地解答消费者的问题。

2. 实训要求

在网上搜索喜之郎集团旗下各品牌的互联网售中服务信息，然后尝试在电商平台购买商品，了解其售中服务的方法。

3. 实训思路

（1）搜集相关资料

在网上搜集喜之郎集团旗下各品牌关于互联网售中服务的内容，包括引导客户支付、物流合作、包装的选择等。

（2）从消费者角度了解喜之郎集团的售中服务

感兴趣的同学可以尝试在电商平台购买喜之郎集团的任一商品（或者在电商平台购买自己感兴趣的某个品牌商品），然后了解客服是如何引导客户支付订单，以及如何处理订单的。

（3）售中服务评估

在详细了解喜之郎集团的售中服务后，评价其售中服务的质量，并与同学相互讨论，最后进行总结。

巩固提高

一、单选题

1. 企业在利用数据分析工具筛选未支付订单时，若数据报表显示某时间段内某类商品的未支付订单量突然增加，首要排查方向是（　　　）。

    A. 该类商品的市场需求是否下降　　　　B. 支付系统是否出现故障

    C. 商品价格是否近期上调　　　　　　　D. 竞争对手是否推出类似商品

2. 在为商品选择物流公司时，企业销售的是精密仪器且客户分布在全国各地，同时客户对运输安全性要求极高。下列物流公司选择策略最合理的是（　　　）。

    A. 选择运费最低的全国性物流公司

    B. 选择在本地口碑好但覆盖范围有限的物流公司

    C. 选择具有专业运输精密仪器经验且覆盖范围广的物流公司

    D. 选择配送速度最快但运输设备一般的物流公司

3. 企业发送短信关怀时，要想提高短信打开率，下列做法中最有效的是（　　　）。

    A. 使用标准模板发送统一内容的短信

    B. 根据客户兴趣发送相关内容短信

    C. 随机发送不同类型的短信

    D. 增加短信发送频率

4. 企业在确认并核对订单信息时，对于一笔高价值定制商品订单，下列验证方式最全面且符合流程的是（　　）。

  A. 仅通过自动化系统验证订单信息

  B. 先进行人工审核，再通过自动化系统二次验证

  C. 先通过自动化系统验证，再进行人工重点审核

  D. 仅依靠人工审核订单信息

5. 企业为商品打包时，使用了一种新型环保包装材料，但发现包装成本上升了 20%。下列企业后续决策中最合理的是（　　）。

  A. 立即停止使用该环保材料

  B. 逐步减少使用量直至找到成本更低的材料

  C. 评估环保效益和长期成本并寻找降低成本方法

  D. 只在客户要求环保包装时使用该材料

二、判断题

1. 企业在挑选未支付订单时，创建时间长的订单比创建时间短的订单更需要关注。（　　）

2. 企业为商品打包时，包装材料越高级，商品在运输过程中的安全性越高。（　　）

3. 企业在商品包装上使用的品牌标志越多，越有利于品牌推广。（　　）

4. 企业在处理未支付订单时，对于高价值订单和即将超时的订单，可以列为低优先级，待其他订单处理完毕后再进行处理。（　　）

5. 企业可以通过优化支付页面设计来提高客户的支付意愿，但无须提供支付安全提示和帮助信息，因为这会增加客户的支付负担。（　　）

三、简答题

1. 简述销售人员利用数据分析工具筛选客户未支付订单的流程。

2. 企业可以运用哪些方法引导客户支付订单？

3. 企业可以运用哪些方法确认并核对客户订单信息？

项目五 售后服务与管理

知识导图

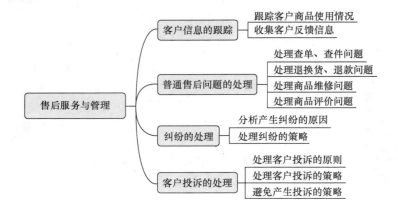

案例导入

酷菠萝，跨界合作造福利

酷菠萝在电商领域以其独特的退换货服务脱颖而出。酷菠萝保证所售出的商品全部通过正规渠道采购，为消费者提供正品保证，这种对正品的坚守赢得了消费者的信任。酷菠萝为消费者提供长达 30 天的退换货服务，这让消费者在购买后有足够的时间来检验商品，确保其满足自己的需求。

在商品入仓前，酷菠萝会执行六道严格的检验流程，确保每一件商品的质量都符合规定，对消费者负责。

2023 年，酷菠萝与芒果 TV 宣布达成深度合作，共同推出一系列超值福利活动，为芒果 TV 会员带来直减优惠福利。消费者可以在享受芒果 TV 会员权益的同时，还享受酷菠萝提供的优质商品和服务。

此次合作中，所有购买酷菠萝产品的消费者均可享受 7 天无理由退换服务，白金会员的退换货服务也得到进一步的升级。在活动期间，酷菠萝将白金会员的退换货服务期限延长至 60 天，让消费者购物无忧。

任务一　客户信息的跟踪

客户信息的跟踪是指企业在获得客户授权的前提下，对客户在不同阶段与企业交互过程中所产生的各类信息进行持续且系统地收集、整理和分析的过程。在如今智能化、数据化、移动化的社会中，信息越来越密集，企业对客户信息的跟踪也越来越便利。

一方面，智能设备与传感器的广泛应用，使商品仿佛有了"感知神经"，能够实时反馈客户的使用情况；移动应用和在线平台则搭建起企业与客户沟通的桥梁，让信息的传递与收集更便捷、更高效。另一方面，数据分析与人工智能技术如同强大的"智慧大脑"，能够帮助企业从海量的数据中挖掘出有价值的洞察，预测客户需求与行为趋势。同时，客户的主动反馈与互动也成为不可或缺的一环，让企业能够直接聆听客户的声音，及时调整策略。

 一、跟踪客户商品使用情况

客户商品使用情况主要包括使用频率、使用场景、使用满意度、使用问题和建议，以及使用习惯和偏好等内容。企业重点针对这些模块进行客户商品使用情况的记录。

1. 跟踪客户商品使用情况的意义

跟踪客户商品使用情况能够收集到客户在商品使用全阶段的信息，进而对企业的商品改进和更新及营销策略提供借鉴。

（1）提供个性化服务

了解客户商品使用情况有助于企业优化营销策略。个性化服务是企业贯彻"以用户为中心"服务理念的深度体现，也是绝大多数企业营销策略的重点。

通过利用机器学习算法等人工智能技术，对客户数据进行挖掘和分析，企业可以得到详细的客户画像。客户画像包括客户的基本信息、兴趣爱好、消费行为、购买偏好等方面，能够帮助企业更好地了解客户需求，为其制定个性化、精准化的营销策略。

> **案例链接**
>
> ### AI 赋能美妆，茉颜定制打造精准皮肤解决方案
>
> 近年来，由于居民消费升级和审美要求的提高，消费者的"变美"需求也在逐年提高，一、二线城市的年轻人更是开始尝试个性化的化妆品，"AI+化妆品"的探索创新也逐步进入市场，类似于 AI 皮肤检测仪、AI 虚拟换妆等新产品层出不穷。
>
> 2023 年 11 月，北京茉颜定制生物科技有限公司（以下简称"茉颜"）正式发布自主研发的化妆品个性化服务人工智能数字系统（AISPS），提出并搭建了"ASTP 人群分型理论"和"AI 皮肤分析网络模型"。
>
> 基于"ASTP 人群分型理论"，茉颜把消费者的主观问卷数据和客观皮肤检测数据反馈到 AISPS 数据分析后台，系统将提取的数据投放到"AI 皮肤分析网络模型"中，通过 AI 运算和分析，形成每位消费者专属的皮肤解决方案，为消费者提供精准、安全、快速、贴心的全方位个性化服务。
>
> 消费者在线上、线下两端均可体验茉颜的化妆品个性化服务，线上通过小程序拍照测肤，线下到店使用专业仪器拍照测肤，AISPS 会根据客观皮肤状态和主观诉求，为消费者提供"量肤适配"的化妆品个性化服务方案，智能工厂依靠数字化系统，可以做到在 48 小时内完成备货和发货，将产品送达消费者手中。茉颜化妆品个性化服务流程如图 5-1 所示。

图 5-1 茉颜化妆品个性化服务流程

目前，茉颜可匹配出 13 万多个皮肤解决方案，随着模型的不断训练、升级，成分组方的扩充，算法的进一步优化，预计未来茉颜可形成上百万甚至亿级的皮肤解决方案，并逐步发展成为化妆品个性化服务AI 分析大模型。

微课资源

（2）把握商品的使用寿命

通过收集商品的使用频率、使用环境、维护保养情况等信息，企业能够分析出不同因素对商品使用寿命的影响。这有助于企业在产品设计和生产过程中更加科学地确定产品的耐用性指标，优化产品的材料选择和工艺设计，提升产品的质量和可靠性。同时，了解商品的使用寿命也能帮助企业合理规划售后服务策略。

在商品进入使用寿命的终结期时，企业可以及时提醒客户进行维修或更换，提供相应的优惠，这样既能保障客户的使用体验，又能为企业创造新的销售机会。

（3）预测风险

通过跟踪客户商品使用情况，企业可以及时了解客户在使用过程中遇到的问题，并迅速做出反应，为客户提供解决方案，避免问题扩大化。

运用机器学习算法可以预测客户的购买行为、流失风险等。例如，通过分析客户的历史购买数据和行为模式，企业可以预测客户未来的购买时间和产品需求，为企业提供精准的营销建议；通过分析客户的行为变化和反馈数据，企业可以预测客户的流失风险，及时采取措施进行挽留。

此外，企业还可以了解商品的优势和不足，明确改进的方向。例如，通过机器学习算法进行评估，如果发现商品的某个功能存在隐患或者某个设计不合理，企业便可以对其进行针对性的改进。

2. 跟踪客户商品使用情况的方法

通常情况下，客户不会有意识地向企业汇报商品的使用情况，只有在遇到问题时才会进行反馈。因此，客户在正常使用商品过程中的体验、感受，以及一些潜在的需求难以被企业知晓。企业若想全面了解客户的商品使用情况，就要主动、积极地采取行动。

企业可以通过以下方法跟踪客户商品使用情况。

（1）社交媒体互动

企业可以在微信、微博等社交媒体平台上建立官方账号，主动对客户进行定期回访，包括发布在线问卷和一对一留言。在评论区内，企业可以发布带有引导性的话题，引导客户分享自己的商品使用体验、意见和建议。为了增强客户黏性，企业售后人员可以添加客户为好友，以便随时与客户进行沟通，解答客户在使用商品过程中遇到的问题。

（2）建立会员体系

企业可以建立会员体系，为会员提供积分、折扣、优先购买权等福利。当客户成为会员后，企业可以通过会员系统记录客户的购买历史、商品使用频率、偏好等信息。同时，企业可以定期向会员发送调查问卷，了解客户对商品的满意度、需求及改进建议。通过会员体系，企业可以更好地与客户建立长期关系，深入了解客户的商品使用情况。瑞幸会员计划如图 5-2 所示。

（3）开发专属的 App

针对电子产品，企业可以开发专属的 App，供客户下载和使用。客户可以通过这个 App进行切换产品模式、查看使用说明、获取产品更新等行为。在客户与产品进行互动的同时，

App 可以收集到客户的使用数据，如使用时间、功能使用频率等。

图 5-2 瑞幸会员计划

此外，企业还可以在 App 中设置用户社区，让客户之间可以交流使用心得、分享技巧，如图 5-3 所示。企业可以在社区中收集客户的反馈和建议，进而了解客户的商品使用信息。

图 5-3 realme 社区 App 界面

3. 跟踪客户商品使用情况的注意事项

企业在收集和记录客户商品使用情况的过程中，务必高度重视风险防范，维护自身形象，要时刻保持警惕，避免引起客户的反感，同时防止出现侵权行为，确保整个过程安全、规范、有序，以维护良好的客户关系和企业的声誉。

（1）细化问题

企业售后人员提出的问题要具体且具有针对性，避免出现模糊不清或过于宽泛的情况，要让客户能够立即作答。例如，通过在线方式调查客户使用商品情况时，将"您对商品的质量满意吗？"进一步细化为"商品的外观是否有磨损？使用过程中是否出现过故障？"这样

既能更准确地了解客户对商品的使用情况和意见，又能体现出企业服务的专业。

（2）把握时机

企业售后人员在进行回访时，要精心选择恰当的时间，以免在客户忙碌或不便之时进行打扰。较为适宜的做法是在客户购买产品后的一周、一个月及三个月等时间节点开展回访工作。若要进行深入回访，应提前征求客户的意见。社交媒体回访主要为图文形式的留言，企业售后人员要注意发送时间和频次，避免打扰客户的工作和生活。

（3）保护隐私

企业售后人员在跟踪商品使用情况的过程中，务必高度重视对客户隐私信息的保护，包括姓名、联系方式、购买记录等，禁止将客户信息泄露给任何第三方。若因数据分析或其他用途需要使用客户信息，必须事先征得客户的同意，并明确告知客户信息的使用范围与目的，确保客户的隐私安全得到充分保障。

▌二、收集客户反馈信息

客户反馈信息中往往包含关于客户使用习惯、偏好及需求变化的重要线索，企业可以根据这些反馈信息对客户信息进行更新和补充，使客户信息更全面、更准确。客户反馈的问题和建议也可以为客户信息的跟踪提供指导，企业可以更有针对性地跟踪那些与客户反馈问题相关的信息。

1. 收集客户反馈信息的渠道

常见的收集客户反馈信息的渠道有以下几种类型。

（1）直接沟通型

调查问卷、客服热线、短信和电子邮件属于收集客户反馈信息的直接渠道，企业可以得到来自客户的明确意见。此外，AI客服自动弹出会话也是企业常用的收集信息的手段，如图5-4所示。在很多情况下，客户是按照企业事先制定好的条目进行回答的，所以此类渠道的信息更便于企业进行整合和分类，然后交由相关部门进行处理。

图5-4 店铺AI客服自动弹出会话

（2）间接沟通型

社交媒体、自研App、第三方评论平台、微信、支付宝、合作伙伴等属于收集客户反馈信息的间接渠道。通过监测这些渠道，企业可以获得更丰富、更真实的客户反馈信息。

① 社交媒体

来自社交媒体的反馈信息特别值得企业注意。社交媒体上的反馈通常比较真实，因为客户在这些平台上往往会以自己的真实感受和体验来评价商品或服务，不会像在正式调查中那样可能存在一些顾虑。例如，客户在朋友圈评价某家餐厅的服务态度差，这种反馈往往是发自内心的，能够真实地反映企业在服务方面存在的问题。而且，社交媒体上的反馈通常还会有具体的细节描述，使企业能够更深入地了解客户的需求和痛点。

② 自研 App

很多企业为了更好地提升品牌形象、优化客户服务、拓展销售渠道、收集用户数据，往往会自研 App。自研 App 的评论和评分能够反映出客户对企业商品和服务的满意程度，客观上这也是收集客户反馈信息的重要渠道。

③ 第三方评论平台

第三方评论平台（如大众点评）通常独立于企业和客户之外，难以被任何一方所左右。客户往往认为在此类平台上发表的意见能够更加真实和完整地呈现，减少了被企业干预的风险。

④ 微信、支付宝

许多企业会在微信、支付宝上搭建自己的小程序和服务号。客户在小程序中完成服务体验后，会收到一条包含评价链接的服务通知消息，客户点击链接即可进入评价页面，这也是一种获取客户反馈信息的渠道。这种渠道的好处是曝光度高，很容易被客户看见，让客户能用完即评价从而缩短客户反馈的流程，提高反馈率。此外，带有"用餐评价"字眼的服务通知消息其实蕴含了一种心理暗示，这会使客户习惯性地进行点评。

⑤ 合作伙伴

来自供应商、经销商等合作伙伴的反馈也是重要的信息收集渠道。企业与他们保持密切沟通的同时，可以收集他们从客户那里获得的反馈信息，为企业提供不同的视角和有价值的信息。

2. 鼓励客户反馈信息

客户的反馈信息对于企业的后续发展至关重要，是企业创新驱动力的重要来源。这关乎企业产品与服务质量的不断提升，是企业与客户之间信任关系得以建立的关键纽带，更是企业实现可持续发展的重要推动力量。

（1）社交媒体互动

企业可以在社交媒体上开展互动活动，鼓励客户分享使用商品的体验和感受。例如，举办"晒单有礼"活动，客户在社交媒体上晒出使用商品的照片和评价，就有机会获得奖品，如图 5-5 所示。企业要对客户的互动内容进行及时回复与互动，增强客户的参与感和忠诚度。

图 5-5 某淘宝服装店铺"晒单有礼"活动

（2）优化反馈流程

企业可以将反馈渠道集中在自研 App、官网等主要平台上，避免客户四处寻找反馈途径。例如，在自研 App 首页设置醒目的"反馈中心"按钮，在官网的导航栏中明确列出"客户反馈"选项。企业要尽量简化反馈的操作步骤，保证客户点击反馈入口后直接进入简洁的反馈表单页面，避免过多的跳转和复杂的填写要求。例如，反馈表单只列出关键问题，如"问题描述""期望解决方案"等，减少不必要的选项。

企业要确保反馈渠道简单、易用，客户能够轻松地提交反馈信息。企业要在反馈表单中提供明确的问题分类选项，帮助客户快速定位自己的问题类型。在问卷型反馈的题目设置上，企业可以给出反馈填写的示例和说明，指导客户清晰地描述问题。企业可以通过多设置一些引导性问题帮助客户快速作答，如"这个问题对您的使用影响程度如何？"

企业可以为客户提供反馈进度查询功能，让他们能够随时了解问题的处理状态。客户可以在 App 或官网的"反馈中心"中查询反馈的处理进度，如"已受理""处理中""已解决"等。在问题处理的关键节点，如受理、解决等，企业可以通过短信、邮件或 App 推送消息的方式通知客户，让他们及时了解反馈的处理情况。

（3）提供反馈奖励

企业可以通过微信客服留言、网站公告或 App 内推送等方式向客户发送调查问卷邀请。邀请信息中应有参与奖励的明确说明。例如，可以设置积分奖励，客户积累一定积分后可在企业的线上商城兑换商品或享受特定优惠。

3. 处理反馈信息

客户反馈的信息数量繁多、内容庞杂，需要得到进一步的提炼才能被企业有效利用。企业处理收集到的反馈信息可以从以下几个方面入手。

（1）分类整理

根据问题类型，反馈信息可以分为商品质量问题类、服务问题类、功能需求类等不同类型。例如，把客户反映商品外观有瑕疵的反馈归为商品质量问题类，把客户抱怨售后服务响应慢的反馈归为服务问题类。

根据紧急程度，即反馈的问题对客户的影响程度，反馈信息可以分为紧急类、重要类和一般类。例如，客户反馈商品存在严重安全隐患的属于紧急类，商品使用体验不佳但不影响正常使用的可归为一般类。

（2）分析问题

企业可以使用数据仓库技术，对来自不同数据源的数据进行清洗、转换和加载，建立一个集中的数据存储库，然后利用数据分析工具和技术对这些数据进行挖掘和分析，提取有价值的信息。例如，统计不同类型反馈的数量占比，了解主要问题集中在哪些方面；统计反馈问题出现的频率，分析并确定问题的普遍性。

企业应针对具体的反馈问题，深入探究其产生的原因。企业可以组织相关部门进行讨论，从产品设计、生产流程、服务环节等方面查找根源。例如，对于客户反馈产品功能不稳定的问题，分析是设计缺陷、原材料问题，还是生产工艺问题导致的。

（3）制定方案

企业要根据分析结果，为每个问题制定具体的解决方案。例如，对于产品质量问题，可能需要改进生产工艺、加强质量检测；对于服务问题，可以优化服务流程、加强对服务人员的培训等。在解决方案出台后，企业要确定负责解决问题的部门和人员，并设定明确的时间节点，确保这些问题能够得到及时、有效的处理，避免拖延。例如，规定售后服务部门在 24 小时内回应客户的服务投诉，并在一周内解决问题。

（4）及时回馈

问题得到解决后，企业应及时将问题的处理结果回馈给客户，让客户了解企业对他们反馈的重视和积极行动的态度，同时企业应向客户表达歉意并说明采取的措施。

此外，企业要与客户保持沟通，了解他们对处理结果的满意度。如果客户还有其他问题或建议，企业要继续跟进处理。同时，企业还可以根据客户的反馈不断改进解决方案，提升处理效果。

任务二　普通售后问题的处理

普通售后问题是指在商品销售出去后，客户在使用商品期间或者与企业进行交易的后续阶段所涌现出的较为常见的各类问题，其中包括查单、查件问题，退换货、退款问题，商品维修问题，以及商品评价问题等。这类问题一般不涉及重大安全隐患或严重的法律纠纷，通过企业与客户的积极沟通和及时处理，通常能够得到比较妥善的解决。

一、处理查单、查件问题

查单、查件问题是在商品未被客户正式签收阶段产生的问题。在这个阶段，客户往往处于一种期待与不安的状态，他们急切地想知道自己购买的商品究竟处于什么位置，何时能够送达自己手中。随着导航、定位系统的广泛应用，客户可以通过手机和个人计算机随时查询自己的订单状态。

1. 常见的查单、查件问题

查单指的是查询订单，查件指的是查询与订单对应的实体包裹或虚拟商品，常见的查单、查件问题主要涉及的是订单、物流和包裹的状态问题，如表 5-1 所示。

表 5-1　常见的查单、查件问题

问题主体	问题涉及的方面	问题描述
订单状态问题	订单是否已生成	客户可能不确定自己的下单操作是否成功，需要查询订单是否已正常生成。由于网络问题或操作失误，客户可能不小心提交了多次订单，担心会被重复扣款或收到多份商品
	订单处理进度	包括订单是否已被仓库接收、是否在拣货、包装进度如何、是否已发货等。在订单处理过程中，客户可能需要修改订单信息，但不清楚是否可以修改以及如何操作。客户可能在预计的发货时间后仍未收到发货通知，担心订单出现问题
	预计送达时间	客户希望了解自己的包裹大概何时能够送达，这对于有时间安排需求的客户尤为重要
物流状态问题	快递单号查询	客户可能丢失了快递单号，需要通过订单信息或其他方式查询快递单号，以便跟踪包裹
	物流轨迹查询	了解包裹在运输途中的具体位置和状态变化。例如，包裹当前在哪个城市、是否已经到达目的地城市的配送中心等
	运输异常查询	当物流出现异常情况时，例如，包裹的物流信息长时间未更新、包裹被错发或丢失等，客户需要查询具体情况并寻求解决方案

续表

问题主体	问题涉及的方面	问题描述
包裹状态问题	包裹是否完好	客户在收到包裹前可能担心包裹在运输过程中受到损坏。例如，对于易碎物品的运输，客户会格外关注包裹的完好程度
	包裹内容是否正确	确认包裹内的商品是否与订单一致，防止出现错发、漏发商品的情况
	包裹签收情况查询	了解包裹是否已被签收，以及签收人是谁。如果客户未收到包裹但显示已签收，需要查询签收的具体情况

2. 如何处理查单、查件问题

企业需要根据责任方和情景的不同对查单、查件问题做出相应的处理，常见的查单、查件问题情景和处理方案如表 5-2 所示。

表 5-2　常见的查单、查件问题情景和处理方案

责任方	问题情景	处理方案
企业	订单错误（发错货、少发货、匹配物流不当）	发错货/少发货：企业在核实情况后及时给客户补发商品； 匹配物流不当：企业应立即联系负责配送的物流公司，向其说明问题情况，根据客户要求更换配送物流
	订单/发货延迟	企业应向客户表达歉意，如果客户愿意耐心等待，企业应催促相应负责人。企业可以在征求客户意见后调整配送方式。如果商品无法在短期内送达，企业可以向客户提出替代方案
	订单取消	企业因库存不足等原因无法履行订单，要通过移动电话等方式及时通知客户并表达歉意，可以为客户提供下次交易时的优惠服务
物流公司	物流信息不准确（更新不及时、信息显示错误）	企业应及时联系物流公司核对信息，催促物流公司及时更正信息，并将实时信息汇报给客户
	包裹运输延误	天气异常等不可抗因素：企业应及时向客户传达包裹会延迟送达的信息； 物流环节衔接不畅：企业应与物流公司协商，可以采用加急处理的方式
	包裹损坏或丢失	包裹损坏：企业应向客户确定包裹损坏程度，调查原因，定责任，要求物流公司给出赔偿方案，并将赔偿方案传达给客户，跟踪处理后续事务； 包裹丢失：企业应立即与负责配送的物流公司取得联系，查询包裹的最新状态，确定包裹的丢失环节。如果包裹价值较低，企业可以考虑为客户重新发货或提供退款。如果包裹价值较高，企业可以与客户协商，共同确定解决方案，等待物流公司查找包裹或申请保险理赔
客户	提供错误信息（地址信息、联系信息错误）	未发货：企业应根据客户的要求及时修改订单信息； 已发货：企业应与物流公司联系，拦截包裹。如果拦截失败，企业则须等商品回库后，按照修改的信息重新发货
	未及时关注订单状态	当客户没有及时关注订单的物流信息，导致其错过快递员的派送或签收时间时，企业要迅速核实包裹当前的状态，确定包裹是被退回快递站点，还是在等待重新派送，向物流公司提供客户的联系方式和新的派送时间要求，持续跟进处理

二、处理退换货、退款问题

线上交易的便捷性正逐渐改变着人们的购物习惯，促使人们更乐于购物且进行大量购物。

交易数量的增加也会带来商品退换率的提高。尽管互联网已简化了退换货、退款的流程，但申请量的增加也会加大企业处理这些问题的难度。因此，对于退换货和退款问题，企业需要明确规则、合理评估问题原因，并优化处理流程。

1. 明确退换货和退款规则

只有企业建立合理、明晰的退换货和退款规则，客户才能了解相关条件并采取有效行动，企业在处理相关问题时才有章可循。表 5-3 所示为荣耀商城官网退换货和退款规则。

表 5-3　荣耀商城官网退换货和退款规则

退货类别和原因	处理方案	办理地点	7天（含）内退货	15天（含）内换货	快递方式	是否收取运费	办理周期
第一类："商品质量原因"。指国家三包规定的可以退换货的原因，如功能性障碍或商品质量问题	经荣耀商城检测，或荣耀客户服务中心检测确认，并出具检测报告，属于商品质量问题的，在三包期限内，可以办理退换货	1.荣耀商城（退换货）；2.荣耀客户服务中心（仅可换货）	是	是	联系快递公司取件寄回荣耀商城仓库并选择到付	否	自您退回的商品及相关物件成功入库之日起，一般7个工作日内寄出换货商品，或3~5个工作日内完成退款处理（不含银行到账周期）
第二类："荣耀商城原因"。属于荣耀商城原因所致，包括因物流原因导致的商品损坏、缺件、发错货或商品与网站描述不符等	1.因物流原因导致的商品损坏、缺件、发错件等情况请当场拒收并要求快递员存证，同时请您拍照存证。如已签收，需要提供物流公司开具的证明；2.其他原因，经荣耀商城确认后，在三包期限内，可办理退换货	荣耀商城	是	是	因物流导致的商品损坏、缺件、发错件等情况请当场拒收。未当场拒收请您联系商城客服协商办理	否	自您退回的商品及相关物件成功入库之日起，一般7个工作日内寄出换货商品，或3~5个工作日内完成退款处理（不含银行到账周期）
第三类："七天无理由退货"	除以上两种原因之外，因七天无理由退货时，产品包装盒配件等齐全，同时主机外观无损且无人为损坏等问题，可办理退货	荣耀商城	是	否	联系快递公司取件寄回荣耀商城仓库，并选择到付。退款时将自动扣除实际产生的退货的运费。当您无理由退货后不满足包邮条件时，荣耀商城有权在退款时同时扣除商品寄出的运费	是	自您退回的商品及相关物件成功入库之日起，一般3~5个工作日内完成退款处理（不含银行到账周期）

（1）明确退换货条件

企业应详细列举何种情况下客户可以申请退换货，如商品存在质量问题、与商品描述不

符、发错货物等，强调商品必须保持未使用、包装完整、配件齐全等要求，以确保不影响二次销售。

（2）设定退换货期限

企业应规定自客户收到商品之日起多少天内可以申请退换货，对不同类型的商品可以根据其特性设置不同的退换货期限。例如，电子产品的退换货期限更短，而对于服装类商品，企业可以适当延长退换货期限，以满足客户的试穿需求。

（3）说明运费承担方

企业应明确在退换货过程中运费由谁承担。一般情况下，因为商品质量问题或企业过错导致的退换货，运费应由企业承担；而无理由退换货时，可以根据具体情况协商运费的承担方式，或者在客户购买商品时提供运费险。

2. 评估退换货和退款原因

通过评估退换货和退款原因，企业不仅可以准确了解客户的具体需求和不满之处，还可以区分哪些退换货和退款是可以避免的，从而采取相应的措施来减少类似情况的发生，以降低企业的成本。

企业需承担责任的评估内容如表 5-4 所示。

表 5-4　企业需承担责任的评估内容

主要内容	具体评估内容
商品质量问题	① 商品的各项功能是否正常； ② 商品的性能指标与宣传资料或说明书上的标准是否一致； ③ 电子类商品是否与其他设备或系统兼容； ④ 商品是否容易损坏（材料选择、生产工艺）； ⑤ 商品是否存在安全隐患； ⑥ 商品是否符合国家或行业的安全标准
商品与描述不符	① 商品实际颜色与商品描述是否一致； ② 商品的实际尺寸与商品描述中所标注的尺寸是否相符； ③ 商品实际使用的材质与商品描述中所宣称的材质是否一致； ④ 商品的实际功能与商品描述中所列举的功能是否一致； ⑤ 商品的实际性能参数与商品描述中的参数是否相符； ⑥ 商品的实际包装与商品描述中展示的包装是否一致； ⑦ 商品实际附带的配件与商品描述中所列的配件是否一致； ⑧ 商品的实际使用方法与商品描述中的使用说明是否一致； ⑨ 商品的实际适用范围与商品描述中所宣称的适用范围是否一致
商品受到损坏	① 商品的外包装是否有明显的破损、变形、撕裂等情况； ② 商品包装内部的填充物是否充足、合理，是否起到了有效的缓冲作用； ③ 包装上的商品信息、警示标识等是否清晰可读； ④ 商品表面是否有划痕、磨损、掉漆等情况； ⑤ 商品的各个零部件是否牢固，是否有松动、脱落的现象； ⑥ 商品是否有变形、破裂等情况

客户因自身的主观因素也会提出退换货和退款请求。企业要对此进行合理性评估，再结合客户的评价记录、投诉处理情况等方面内容评估客户的信誉度。如果客户在过去的交易中一直给予积极的评价，并且在出现问题时能够与企业积极沟通与解决，那么企业可以比较放

心地处理该客户的退换货或退款请求。客户主观因素的评估内容如表 5-5 所示。

表 5-5 客户主观因素的评估内容

主要内容	具体评估内容
购买决策变化	① 冲动购买而后悔：客户是否在购买时因一时冲动，未充分考虑自身需求和商品适用性，事后冷静下来觉得购买的商品并非真正所需； ② 受他人影响：客户是否在购买后受到家人、朋友或其他第三方的意见影响，从而对已购买的商品产生不满； ③ 发现更优选择：客户是否在购买商品后，又发现了其他更符合自己需求或性价比更高的类似商品，从而对已购商品不满意
心理落差	① 对商品性能期望不切实际：客户是否对商品的性能、质量等方面抱有过高的期望，超出了商品实际所能达到的水平； ② 受宣传影响产生错误期望：客户是否因受到商品的宣传广告、营销文案等影响，对商品产生了错误的期望； ③ 使用习惯不符：客户是否在使用商品过程中，发现商品的设计或操作方式与自己的使用习惯不符，从而产生不满
个人偏好变化	① 审美变化：客户是否在购买商品后，自身的审美观念发生了变化，导致对已购商品的外观、设计等不再喜欢； ② 需求变化：客户是否由于自身生活状态、工作环境等因素的改变，使得原本购买的商品不再符合自己的需求

📖 案例链接

网购 4 台手机，"七天无理由退货"无效

2024 年 4 月，路先生通过某电商平台的自营旗舰店下单购买了 4 台手机，共花费了 21000 多元。收到货后，路先生以"不满意手机摄像头像素"为由申请"七天无理由退货"，却遭到了平台拒绝。随后，路先生将手机低价转卖，共损失了约 4000 元。

路先生认为是由于电商平台拒绝了退货申请，导致手机没办法退货，损失应该由电商平台来承担。于是，路先生将这家电商平台诉至北京互联网法院，请求法院判令其赔偿自己的损失。对此，被告电商平台认为，"七天无理由退货"中的"无理由"不等于"无条件""无限制"。

电商平台方梳理网购订单时发现，原告路先生在半年时间里频繁下单后又申请退货、退款，并且他购买商品不以生活消费为目的，不适用七天无理由退货规则。从电商平台提供的证据资料可以看到，2024 年 1 月至 6 月，原告路先生在电商平台上关于手机的退货售后单多达 77 个。但路先生称，他只是在行使消费者的合法权益，电商平台不应该拒绝自己的退货申请。

根据《中华人民共和国消费者权益保护法》的规定，经营者采用网络、电视、电话、邮购等方式销售商品，消费者有权自收到商品之日起七天内退货，且无需说明理由。同时，该法第四条规定，经营者与消费者进行交易，应当遵循自愿、平等、公平、诚实信用的原则。

法官认为，本案中原告半年时间内在涉案电商平台购买商品共生成 209 个订单，其中购买手机 70 单共 106 部手机。原告购买商品后共生成 87 个退货售后单，关于手机的退货售后单共 77 个，结合日常生活经验判断，这样高退货率的确不合常理。

法院审理认为，虽然法律规定网络购物消费者享有依法退货的权利，但原告在半年内

多次购买后退货的行为，反映出其在购物时未能尽到谨慎义务，在行使退货权利时过于随意。这种做法不合理地增加了企业和社会的成本，扰乱了电商平台正常的交易秩序，有悖于诚实信用原则，是对自身权益的滥用。

最终法院认为原告这种不合理、频繁购买又退货的行为，属于滥用"无理由退货"权利。对于原告要求被告赔偿损失的这项诉讼请求，法院作出一审判决，驳回原告路先生的全部诉讼请求。做出判决后，原被告均未上诉。目前，该案判决已生效。

3. 处理退换货和退款的流程

商品流通环节所处的阶段不同，其对应的退换货和退款的复杂程度也有所不同。通常情况下，若商品处于流通环节较为靠前的阶段，问题的处理相对容易，并且商品极有可能仍具备可供售出的条件。

然而，倘若商品处于流通环节靠后的阶段，由于其涉及众多影响因素，且很可能已不具备再次售出的条件，此时问题的处理则会变得比较复杂。商品所处的流通环节大致可分为未发货和已发货这两个阶段，企业可依据这两个阶段来制定相应的处理流程，如图5-6所示。

图5-6　处理退换货和退款流程

（1）未发货

商品流通环节处于这个阶段时，客户的退换货和退款请求较为容易被企业接受。因为商品还未出库，企业承受的损失非常小，更多的是会产生一些数据流水。在这个阶段同样存在因客户的主观因素产生的退换货和退款请求，企业需要对这些请求进行评估，进而决定是否接受。

在客户发出请求后，企业要判断退换货或退款原因是否符合企业相关规定。例如，若因客户个人原因要求退款，企业应检查该订单是否在规定的可退款时间范围内。对于符合相关规定的请求，企业可推进下一步处理流程；对于不符合相关规定的请求，企业应耐心向客户解释原因，并尝试提供其他解决方案。

在处理客户请求时，若为退款请求，企业应在系统中操作退款流程，确保尽快将款项原路退回客户支付账户，同时向客户发送退款通知，告知预计到账时间。若为换货请求，企业应与客户确认更换的商品信息，修改订单内容，并安排优先发货。

（2）已发货

这个阶段包含商品处于运输中和被客户签收两种情况。企业在收到客户请求后，应审核商品是否符合退换货条件。例如，对于非质量问题的退换货，确认商品是否未使用、包装是否完整等。根据审核结果，企业判断是否接受请求。若企业接受，则进入下一步处理流程；

若不接受，企业要向客户说明理由，并提供其他解决方案，如提供部分补偿等。

若为退款请求，企业要与客户协商商品处理方式。若商品在运输途中，企业可以联系物流公司拦截包裹；若客户已签收，企业要指导客户按照规定流程寄回商品。企业在收到商品并检查无误后，及时办理退款手续，根据客户的支付方式选择合适的退款途径，如原支付渠道退款、银行转账等，确保退款资金能够安全、快速地到达客户账户。

若为换货请求，企业则可安排快递上门取件（快递上门取件服务：客户只需在网上预约取件时间，快递员即可按时上门收取商品，大大提高了退换货的便利性），或指导客户寄回商品。在收到商品后，企业要检验商品状态，若符合换货条件则尽快安排发货。

三、处理商品维修问题

商品维修通常包括对硬件的更换、修复或调整，对软件系统的重新安装、升级或调试，以及对外观的修复和保养等。企业对其生产或销售的商品负有一定的质量保证责任。提供优质的商品维修服务是企业售后服务的重要组成部分。

企业可以通过以下方式来处理商品维修问题。

1. 响应客户需求

企业收到来自客户的商品维修请求后，应及时做出响应，以表达对客户需求的重视。同时，企业要详细询问客户商品的故障情况，包括故障发生的时间、具体表现、使用环境等信息，记录客户的联系方式和地址，以便后续沟通和维修服务的安排。

2. 核实保修信息

在了解客户商品故障的大致情况后，企业要进一步核实商品的保修期限和保修范围，确定商品是否在保修期内以及故障是否属于保修范围内。企业可以通过查询客户的购买记录、保修卡或系统中的商品信息来进行核实。

如果商品在保修期内且故障属于保修范围内，企业应向客户明确表示将免费为其提供维修服务，并告知客户维修的流程和预计时间。如果商品已经超过保修期或者损坏部件在保修范围外，企业要明确告知客户相应情况，表示维修需要另行支付费用。

3. 安排维修服务

根据商品的故障情况和维修需求，企业应安排合适的维修方式。如果故障比较简单，企业可以远程指导客户自行解决；如果故障较为复杂，企业则需要安排专业的维修人员上门服务或让客户将商品寄回维修中心进行维修。

在寄回维修过程中，企业应密切关注维修进度，及时向客户反馈维修情况。通常情况下，对于运输成本比较高的商品（如大型冰箱），企业会采用上门维修的方式。此外，企业也可以根据客户的要求选择维修方式。

4. 调查客户满意度

在维修服务完成后的一段时间内，企业应及时与客户联系，确认商品是否已经可以正常使用，并询问客户对维修服务的满意度，以作为评价企业信誉度的参考。根据客户的反馈，企业要对维修服务全过程进行总结和改进，以提高售后服务质量和客户满意度。

四、处理商品评价问题

商品评价直观地体现着企业信誉。在当今互联网时代，抖音、快手、哔哩哔哩等媒体平台极大地拓展了人们的发声渠道，进而也增加了商品评价的传播范围与影响力。由于这个时代的评价会留下信息记录，所以人们很容易看到他人对商品的评价，并将其作为购买决策的参考。商品评价不仅对商品的销量有着重大影响，而且在很大程度上关乎企业的声誉。因此，企业要重视客户的商品评价，并采用以下方法来处理商品评价问题。

1. 积极回应负面评价

企业可以利用专业的舆情监测工具，实时跟踪各大社交媒体平台、电商平台及网络论坛等渠道上关于企业产品或服务的评价，确保能够及时发现负面评价，并迅速做出回应。

当发现负面评价时，企业应及时地对评价内容予以回复，向客户展现出高度重视的态度。在明晰客户的具体问题后，企业应迅速行动，及时有效地解决问题，如退换货、提供补偿、改进产品或服务等。

例如，如果客户反映商品质量问题，企业应立即为其安排退换货事宜，并对问题产品展开深入分析，以防止类似问题再度出现。在问题解决之后，企业需要跟进客户的满意度状况。企业可以再次与客户进行沟通，确认问题是否得到妥善处理，并询问客户对处理结果的看法。常见的询问语，如"尊敬的客户，我们已为您处理了问题，不知您对我们的处理结果是否满意呢？若还有其他问题，随时与我们联系。"

对于一些具有普遍性的负面评价，企业可以考虑在公开渠道上进行回应，如官方微博、微信公众号等，向广大消费者说明问题的原因和解决措施，展示企业的诚意与担当。

2. 充分利用正面评价

企业应对给出正面评价的客户表达诚挚的感谢，使客户真切地感受到企业对他们的重视与关怀。此外，企业可以把正面评价分享至企业的官方网站、社交媒体等平台，以此作为企业的口碑宣传。这样做一方面能够让更多的潜在客户看到企业的突出优势，另一方面也能进一步增强现有客户的忠诚度。

例如，企业可以精心挑选位于前列的好评进行截图，并将其展示在宣传界面上，让这些好评成为企业良好形象的见证，如图 5-7 所示。

图 5-7　某品牌耳机京东店铺用户评价宣传界面

3. 分类处理评价问题

企业可以成立专门的舆情监测部门，安排专人负责舆情监测工作，定期汇总分析评价的性质、内容和趋势，为企业制定应对策略提供依据。

评价问题主要集中在商品质量、服务质量和物流服务这三个方面，而恰恰是这三个方面共同构成了客户对企业的综合评价。商品质量决定着客户对产品本身的满意度，服务质量体现着企业在与客户交互过程中的专业度与贴心程度，物流服务则影响着客户从下单到收货整个流程的体验感。这三个方面相辅相成，共同塑造着客户对企业的整体印象。

（1）商品质量问题

企业需要与客户进行深入沟通，详细地了解商品质量问题的具体情形，涵盖问题出现的时间节点、使用的具体场景，以及具体的表现形式等。随后，企业要对涉及质量问题的商品展开内部严格核查，仔细检查生产记录、质量检测报告及库存商品等，以确定是否存在批次性的质量问题，并依据调查结果为客户精心提供合理、有效的解决方案。

（2）服务质量问题

企业应大力加强对客户服务质量的把关力度。一方面，企业可以通过对相关人员开展系统化培训和教育的方式来提高员工的服务意识、专业技能及沟通能力；另一方面，企业可以对服务管理制度和流程进行深入完善，查找其中可能存在的漏洞与不足之处，进而优化服务流程。

此外，企业还可以将客户反馈作为持续改进服务质量的重要依据，定期对客户评价进行细致的分析与总结，精准地找出服务中存在的共性问题和薄弱环节，并制定出具有针对性的改进措施，以不断提升企业的客户服务质量水平，为客户带来更加优质的服务体验。

（3）物流服务问题

企业应检查自身在物流交接环节的操作是否存在问题，对物流服务提供商进行评估与筛选，选择服务质量高、信誉好的合作伙伴。企业还要积极与物流服务提供商取得联系，了解包裹在运输过程中的情况。若客户的评价所反映的情况属实，企业要向物流服务提供商反馈客户所提出的问题，要求他们全力积极配合解决，随后将处理结果反馈给客户。

任务三 纠纷的处理

在客户与企业进行交易或接受企业的商品与服务的过程中，双方由于对交易条款、产品质量、服务水平、价格、物流配送等方面存在不同的理解、期望或诉求，可能产生纠纷。这种纠纷通常会引发客户对企业的负面评价或者投诉，可能导致企业形象受损，客户流失，市场份额下降。如果纠纷升级，企业还可能面临法律诉讼风险，承担经济赔偿责任，对企业的正常运营和发展造成阻碍。因此，妥善地处理纠纷问题是企业维系发展的关键所在。

一、分析产生纠纷的原因

企业与客户产生纠纷的主要原因在于双方在利益诉求问题上沟通不畅。企业追求利润与成本控制，客户期望高性价比的产品与优质服务，双方利益难以完全契合。

导致利益诉求问题的主要原因在于双方存在信息不对称，以及价值理念的差异。一方面，企业掌握更多产品及市场信息，在决策时往往从自身盈利及发展角度出发；而客户获取信息的渠道相对有限，且在购买产品或服务时更注重自身的使用体验与商品的性价比。另一方面，企业可能更注重效率与规模效益等价值理念，而客户则更看重个性化、人性化的服务体验及产品品质。因此，产生纠纷的原因既有企业方面的，也有客户方面的。

1. 企业方面的原因

企业与客户产生纠纷时，一般企业方面的原因如下。

（1）商品问题

商品问题主要指商品质量问题。例如，企业的品控把关不严，致使某个甚至一批生产质量不达标的商品被发给客户；企业未能妥善控制商品的保质期限，或者因运输或天气问题，客户收到的商品发生了变质；企业为图便利，将存在退换痕迹的商品发给了客户，导致了客户的不良体验。

（2）服务理念

企业注重效率和流程，而客户则更关注个性化和人性化的服务体验。企业在处理客户问题时，一般会按照既定的流程和标准进行操作，而客户可能希望得到更加灵活、贴心的解决方案。例如，客户购买电子产品后出现故障，企业按既定流程维修需一到两周，而客户希望得到上门维修这种服务，双方由此产生纠纷。

（3）宣传问题

宣传问题指的是企业的商品宣传存在虚假成分，着重渲染商品的优点，对商品的缺陷轻描淡写甚至只字不提。这会对客户造成误导，使其对商品抱有过高的期望值。当客户在实际接触到商品后，却发现商品的实际使用情况与宣传描述不符，由此产生心理落差，而这种心理落差会引发客户与企业之间的纠纷。

（4）管理问题

管理问题指的是企业内部管理存在问题。例如，企业组织架构混乱，各部门之间职责划分模糊不清，致使决策过程缓慢；企业的业务流程繁杂琐碎，且流程僵化，缺乏灵活性；企业工作人员业务能力有所欠缺，在面对问题时相互推脱责任。这些情况都很容易导致客户无法及时享受其应得的权益。

2. 客户方面的原因

客户有时会出现情绪化购买商品的行为。他们可能在考虑不周、未充分了解商品退货说明的情况下便进行购买，而在使用商品后心生悔意，便容易与企业产生纠纷。此外，客户对问题的模糊表达，以及在沟通中带有情绪化倾向，也是导致纠纷问题出现的重要因素。

（1）认知偏差

客户可能对产品的使用方法、注意事项等缺乏了解，在使用过程中出现问题后，错误地认为是产品质量问题，进而与企业产生纠纷。例如，客户购买了一款电子产品，因为不熟悉操作方法，设备无法正常工作，该客户却认为是电子产品质量有问题。

客户可能对企业的退换货规则、售后服务条款等理解不准确，在遇到问题时与企业产生分歧。例如，客户认为自己购买的商品可以免费退换货，但实际上企业已明确说明只保证七天无理由退款，而邮寄费用需要客户自行支付。

（2）非理性消费

客户在缺乏对产品深入认知的状态下，仅仅因一时的冲动便进行购买，之后往往会发现产品与自身需求不符或者存在各种问题，进而引发与企业的纠纷。例如，客户在电商平台大促时，未经仔细考量便匆忙下单购买了一款电子产品，到手后才意识到其功能并非自己真正所需，而在商品购买界面明确标有"产品一经使用，非质量原因，不予退换"的字样，从而对企业产生不满情绪。

（3）无效的沟通

客户在与企业沟通时，不能准确地表达自己的需求和问题，导致企业无法理解客户的意图，以致无法提供有效的解决方案。例如，客户在反馈电子产品故障问题时，表述含混不清，使得企业很难判断故障的具体表现和发生位置。

客户在遇到问题时，可能会情绪激动，采用攻击性的语言与企业沟通，这会加剧双方的矛盾，使纠纷难以解决。例如，客户在发现购买的商品有瑕疵后，不停地大声斥责企业客服人员，完全不给其任何解释和解决问题的机会，这会致使问题陷入僵持状态。

▌二、处理纠纷的策略

纠纷处理不当极有可能为企业带来诸多不良后果，如负面评价的广泛传播、客户的频繁投诉，乃至引发不必要的法律风险。因此，企业客服人员必须以积极主动的态度直面纠纷，注重倾听客户的意见与建议，及时回应客户的诉求，表达对客户的关心与尊重。企业客服人员要审慎对待纠纷的处理，深入探究纠纷产生的背景和原因，客观地分析纠纷的本质，进而找出解决纠纷的方案。

1. 保持理性思维

当面对纠纷时，企业客服人员首先要控制自己的情绪，避免被客户的激动情绪所影响，要以平和的心态倾听客户的抱怨和诉求，让客户感受到被尊重和理解。例如，客户在网络会话界面中激烈地指责企业的商品在电商平台上的描述与实际不符时，企业客服人员可以采用沉稳的语气说："您好，我非常理解您现在的心情，请您先别着急，让我了解一下具体情况，我们一定会尽力为您解决问题。"

企业客服人员要保持冷静，不要被客户的片面之词所左右，要收集相关信息，以便对情况做出准确的判断。例如，客户在社交媒体平台留言，声称通过线上渠道购买的商品在保修期内出现故障，企业客服人员应迅速通过查询线上交易系统中的订单信息，包括购买时间、支付记录等，同时结合客户在线上反馈的使用情况描述、上传的故障照片或视频等，来确定其是否符合保修条件。

2. 积极询问和倾听

企业客服人员要认真倾听客户的问题和意见，给予客户充分的表达机会，用诚恳的态度和恰当的回应让客户知道自己的意见被重视。例如，客户在网络会话界面讲述问题时，企业客服人员可以适时地说"我清楚了""请您接着说"等，以鼓励客户详细说明情况。企业客服人员要与客户进行积极的沟通，使用清晰、简洁的语言，避免使用专业术语或模糊不清的表述，注意语气和措辞，并保持礼貌和耐心。

企业客服人员要主动向客户询问问题的细节和背景，通过提问引导客户提供更多有用的信息，以便更好地理解客户的需求和期望，为解决问题提供依据。常见的询问语，如"这个问题是从什么时候开始出现的？""您在使用商品的过程中有没有注意到什么异常情况？"

3. 分析问题是否存在

企业客服人员要对客户反映的问题进行客观、全面的分析，通过检查产品、查阅相关记录等方式，确定问题的真实性和严重程度，找出问题的根源。例如，对于产品质量问题引发的纠纷，企业可以组织技术人员对产品进行检测和分析，确定是生产环节、运输环节还是使用环节出现了问题。

如果问题确实存在，企业客服人员应立即采取有效的解决措施，向客户真诚道歉并提供合理的补偿方案。同时企业应对内部管理流程进行全面审查和改进，以防止类似问题再次发生。如果问题并不存在，或者问题由客户人为因素造成，企业客服人员也应保持耐心和专业的态度，用客观的数据和事实来说明情况。

4．制定合理的解决方案

企业应根据问题的性质和责任制定合理的解决方案。对于一些较小的问题，企业可以通过内部协商解决。对于一些较难解决的纠纷，或者客户行为存在恶意，企业可以寻求专业的法律意见。

（1）寻求双赢的解决方案

如果纠纷责任方为企业，企业要勇于承认，并提供多种具体、可行的解决方案供客户选择，让客户感受到企业的诚意和努力。例如，对于产品质量问题，可以提供维修、更换、退货、补偿等解决方案；对于服务不满意的问题，可以提供道歉、改进服务、给予优惠等解决方案。

如果纠纷责任方为客户，企业要耐心地向客户解释说明，并提供相应的建议。例如，如果是客户冲动性购买之后产生后悔心理造成的问题，企业应向客户详细说明企业相关规定情况，用充满歉意的话语安抚客户的情绪；如果是客户使用不当造成的问题，企业可以向客户说明正确的使用方法和注意事项，并指导客户如何避免类似问题的再次发生。此外，企业也可以考虑在适当的时候给予客户一些关怀或优惠，以维护良好的客户关系。

（2）引入第三方调解机构

对于难以解决的纠纷，企业可以引入第三方调解机构，如消费者协会、行业协会等。第三方调解机构具有中立性和专业性，可以帮助双方客观地分析问题，协助双方沟通和相互让步，找到双方都能接受的解决方案。

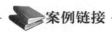案例链接

11.96 元网购，"仅退款"惹出 800 元风波

2024 年 4 月，伍某在某电商平台的一家店铺购买了价值 11.96 元的衣物。收到货物后，伍某对其不满意，便在电商平台上提出"仅退款"请求。

店铺客服解释称衣物尺码正常，不满意可申请退货退款，但伍某不认可这一回复，未经店铺同意在电商平台继续申请"仅退款不退货"。随后，电商平台基于大数据对该订单做出仅退款处理。

伍某在收到退款后并没有将货物退回，给该店铺造成了一定的损失。双方沟通无果后，同年 6 月，店铺店主胡某将伍某起诉至法院，要求判令伍某退还 11.96 元货款以及此次维权产生的 800 元合理费用。

案件受理后，鉴于涉案金额较小，承办法官认为调解是解决问题的最有效方式，遂主动联系被告伍某了解情况，并对其释法说理，让其明白在交易中应遵循诚实守信原则，当发现商品不符合预期时，可以与商家联络协商处理，不得抱有贪便宜的想法，在收到退款后拒不退货会损害商家利益，扰乱正常交易秩序。

在法官的调解下，伍某意识到自己"仅退款不退货"的行为有违诚信，主动联系店铺店主胡某协商退款、退货事宜，同意退还 11.96 元货款并承担胡某此次维权支出的 800 元相关费用。最终双方达成和解，店铺店主胡某撤诉。

任务四　客户投诉的处理

客户投诉是指客户在购买、使用企业的商品或享受企业的服务过程中，由于对商品质量、

服务水平、价格合理性、企业规则等方面产生不满情绪，而以电话、在线反馈等形式向企业相关部门或人员表达自己的意见和诉求的行为。通常情况下，客户投诉往往是客户单方面向企业表达对商品或服务的不满情绪，其解决过程主要依托企业的内部流程以及客户服务机制。

客户投诉与企业声誉紧密相关，一个看似普通的投诉，如果处理不当，极有可能在口口相传、网络传播等作用下，对企业的声誉造成不可忽视的损害。

一、处理客户投诉的原则

客户投诉问题内容多样，涵盖商品质量、服务水平、价格合理性、交货及时性等多个方面，其表现形式也各不相同，有的是用激烈的言辞表达不满，有的是理性地阐述问题和期望。面对如此复杂多样的客户投诉，企业需要遵循以下原则才能有效地进行处理。

1. 积极对待原则

企业应树立正确的观念，将客户投诉视为宝贵的反馈资源，而非麻烦或负担。每一次客户投诉都是企业改进商品与服务、提升自身竞争力的契机。在解决客户投诉的过程中，企业要保持积极的沟通，主动向客户反馈问题处理的进展情况，让客户知晓企业为解决问题所做的努力。即使遇到困难或阻碍，企业也应坦诚地与客户进行交流，以增强客户对企业的信任感。

2. 尊重客户原则

企业要保持真诚的态度，面对客户投诉不敷衍、不推诿。无论是何种类型的投诉，企业都要尽可能予以回复，要让客户感受到企业对他们的尊重和重视。如果客户采用电话方式进行投诉，企业要认真倾听客户的投诉内容，不打断客户，让客户充分表达自己的意见和感受。

3. 快速响应原则

企业对客户投诉要快速做出反应，及时受理客户投诉，并告知客户处理的进度和时间安排。企业的快速响应能让客户感受到企业的重视和效率，减少客户的等待焦虑。企业要在最短的时间内对投诉进行分类和评估，确定处理的优先级和责任部门。

此外，企业的快速响应还可以避免投诉问题的扩大化。如果企业对客户投诉反应迟缓，客户可能会采取更激烈的行动，如向消费者协会投诉、在社交媒体平台上发布负面评价等，这将会给企业带来更大的损失。

4. 专业处理原则

企业客服人员应保持专业的态度和行为，无论是面对愤怒的客户，还是复杂的问题，都要以专业的语言和行为进行回应，展现出企业客服人员的专业素养和解决问题的能力。在收到客户的投诉信息后，企业应安排专门的客服人员与客户进行沟通，通过温和的话语缓解客户的情绪，进一步确认投诉的具体内容和客户的诉求，最后为客户提供具体、可行的解决方案。

二、处理客户投诉的策略

在社交媒体平台和在线评价系统的作用下，客户投诉问题很容易出现。根据投诉来源或渠道可以分为两种投诉，一是客户在企业官方渠道提出的直接投诉，二是第三方网络投诉平台的投诉。

1. 客户的直接投诉

企业客服人员在处理客户的直接投诉时，可以采取以下策略。

（1）耐心倾听

企业客服人员应给予客户充分的表达时间。例如，当客户通过在线客服平台进行投诉时，企业客服人员不要急于打断或解释，而是耐心地让客户把话说完，了解他们的不满和诉求。企业客服人员可以在电话沟通中适时用温和的语气说："请您慢慢说，我在认真听。"

企业客服人员可以适时地重复客户的关键问题，以确保自己理解正确，同时也让客户知道自己的话被重视。例如，"您是说商品的质量有问题，对吗？"当客户表达较为模糊时，企业客服人员要格外留意客户重复的话语、反问的话语及建议性的话语，因为这些话语极有可能是投诉内容的关键。此外，企业客服人员可以对客户的关键话语进行截图或标记，以便后续更好地处理问题。

（2）与客户共情

与客户共情是指企业客服人员与客户产生共鸣，站在客户的立场上理解问题，体会客户的心情和困难。客户在互联网上进行投诉时，往往不仅是因为实际问题的出现，还可能是由于在网络购物或接受服务过程中受到了不公正的对待、被忽视或者感到失望等情感层面的因素。企业客服人员要敏锐地捕捉到这些情感需求，用温情的语言及切实的行动予以回应。

在客户陈述完问题后，企业客服人员可以运用恰当的语言重新梳理并复述客户的问题，对客户的感受予以回应，充分表达对他们的理解与同情。例如，企业客服人员可以在线聊天时说："尊敬的客户，我完全理解您现在这种焦急的心情，在网上购物遇到这样的问题很让人恼火。"

（3）明确问题的实质

企业客服人员在了解客户投诉的内容后，要对其进行定义和归类，以便于后续的处理。有时客户的投诉并无实质的内容，只是一些情感的宣泄，企业客服人员可以在倾听中引导客户说出其遇到的问题。

对于商品质量问题的投诉，企业客服人员应迅速核实情况。如果确属商品质量问题，要及时向客户道歉，并提出合理的解决方案，如退换货、维修或给予一定的补偿等。同时，将问题反馈给相关部门，以便提升商品质量。如果经过核实发现并非商品质量问题，而是客户使用不当或存在误解，企业客服人员要耐心地向客户解释说明，说明正确的使用方法和注意事项，消除客户的疑虑和不满。

对于服务质量问题的投诉，企业客服人员应首先向客户道歉，表达企业对客户的重视和关心。言语上的道歉并不会使企业陷于被动，反而能体现出企业服务的专业性。

如果情况属实，企业客服人员应进一步与客户沟通，详细了解客户遇到的具体问题，如服务态度不好、响应时间过长等，进而确定服务质量问题出现的具体环节、涉及的服务人员以及对客户造成的具体影响。

根据问题的严重程度，企业客服人员应为客户提供切实可行的补救方案，包括为客户重新提供服务、给予一定的补偿（如优惠券、积分等），或者安排专人跟进解决客户的后续需求等。同时，企业客服人员还应向客户承诺今后会更加注重服务质量，表示会将投诉情况反馈给相关管理部门，对涉及的服务人员进行批评教育和相应处罚，以免类似问题再次发生。

如果情况与实际不符，企业客服人员应以平和、理性的态度向客户解释实际情况，说明企业的服务标准和流程，让客户了解可能存在的误解之处。若有必要，企业客服人员可以适当提供一些证据来支持自己的说法，如服务记录、监控录像等，但要注意保护客户隐私。

（4）制定长效解决方案

企业客服人员在明确投诉问题的实质后，不仅要针对当前问题制定切实可行的短期解决方案，还要提出能够有效杜绝此类问题再次发生的长效解决方案。

长效的解决方案应包含如下内容：进一步完善客户反馈收集系统，以准确把握问题根源；强化商品质量管理，从严格筛选供应商到建立商品检测与监控体系，确保商品质量达标；提升物流服务水平，选择优质物流合作伙伴并加强物流过程监控；优化客户服务体系，建设专业客服团队、优化服务流程并建立回访制度；加强内部监督，通过内部考核、鼓励员工反馈问题以及持续改进计划，不断提升企业服务质量和管理水平。企业应做到上述举措，进而有效地降低投诉率，提升企业竞争力与品牌形象。

2. 第三方网络投诉平台的投诉

除了企业官方的投诉渠道外，客户还常常会选择第三方网络投诉平台（如全国 12315 平台、黑猫投诉平台）进行投诉。其中的投诉记录会得到公开的关注且难以被删除，这会对企业的信誉度造成很大的影响。企业在处理第三方网络投诉平台的投诉时，可以采用以下策略。

（1）迅速反馈回应

企业在收到第三方网络投诉平台发来的客户投诉信息后，应立即进行登记和分类，确定投诉的优先级和处理时间。一般来说，紧急投诉应在 24 小时内处理完毕，重要投诉应在 48 小时内处理，普通投诉应在 72 小时内处理。随后，企业应立即通过第三方网络投诉平台的回复功能向客户发送初步回应，避免问题继续扩大。常见的回应语，如"尊敬的客户，我们非常重视您的投诉，已安排专人进行处理，会在[具体时间范围]内与您联系并解决问题。"

（2）内部协商式解决

企业应尽可能控制协商流程，采取内部协商的方式处理客户的问题，避免因公开解决问题带来过多的关注，使企业陷入更加被动的局面。

（3）公开回应

企业在制定出解决方案后应在相应的第三方网络投诉平台公开回应，展示诚意和负责的态度。企业要以专业和友善的语言表明立场，详细说明为解决问题所采取的举措，挽回客户的信任。

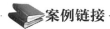 **案例链接**

抖音商家被指以次充好，黑猫投诉平台成为消费者发声地

2024 年 9 月 22 日，一消费者在抖音 App 内某商家处下单了一条黑色裤子。直至 9 月 28 日，消费者才收到该裤子，其间曾出现物流错误提醒"建包发错件"，消费者对此不明所以。由于这一物流问题，包裹在路上耽误了三天。然而，收货后消费者发现商家疑似以次充好，用店内一条特别薄且质量差的裤子替换了消费者所拍商品，仅仅更换了吊牌便发给了消费者。

该消费者表示，通过对比商家直播时的商品截图与消费者实际收到的裤子，可以看出明显差异。该消费者联系商家客服，可是商家客服坚称没有发错货，不予处理。无奈之下，该消费者选择在黑猫投诉平台进行投诉。

在该消费者发布投诉内容的 20 分钟后，黑猫投诉平台通过了该内容审核，并将投诉内容分配给抖音商家进行处理。抖音商家在 8 分钟后第一次做出回应，在 2 天后提供了解决方案并申请完成投诉。消费者对抖音商家提供的完成投诉申请进行了内容补充，在 5 天后确认了投诉已完成，如图 5-8 所示。

图 5-8　抖音商家处理来自黑猫投诉平台的客户投诉

三、避免产生投诉的策略

避免客户投诉需要企业建立一套行之有效的投诉预防机制，包括企业对商品和服务质量的把关、与客户积极有效的沟通和管理客户的期望。由此，企业可以将客户的问题控制在正常销售、服务的范围，减小投诉出现的概率。

1. 把关商品质量

商品质量无疑是企业客户的核心关注点，而这也常常成为客户投诉的主要方面。企业应建立严格的质量检测体系，从原材料采购、生产工艺再到成品的检验阶段，每个环节均需设定严格的质量标准以及规范的操作流程，确保商品在性能、可靠性、安全性等方面与企业的商品描述、商品定位以及行业标准相契合。企业应建立商品追溯机制，对每一个商品进行编码，记录其生产过程中的关键信息，以便在出现质量问题时能够快速追溯到问题源头，及时采取措施解决问题。

对于电子产品，企业应关注商品使用情况记录、市场动态以及客户需求的变化，投入研发资源，持续对商品的性能、功能及设计进行改进与优化，避免因商品操作系统落后而给客户带来使用上的不便。

2. 把关服务质量

企业的服务涵盖售前服务、售中服务与售后服务。部分小规模企业由于受到成本的限制，对商品质量的控制力度较弱，因此这类企业尤其需要注重对服务质量的把关。

通常而言，客户往往最先经由客服人员与企业进行沟通。因此，客服人员的服务水平直观地体现了企业的服务质量。企业可以通过定期对客服人员开展包含商品知识、服务技巧、问题解决方案等内容的专业技能培训，提升客服人员的业务水平与服务能力。

企业要以客户导向思维培养客服人员的服务意识，可以通过案例分析、角色扮演等方式，让客服人员体验客户的感受，增强客服人员的同理心和责任感。为了激励客服人员提高服务质量，企业可以建立服务质量标准和考核机制，明确服务的标准和流程，将考核结果与绩效挂钩，对客服人员的服务质量进行定期考核。此外，企业还可以建立会员制度，为客户提供个性化、精准化的服务方案，增强客户的忠诚度和归属感。

企业还需完善自身的售后服务规则。例如，明确退换货的条件、流程和期限，确保客户在遇到问题时能够得到及时、有效的解决。同时，企业在选择物流合作伙伴时也应谨慎，要综合考虑物流公司的配送速度、服务质量、价格等因素，选择信誉良好、服务优质的物流合作伙伴，并与其建立长期、稳定的合作关系。并且，企业应加强对物流过程的监控，确保商品能够安全、及时地送达客户手中。

3. 积极有效沟通

无论是通过在线客服、邮件，还是社交媒体平台等途径，企业都应及时回应客户的咨询，让客户真切地感受到自己被重视。遇到处理周期较长的问题，企业可以根据处理进度分阶段回复客户，且时间间隔不宜过长，以免客户感觉问题解决无望，转而进行投诉。

企业要尤为注重对客户评价的处理，因为客户在遇到问题、对商品或服务不满时，通常会先在商品评价模块发表评价，表达自身看法与意见，而非直接进行投诉。企业可以主动与客户沟通，询问客户对企业商品和服务的满意度状况，了解客户的需求和意见，在问题程度较轻时及时改进商品和服务。

4. 管理客户期望

在商品宣传和销售过程中，企业应明确商品和服务的定位及特点，传达清晰的商品和服务信息，避免模糊表述。

企业应合理调整客户的期望，可以通过沟通和解释让客户了解实际情况，以及可能存在的风险和问题，让客户有心理准备，避免客户产生误解。例如，客户对某款鞋子的价格和外观感到满意并下单后，企业客服人员可通过购物平台的消息系统，及时向客户发送有关该鞋子洗涤时需要注意的事项，并提示客户如果不注意这些事项，可能会造成鞋子的质量受损。

对企业而言，完善自研 App 的使用体验也十分重要。企业要确保自研 App 界面简洁美观、操作便捷流畅，让客户能够轻松找到所需商品和服务信息。企业要根据商品的性质优化自研 App 的功能，在商业收益和客户体验之间寻找平衡。对于自研 App 上客户的反馈和投诉，企业要及时处理，以满足客户的期望和需求。

项目实训：晨光文具售后服务调研与分析

1. 实训背景

晨光文具作为知名的文具品牌，其互联网售后服务体系完善。晨光文具官网承诺"7天无理由退换货"。如果客户在购买后 7 天内发现商品存在质量问题或与描述不符，可以申请无理由退换货。客户只需在线提交售后申请，并上传相关证明材料（如订单号、商品照片等），客服人员就会在第一时间进行处理。如果需要退换货，晨光文具官网会安排快递员上门取件，并尽快将新商品发出。这种高效的售后流程赢得了广大客户的信赖与支持。除了官方网站外，晨光文具在各大电商平台如淘宝、京东等，也设有官方旗舰店，并提供了相应的售后服务。

晨光文具还针对一些特殊情况提供了特殊的售后服务。例如，有消费者在某电商平台的晨光自营店购买的商品有问题，客服承诺赔付但一直未赔付，消费者通过黑猫投诉平台发起投诉后，最终得到了晨光的处理和赔款。这显示了晨光文具在电商平台上的售后服务也是积极、有效的。

2. 实训要求

在网上搜索晨光文具的相关内容，并尝试以消费者的身份购买其商品，了解其售后服务的方法。

3. 实训思路

（1）搜集相关资料

在网上搜集晨光文具的相关内容，深入了解晨光文具在售后服务方面做出的努力，并总结其售后服务经验。

（2）从消费者角度了解晨光文具的售后服务

请同学们根据自身需求和偏好购买晨光文具的某款商品，了解其客服人员是如何进行售后服务的。如果你想向晨光文具提一些与商品有关的建议，思考可以如何与其进行沟通。沟通完以后，观察其客服人员的反馈与处理方法。

（3）观察晨光文具对纠纷与投诉的处理

如果对自己购买的商品不满意，可以通过在线客服平台投诉（如果自己对产品满意，可以在电商平台给好评，观察客服人员如何回复评价），观察客服人员是如何处理投诉的。

（4）售后服务评估

在体验晨光文具的售后服务后，评价其售后服务的质量，并与同学相互讨论，最后进行总结。

巩固提高

一、单选题

1. 企业在跟踪客户商品使用情况时，通过利用机器学习算法等人工智能技术分析客户数据，得到的客户画像不包括下列哪一项？（   ）

    A. 基本信息　　　　B. 兴趣爱好　　　　C. 家庭收入　　　　D. 购买偏好

2. 在处理退换货和退款问题时，因商品质量问题或企业过错导致的退换货，运费应由（   ）承担。

    A. 客户　　　　　　B. 企业　　　　　　C. 物流公司　　　　D. 平台方

3. 企业在处理商品维修问题时，对于运输成本比较高的商品（如大型冰箱），通常会采用下列哪种维修方式？（   ）

    A. 远程指导客户自行解决

    B. 让客户将商品寄给维修中心进行维修

    C. 安排专业的维修人员上门服务

    D. 拒绝维修

4. 企业在处理客户投诉时，应遵循的原则不包括下列哪一项？（   ）

    A. 积极对待原则　　　　　　　　　B. 专门接待原则

    C. 尊重客户原则　　　　　　　　　D. 快速响应原则

5. 在处理纠纷时，如果纠纷责任方为客户，企业可以考虑在适当的时候给予客户一些小的关怀或优惠，以维护良好的客户关系。下列哪种情况属于纠纷责任方为客户？（　　　）

　　A. 企业品控把关不严，发给客户质量不达标的商品

　　B. 企业按既定流程维修电子产品需一到两周，客户希望得到上门维修服务

　　C. 客户购买电子产品后，因为不熟悉操作方法，设备无法正常工作，该客户却认为是电子产品质量有问题

　　D. 企业的商品宣传存在虚假成分，对商品的缺陷轻描淡写，甚至只字不提

二、判断题

1. 企业在跟踪客户商品使用情况时，通常情况下客户会有意识地向企业汇报商品的使用情况。（　　　）

2. 在处理查单、查件问题时，如果客户提供错误信息且商品已发货，企业应与物流公司联系，拦截包裹。若拦截失败，则须等商品回库后，按照修改的信息发货。（　　　）

3. 对于客户因自身主观因素提出的退换货和退款请求，企业无须进行合理性评估，可以直接处理。（　　　）

4. 在处理商品评价问题时，企业只需要积极回应负面评价，不需要充分利用正面评价。（　　　）

5. 在处理客户投诉时，企业对客户投诉反应迟缓不会给企业带来损失。（　　　）

三、简答题

1. 企业应如何处理客户的反馈信息？

2. 企业处理客户纠纷的策略有哪些？

3. 企业避免产生客户投诉的策略有哪些？

直播销售与管理

知识目标

➢ 了解直播销售活动的筹备工作。
➢ 掌握直播销售话术的设计技巧。
➢ 了解开展直播销售活动的方式。
➢ 掌握直播间流量运营、氛围管理与评论管理的策略。
➢ 掌握主播形象管理的策略。

能力目标

➢ 能够根据商品及直播间的实际情况设计直播销售话术。
➢ 能够进行直播间流量管理、氛围管理和评论管理。
➢ 能够做好主播形象管理。

素养目标

在直播中始终保持专业、礼貌的态度，维护个人形象和企业的品牌形象，避免使用不当言论或采取不当行为损害品牌形象。

项目导读

如今直播销售大放异彩，一场成功的直播销售活动需要精心设计、筹备与管理。直播团队组建是基石，专业成员协同保障直播质量；直播商品规划是关键，要选好商品并了解其特性与受众；直播销售话术是催化剂，要利用各种手段激发用户的购买欲；直播销售活动管理能够把控直播的流程和节奏，让直播销售活动得以顺利开展；主播形象管理不容忽视，能够提升直播的观看率和转化率。这些环节相互关联，构成直播销售活动的全貌，直播团队只有精耕细作，才能在互联网销售市场中胜出。

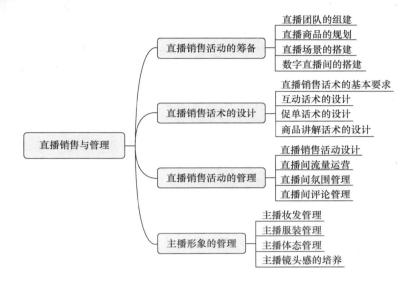

知识导图

直播销售与管理
- 直播销售活动的筹备
  - 直播团队的组建
  - 直播商品的规划
  - 直播场景的搭建
  - 数字直播间的搭建
- 直播销售话术的设计
  - 直播销售话术的基本要求
  - 互动话术的设计
  - 促单话术的设计
  - 商品讲解话术的设计
- 直播销售活动的管理
  - 直播销售活动设计
  - 直播间流量运营
  - 直播间氛围管理
  - 直播间评论管理
- 主播形象的管理
  - 主播妆发管理
  - 主播服装管理
  - 主播体态管理
  - 主播镜头感的培养

 案例导入

活力 28——老牌国货的直播逆袭

消费市场对于老牌国货品牌的关注度不断上升，活力 28 敏锐地捕捉到这一机遇窗口，于 2023 年迅速组建直播团队，由三位分别来自车间、生产管理以及仓库部门的核心人员构成"非专业"主播阵容在抖音进行直播。

活力 28 的直播策略如下。

（1）真实与质朴展现

活力 28 的直播场景别出心裁地选址于其企业内部的车间流水线。这一决策旨在向消费者直观呈现产品的生产源头与制造环境，传递品牌的工业底蕴与生产实力。主播团队因缺乏专业直播经验，在直播过程中呈现出诸多非专业表现，如对直播平台规则的生疏、操作流程的不顺畅，以及应对突发情况的能力不足等。

然而，这些看似不利的因素却意外地转化为品牌与消费者建立深度信任关系的桥梁。消费者透过直播间目睹主播们的真实反应与质朴表现，感受到品牌在直播营销中所展现出的诚意与真实性，进而对活力 28 品牌及其产品产生强烈的信任感与亲近感，有效提升了品牌在消费者心目中的形象认知度与美誉度。

（2）产品性价比优势

在产品策略层面，活力 28 精准定位大众消费市场对高性价比产品的核心诉求，推出极具价格竞争力的产品组合。其中，定价为 9.9 元且分量达 2 公斤的洗衣液产品成为直播销售的核心"爆款"。与市场同类型竞品相比，该产品在价格与容量配比上展现出显著优势，为消费者提供了物超所值的购物选择。通过突出产品的性价比优势，活力 28 成功吸引了大量价格敏感型消费者关注，并有效刺激其购买欲望，从而在直播销售中实现了销量的快速增长与市场份额的有效扩张。

（3）情感共鸣营造

在直播互动环节，活力 28 主播团队秉持真诚沟通原则，与消费者建立起良好的情感互动关系。主播们多次呼吁消费者避免过度消费刷礼物，体现出品牌对消费者利益的尊重与关注。同时，观众在直播过程中积极参与互动，主动为品牌出谋划策，如提醒主播关闭"晚发即赔"功能以降低企业运营成本等。这种双向的情感交流与互动，成功营造出充满温情与信任的直播氛围，使消费者在购买产品的同时，也在情感层面与品牌建立起紧密联系，进一步增强了消费者对活力 28 品牌的忠诚度与认同感。

据统计，活力 28 在直播销售活动中取得了卓越的业绩表现。在 2023 年 9 月 13 日当日，其"活力 28 衣物清洁旗舰店"直播间共开展 4 场直播活动，累计超过 700 万人次观看，直播销售额介于 500 万元至 750 万元区间。从 2023 年 9 月 12 日至 9 月 17 日的阶段性销售数据来看，其店铺直播累计销量突破 100 多万单，销售额成功跨越 1000 万元大关。

微课资源

伴随销售业绩的显著提升，活力 28 在抖音平台的官方账号粉丝数量呈现爆发式增长。这些销售成果充分证明了活力 28 直播销售策略的有效性与可行性，展示出老牌国货品牌在直播电商领域的发展潜力与适应能力。

任务一　直播销售活动的筹备

在互联网销售中，直播销售已成为推动商业增长的新引擎，它不仅重塑了用户的购物体验，还为企业开辟了前所未有的市场机遇。一场成功的直播销售活动，背后凝聚着精细的筹备与周密的策划。从直播团队的组建到直播商品的精心规划，从直播场景的创意搭建到前沿的数字人直播间应用，每个环节都是为直播销售活动做的铺垫。

一、直播团队的组建

一场直播通常需要多人合作才能完成，直播团队的组建可以依据企业自身实力和营销需求来合理搭配人员。

1. 直播团队的人员构成

一个完整的直播团队通常包含主播、副播、运营、场控、选品、客服等人员。

（1）主播

主播是直播团队中的核心人物，也是直接执行人。在直播前，主播要熟悉整场直播的流程、话术、每件商品的属性和利益点，做到对各个环节、各种细节都了然于心。在直播中，主播是整场直播的把控者，要负责调动直播间氛围，保持和用户的互动，做好商品的介绍和推荐工作，引导用户下单，对销售业绩负责；直播后，主播要参与复盘工作，分析直播中的不足，提出改进办法，参与处理售后工作。

主播的选择要考虑其形象、专业度、口头表达能力、临场发挥能力、身体素质等各个方面，其形象、气质要与品牌形象契合，并且熟悉企业文化和商品信息，具备一定的销售能力。

（2）副播

副播主要负责配合主播的工作。除了前期熟悉直播流程、脚本、商品详情等，副播还需要在直播中承担开场预热、调节气氛、中场播报、下单演示与引导、商品展示等工作。副播不仅能够协助主播更好地完成直播，还是直播团队培养的后备主播人选。

（3）运营

运营一般负责直播电商店铺的装修、商品的上架及优惠设置、直播时店铺的后台操作等。同时，运营要在直播策划阶段提出合理的商品配置方案，对直播间的商品价格及成本、利润、库存等做好把控。在不直播的时段，运营要做好店铺的日常引流、维护等工作。

（4）场控

场控是整场直播的协调人员，主要负责直播现场的调度和把控，执行直播方案，在主播和其他人员之间进行分工和协调。在直播团队组建初期，团队人员较少时，场控的工作还包括直播场地的搭建、直播设备的调试、直播中台的控制、直播数据的监测、直播后的数据分析等。

（5）选品

选品主要负责前期的商品选择，协调样品与库存调动。成熟的直播团队一般在直播间上架的商品数量比较多，需要专门的选品人员进行直播选品。直播选品非常重要，一旦出现商品质量问题，团队辛苦积累的口碑会受到致命的打击，所以需要安排选品人员来专门负责选品工作。选品人员需要具备敏锐的市场洞察力、较强的产品分析能力和供应链管理能力。

（6）客服

客服主要负责直播时应对用户咨询和订单处理工作，如回答用户疑问、处理异常订单、配合用户修改地址、处理退换货等。在直播时客服要做到及时回复，正面回答用户的问题，毕竟直播时间有限，用户在直播间的停留时间也有限，若客服不及时回复，用户可能会放弃下单。在订单量大、咨询量大时，直播团队可以考虑多配备客服人员。

2．直播团队的配置

按照直播间资源投入状况及营销目标，直播团队的配置通常可以分为初级版、标配版、高级版3个级别。

（1）初级版

初级版的直播团队一般为1~3人，适合直播内容简单、资金和人员有限的新手直播团队。在这种配置中，主播是必不可少的，在此基础上可以再配置助理和场控。主播是团队的灵魂，负责团队的一切事务。助理是配合主播工作的辅助人员。在初级版的团队配置中，助理往往需要身兼多职，包括参与前期的直播策划、选品、直播场地搭建，直播中的现场配合、道具供应、商品摆放、商品上架等，直播后的客服工作、商品发货等。一名合格的直播助理要有良好的应变能力和协调能力。

（2）标配版

当初级版的人员配置已经不能满足直播的工作需要，或者无法完成营销目标时，就要考虑壮大直播团队，进行更加细化的岗位人员配置。标配版直播团队的人员配置一般为7~8人，除了主播、助理、场控外，一般还需配备副播、运营、客服、摄像等。团队中的人员应各司其职，分工明确，从而更好地完成每项工作，更有效地实现直播目标。

随着直播工作量的增多，直播间的知名度越来越高，直播间用户越来越多，对直播效果的要求也越来越高，直播时一般需要摄像机，甚至需要设置多个机位，此时摄像的作用就显得很重要。摄像主要负责直播设备的维护和调试、直播场地的搭建、直播中台的控制、直播时的画面拍摄和录制、镜头切换、场景控制等工作，是直播的核心技术人员。

（3）高级版

高级版的直播团队一般为8人以上，一些头部主播的直播团队甚至有几十人乃至上百人。

这时的人员配置不是以简单的岗位来划分的，而是将整个直播团队按功能细化为主播团队、选品团队、运营团队等。

主播团队包括主播、副播、助理和摄像等，团队成员之间相互配合，完成直播环节的现场工作。超大型直播一般需要多个摄像，设置多个机位，甚至组建专门的摄像团队。

选品团队主要负责前期的选品工作。直播团队配置升级，也意味着整个直播间的流量和产出远远高于一般直播间，上架的商品数量自然更多，更应该做好严格的选品工作。

运营团队主要负责直播电商店铺的运营工作，包括直播商品的组合配置、直播前期的宣传与推广、直播时的商品上架、直播后的内容运营、监测直播数据、优化运营方案等。

除此之外，专业的直播机构和企业还会配置商务团队、公关团队、新媒体团队、售后团队等，来完善直播销售活动中的每一个细节。

二、直播商品的规划

直播商品的规划是直播销售活动中的关键环节，它直接关系到直播的效果和销售业绩。直播商品的规划主要是确定直播间要上架的商品及整场直播商品的配置情况。

1. 直播商品的选择

很多直播团队没有自有品牌和商品供应链，需要通过选择其他供货商来确定商品。直播商品的选择又称选品，选品的一般步骤如下。

（1）了解用户需求

直播团队要根据用户需求确定商品的品类细节。例如，对于服饰类商品，直播团队要了解用户偏爱的风格、颜色、场景是什么；对于家居用品，要了解用户对商品的功能、造型、包装有哪些要求。

（2）规避法律风险

某些商品品类在直播间是不允许销售的，如一些特殊药品及医疗器械等，直播团队应注意规避此类法律风险。另外，还要注意商品的版权和原创性，禁止销售侵犯知识产权的商品。

（3）分析市场数据

在选品环节，直播团队要分析目标商品的市场数据，这可以借助专业的数据平台来实现，如新榜数据、飞瓜数据、蝉妈妈等。尤其要注意查看具体商品的直播转化率，即了解商品销量和商品关联直播访问量的比率，该数据能够帮助直播团队判断目标商品的市场需求。

（4）学习专业知识

直播团队人员要学习并掌握每款商品的专业知识，包括商品材质、成分、试验结果、用户口碑、原产地、竞品对比等，从而在直播介绍中赢得用户的信任和支持。

（5）反复甄选

根据二八法则，20%的商品带来80%的销量。直播团队的甄选目标是要努力发掘出有最大可能畅销的20%的商品。在甄选过程中，选品团队的专业度决定着甄选结果的质量。

（6）品类升级优化

任何一款商品都是有生命周期的。在直播间，爆款商品不会一直热销，新品也会被其他直播间跟风销售。因此，直播团队要及时进行品类升级优化，或者进行新一轮的选品工作。

2. 直播商品结构规划

直播商品的结构直接影响着直播销售活动的商品转化率。直播商品一般包括以下类型。

（1）印象款

印象款是指促成用户在直播间第一次交易的商品。一般来说，高性价比、低客单价的常规商品适合作为印象款，其特点是实用，且人群覆盖面广。例如，服装配饰、腰带、丝巾等可以作为印象款。

（2）引流款

引流款是直播商品中最具有独特优势和卖点的商品，最好做到"人无我有，人有我优"，但商品的价格不能太高，毛利率要趋于中间水平。价格低的商品会吸引很多用户停留观看，这时用户的购买决策成本较低，加上促销活动增加了直播间的热销气氛，可以快速带来直播间流量的大幅增加，进而提高商品转化率。

（3）福利款

福利款是指"宠粉"款，即用户先加入直播间粉丝团，然后才有机会购买优惠商品。福利款有时是直接免费送给粉丝作为福利，有时是设置成低价款，如"宠粉价 9.9 元，只有 1000 件"。提供福利款商品可以增强粉丝的黏性，激发粉丝的购买热情。

（4）利润款

企业要想通过直播销售活动盈利，必须在直播间推出利润款，且利润款要在所有商品中占较高的比例。利润款主要针对目标用户群体中的某一特定群体，符合这类群体的消费心理。

利润款的定价模式一般有两种：一种是直接单品定价，如"99 元买一发二"；另一种是商品组合定价，如护肤套盒、服装三件套等。主播一般要等到直播间的人气提升到一定高度以后再推出利润款，这时直播氛围良好，成交的概率更大。

（5）品质款

品质款一般要选择高品质、高调性、形象好、高客单价的小众商品，这类商品承担着提供信任背书、提升品牌形象的作用，目的是吸引用户的眼球，强化企业的商品研发实力，增强直播商品在用户心目中的好感度。设置品质款的目的不在于成交，而在于起到价格锚定的作用，提升直播间的定价标准。

3. 直播商品配置要求

直播团队在进行直播商品配置时，需要遵循一定的规则与要求，做好直播商品结构规划，这样才能有效提升直播商品的销量。

（1）品类丰富

在整场直播中，配置的商品种类要丰富，通常包括热门商品、新品、特价商品等不同类型，以满足不同用户的需求。例如，一场美妆直播要有畅销的口红、新推出的眼影盘，以及特价的护肤品套装。又如，在"年货节"直播中，某直播间配置的商品类型主要是女装，其他还有鞋包、配饰、美妆、洗护用品和零食等。

（2）质量保障

直播间的商品必须有质量保障，直播团队要确保所推荐的商品质量过关，避免出现质量问题损害自身口碑。直播团队可以选择知名品牌、有良好口碑的商品，或者亲自试用过的商品。

（3）价格合理

直播团队要确保商品价格合理，可以根据直播间的用户特征配置商品：既有价格较高的高端商品，满足具备较高消费能力的用户需求，又有性价比高的商品，吸引更多普通消费者。直播团队可以与供货商谈判，争取优惠价格，或者通过提供赠品、优惠券等方式提升商品的吸引力。

（4）契合人设

直播间的商品要契合主播人设，与账号定位密切相关，这样一方面主播对商品的熟悉度较高，另一方面也符合粉丝对主播人设的预期，有助于提高商品的转化率。例如，某原创时装设计师担任直播间的主播，其带货的主要商品为服装，粉丝对其信任度和忠诚度会更高。

（5）时效性强

在直播销售活动期间，主播选择的商品要满足活动趋势和粉丝的需求。满足活动趋势是指主播要在平台的核心销售日，如"双十一""品牌日"等目标消费人群集中、购买力和销售价值最高、影响力最大的时间，把商品准备充足，并保证商品符合活动的主题，如中秋节的团圆和亲情。另外，主播要多关注粉丝的需求，多留意和搜集粉丝想要在直播间看到的商品，然后根据这些需求补充商品品类，及时满足粉丝的需求。

三、直播场景的搭建

在直播销售活动中，直播场景的搭建非常重要，这直接影响着直播画面的整体呈现效果，影响着用户的观看体验和购买意愿。直播场景搭建的关键要素如下。

1. 直播场地

直播销售需要有一个专门的场地，这个场地可以是实体店的一个角落，也可以是一个专门搭建的直播间。直播团队可以根据直播商品选择合适的直播场景。

（1）家庭场景

如果直播主题是生活方式、家居用品推荐等，家庭场景是一个不错的选择，可以选择客厅作为直播场地，利用舒适的沙发、茶几和背景墙作为直播背景，营造温馨的氛围；如果是美食直播，可以选择厨房作为直播场地，展示厨具和烹饪过程。

（2）工作室场景

对于专业商品展示、美妆教学等直播内容，工作室是比较理想的场地。工作室可以根据不同的直播需求进行灵活的空间规划和装修，例如，设置商品展示区、化妆区、拍摄区等。在工作室直播的优势在于环境可控，能够保证直播的专业性和稳定性，但需要一定的装修成本。

（3）户外场景

户外场景比较适合运动商品推广、旅游景点分享等直播。户外场景能够提供真实的商品使用环境，增强用户的代入感。选择户外场景直播时，直播团队要考虑天气、网络信号和环境噪声等因素，以免受到外界干扰。

直播团队在选择直播场地时，需要尽量满足以下几点要求。

- 场地隔音效果良好，能够有效避免噪声的干扰。
- 场地光线好，能够有效提升主播形象和商品的美观度。
- 面积适宜，个人直播间场地面积一般为 $8m^2 \sim 15m^2$，团队直播间场地面积一般为 $20m^2 \sim 40m^2$。推荐体积较大的商品时，如冰箱、空调等电器，直播间要有足够的纵深，以免商品展示不完整。

2. 背景布置

直播间的背景布置要遵循简洁明了的原则，确保不喧宾夺主，避免分散观众对主播的注意力。直播团队应根据直播主题选择合适的背景墙颜色和材质。例如，美妆直播一般选择简洁、明亮的纯色背景墙，如白色或淡粉色，这样可以突出商品和主播；还可以在背景墙上添加一些与品牌或商品相关的元素，如品牌 Logo、商品图片或宣传标语等，以增强直播间的辨识度。

如果感觉背景画面过于单调，直播团队也可以在直播间适当地摆放一些物品，如沙发、绿色植物等，但选择的物品要与直播间背景的风格相契合。直播团队还可以摆放一些直播道具，例如，在服装直播间摆放一些服装展示架、模特人偶、搭配的饰品等。直播团队需要合理安排道具的位置，确保它们在镜头范围内能够被清晰地看到，同时也要注意道具的摆放要有层次感，营造出美观、舒适的视觉效果。

3. 灯光设置

合理设置直播间的灯光不仅可以营造气氛，塑造直播画面风格，还能起到美化主播容貌的作用。直播间常见的灯光配置包括主灯、辅灯、顶灯和商品灯。

（1）主灯

主灯为主播正面提供光源，应该正对着主播的面部，这样会使主播面部的光线充足、均匀，使主播的面部肌肤显得白皙。

（2）辅灯

辅灯为主播的左右两侧提供光源，增加主播整体形象的立体感，让主播的侧面轮廓更加突出。一般来说，一个主灯会配置两个辅灯，分别位于主播的左右两侧。

（3）顶灯

顶灯是从上往下进行照射的灯光，它能为直播间的背景和地面增加照明，拉长主播的颧骨、下巴、鼻子等部位的阴影，有利于塑造主播的轮廓。顶灯安装的位置距离主播的头顶最好在 2m 左右。

（4）商品灯

主播在讲解商品的过程中，有时需要将商品拿至摄像头前面，形成商品特写，以向用户展示商品的细节。因此，商家可以在摄像头的旁边增加一个环形灯或柔光球作为商品灯，让商品在特写展示时也不失光泽，具有吸引力。

4. 设备配置

直播设备是打造高质量直播的硬件保障，在直播之前，直播团队要优选直播设备，并将各种设备预先调试到最佳状态。一般直播需要配置的设备包括拍摄设备、音频设备与网络设备等。

（1）拍摄设备

手机是最常用的拍摄设备，其优点是方便携带、操作简单。如果想要更高质量的画面和直播效果，可以使用计算机直播，搭配摄像头或相机，但配置设备多，成本高，操作难度较大。在选择拍摄设备时，直播团队要考虑设备的分辨率、帧率、防抖功能等参数。

（2）音频设备

除了视频画面外，直播时的音质也直接影响直播的质量，所以话筒的选择也非常重要。目前，话筒主要分为动圈话筒和电容话筒两种。

• 动圈话筒（见图 6-1）最大的特点是声音清晰，能够将高音较为真实地还原。动圈话筒又分为无线动圈话筒和有线动圈话筒，目前大多数的无线动圈话筒支持苹果及安卓系统。动圈话筒的不足之处在于收集的声音饱满度较差。

- 电容话筒（见图 6-2）的收音能力极强，音效饱满、圆润，让人听起来非常舒服，不会产生尖锐高音带来的突兀感。如果主播在直播时有唱歌的需要，可以考虑配置一个电容话筒。由于电容话筒的敏感性非常强，容易形成"喷麦"，所以使用时最好装上话筒防喷罩。

图 6-1　动圈话筒　　　　　　图 6-2　电容话筒

直播团队还要注意音频的输入和输出设置，确保声音的音量和音色合适，避免出现声音过小、过大或失真等问题。

（3）网络设备

稳定的网络是直播的基础保障。根据直播场地的网络情况，网络设备可以选择有线网络或 Wi-Fi 网络。若室内有 Wi-Fi 网络且连接设备较少，网络质量佳，可以选择使用 Wi-Fi 网络进行直播。当 Wi-Fi 网络不能满足直播需要时，直播团队要提前发现并解决这类问题，也可以使用 4G 或 5G 网络。直播团队在直播前需要进行网络测试，确保网络带宽能够满足直播的需求，避免直播时出现卡顿、掉线等情况。

四、数字直播间的搭建

数字直播间依赖于先进的数字技术，可以确保直播内容以高质量、低延迟的方式传输给用户，带给用户更好的直播体验。企业要想搭建数字直播间，可以按照以下步骤来进行。

1. 选择平台

在搭建数字直播间时，企业首先要选择一个合适的平台，该平台需要具备以下特点。

- 支持 AI 技术和 VR 技术，以提供给用户更加智能化和沉浸式的观看体验。
- 支持多种数字人形象，以满足用户的不同需求。
- 支持多种交互方式，如语音、文字、手势等，以提升用户的互动性。

目前，市面上有很多平台可以选择，如阿里云直播平台、华为云直播平台等，企业在选择平台时要综合考虑平台的稳定性、安全性、扩展性等因素，应选择市场占有率较高的平台。

2. 设计直播间

企业要根据经营的实际需求设计数字直播间。数字直播间应包括直播屏幕、数字人形象、后台管理等多个部分。在设计过程中，企业要考虑数字直播间的外观、颜色、形状等因素，以确保数字直播间的整体视觉效果符合要求。同时，企业要为数字直播间添加各种功能，如聊天功能、礼物功能和商品展现功能等。

企业可以利用数字直播间软件将直播画面设置为竖屏或横屏，在添加摄像头时将其设置为绿幕抠图，并调整摄像头的分辨率，还可以添加其他视频、图片等素材。

3. 配置数字人形象

数字人形象的设计要考虑用户体验和互动性。企业应选择专业的数字人形象设计师来制作数字人形象，在安装和配置数字人形象时，通常要先下载数字人形象代码，然后在直播平台上进行安装和配置，在安装和配置时需要考虑数字直播间的尺寸、颜色和特效等因素，以保证数字人形象完美适配数字直播间。

4. 设置灯光和音效

数字直播间的灯光应是柔和的，以营造舒适的氛围；音效应清晰、流畅，使用户更好地沉浸在直播中。

5. 测试并开启直播

搭建好数字直播间后，企业要检查数字直播间的各项配置是否完善，然后开启数字直播间测试各项功能，如数字直播间的流畅度、灯光和声音的效果等，以保证数字直播间可以满足用户的观看需求。

 案例链接

数字直播赋能，徐福记开启直播营销新时代

徐福记创立于 1992 年，成立多年来，徐福记已经成长为家喻户晓的零食品牌。徐福记主要生产糖果、糕点、沙琪玛、巧克力及果冻等休闲糖点食品，徐福记的散、包装类糖点食品超过 1200 多个款式。

随着消费市场的变化，徐福记主动拥抱数字化营销时代，积极布局线上业务模式，着力推广新产品和健康的品牌理念，持续加码直播电商。但是，徐福记经销商的店铺直播业务发展遇到瓶颈，其直播投入高，产品复杂，店铺数量多，导致讲解话术难以统一管理。为了突破增长瓶颈，降低运营成本，并加强与消费者之间的互动，徐福记决定携手华为云，共同打造数字人直播间，以赋能经销商直播业务。

徐福记联合华为云，基于盘古数字人大模型，成功打造了像真人一样的数字人直播助手，如图 6-3 所示。数字人直播助手帮助徐福记实现了品牌形象和销售话术的统一，能够全天候进行直播，为消费者提供专业、一致的购物体验。

图 6-3 徐福记数字人直播助手

数字人直播助手具有高拟真的特点，口型匹配度大于95%，支持实景等复杂的场景建模，形象真实自然。通过华为云平台配置直播话术、设置弹幕互动规则等，经销商无需专业运营团队即可轻松开展直播。同时，徐福记的电商团队还可以矩阵式管理经销商直播账户。

数字人直播助手的引入显著提升了徐福记的销售额。店铺数字人直播间与经销商原直播间相比，其观看量增长了31%，转化率提高了8倍，成交金额增长了10倍。通过与华为云的合作，徐福记利用数字人直播助手有效提升了经销商店铺直播的质量和数量，为品牌带来了更多的流量和销售增长机会。通过数字人直播间，徐福记成功构建了品牌、经销商和消费者之间全新的全天候互动桥梁，开启了直播营销新时代。

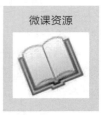

微课资源

任务二　直播销售话术的设计

直播团队需要提前设计好直播销售话术，以便用户在短时间内了解各种他们感兴趣的内容。直播销售作为一种新兴的零售模式，已经深入到消费者的日常生活中。一场成功的直播不仅依赖于商品的质量和价格，还依赖于主播的话术技巧。

一、直播销售话术的基本要求

直播销售话术是直播销售活动过程中至关重要的组成部分，它不仅能够帮助主播吸引和留住用户，还能有效提升销售转化率。直播销售活动对主播的话术运用有一定的要求，其基本要求如下。

1. 真实准确

直播销售话术首先要确保传达的商品信息真实准确。无论是商品的功能、材质、尺寸、使用方法，还是售后服务等，都要真实且详细。商品价格表述要清晰明确，因为价格是用户重点关注的要素之一。主播在介绍商品价格时，要准确地说出商品的原价、促销价以及折扣力度等。例如，"这款衣服原价是399元，今天在直播间，给到大家七五折的优惠，只需299元。"

对于优惠活动的规则，如满减、赠品等，也要解释清楚。例如，"现在下单满500元，我们会赠送价值50元的保温杯一个，满减活动是每满300元减30元，可以叠加优惠。"

2. 简洁明了

主播要想把用户留在直播间，需要快速传达商品的关键信息，并让用户在短时间内接受并理解这些信息。因此，直播销售话术要简洁明了、通俗易懂，主播要避免使用过于复杂的句子和晦涩难懂的专业术语。

主播在介绍商品时，要层次清晰、重点突出。主播还要明确商品的核心卖点和用户最关心的问题，并提前介绍这些信息。例如，销售一款空气净化器时，主播可以说："今天给大家带来一款超厉害的空气净化器，它的净化效率极高，能够在30分钟内净化20平方米房间内99%的PM2.5，而且运行的时候非常安静，就像微风轻轻吹过一样。"该话术说出了空气净化器较高的净化效率和运行时的静音效果，促使用户放心购买。

3. 情感共鸣

主播要通过话术与用户建立情感联系，让用户感受到自己的真诚，从而调动用户的情绪，激发用户产生情感共鸣。例如，"家人们，我知道大家每天都很辛苦，都在为了生活努力奋斗。这款产品真的可以解放我们的双手，让我们可以尽情享受家的温暖与惬意。"

主播还可以分享自己的体验与感受，使用积极、热情的语气，激发用户的购买欲望。例如，"我自己也在用这款产品，哇！真的太棒了！我相信你们一旦拥有它，就会像我一样爱不释手的，好东西就要一起分享，朋友们，现在下单，让自己的生活变得更加美好吧！"

4. 互动性强

直播销售话术要具有较强的互动性。主播要通过话术鼓励用户提问和发表意见，以增强直播的互动性，活跃直播间的氛围。例如，"大家猜猜这款产品有几种颜色？""大家都喜欢什么颜色？""大家有没有遇到过同样的问题，你们都是怎么解决的呢？""大家想不想知道我是怎么解决的？"

主播要及时回应用户的评论和提问。例如，用户询问退货是否包运费，主播可以回应："这位朋友问得好，我们今天直播间的商品都是七天无理由退换货，全部都有运费险，退货运费由商家承担，大家可以放心购买。"

5. 生动有趣

直播销售话术要生动有趣，这样才能更好地吸引用户的注意力。主播可以运用比喻、拟人、夸张等修辞手法。例如，"尝尝这款零食！一口下去，咔滋咔滋，那美妙的声音就像在嘴巴里开了一场音乐会。味道更是妙不可言，甜得恰到好处，咸得也别有风味，就像小精灵在你的舌尖上跳舞。"

6. 专业合规

主播需要具备一定的专业知识和行业背景，能够灵活解答用户提出的问题，树立专业的形象，这样更容易赢得用户的信任。在使用专业术语时，主播应确保用户能够理解其含义。同时，主播在运用销售话术时要严格遵守相关法律法规和平台规定，确保直播内容的合法性和合规性，要避免使用违禁词汇或虚假宣传，如使用绝对化词语和夸大性词语等。

除此之外，主播要根据不同的消费群体和购买场景等，随时调整话术风格和表达方式，形成自己的独特风格，增强辨识度，这有助于塑造主播人设。主播还要不断探索新的表达方式和互动形式，结合时事热点、流行文化等元素，创新直播内容和话术，以保持直播的新鲜感，持续吸引用户的关注。

二、互动话术的设计

在直播销售中，互动话术设计的侧重点体现在主播与用户的关系上。主播通过引导用户关注、点赞、评论、分享直播，或者引导用户参与抽奖、游戏等活动，加强与用户之间的交流。在直播销售活动中使用互动话术，能够增强用户的参与感，提升用户的购物体验。

在设计互动话术时，主播要从增强用户的参与意愿方面进行考虑，话术在提及互动行为时要包含参与互动的福利，例如，用户只要进行点赞、评论、转发等，就有机会获得红包、免单等福利，这样的互动话术才有足够的吸引力，能够达到促进用户参与的目的。

互动话术主要包含以下几种类型。

1. 引导关注话术

主播在直播过程中要注意引导用户关注直播间，将直播平台的公域流量转化为私域流量，以便后期的运营管理。

例如，"关注我的直播间，每晚8点福利送不停！""想学习更多关于××的知识，请关注直播间，每天都有新干货哦！""今后直播间还会给大家带来非常多的好物，一定要先关注我们的直播间哦！""刚进直播间的朋友，记得点击屏幕上方的按钮关注直播间，每次有福利，我们都会第一时间通知您！""今天我们会在关注直播间的小伙伴中抽出一个大奖，还没关注的同学赶紧关注哦！"

2. 引导点赞话术

直播间的点赞量体现了直播间的人气。当直播间人气不足，或者数据下滑时，主播可以运用引导点赞话术活跃直播间的气氛，鼓励用户参与互动。

例如，"用过这款商品的朋友，觉得好用的请给主播点个赞，非常感谢你们的支持！""这道菜的做法大家学会了吗？学会了的伙伴，请给主播点个赞！""直播间的朋友们，我今天的搭配大家喜欢吗？喜欢的朋友们记得点个赞哦！"

3. 引导评论话术

引导评论指引导用户在评论区留言。在直播过程中，主播引导用户在评论区发布与商品相关的评论，既有利于提高直播间的互动率，又有助于直播商品的销售。

例如，"这款粉底液你们用过吗？快在评论区跟我分享使用经验吧！""我今天分享的育儿知识，大家还有想补充的吗？记得来评论区一起讨论哦！""朋友们，你们喜欢什么颜色，公屏上告诉我一声，我想了解你们的喜好！""这件衣服有四种颜色，分别是蓝色、白色、黑色和橙色，大家想看哪种颜色呢，请在评论区告诉我，我可以试穿，让大家看看上身效果。"

4. 引导认同话术

主播可以通过话术引导用户认可自己的观点或推荐的商品，使其产生认同感与信任感。

例如，"刚才我给大家推荐的这本书，大家觉得实用吗？""大家觉得我刚才教的方法好不好用？""你们在工作中有没有遇到过这样的问题，很简单，三步搞定，方便吧？"

三、促单话术的设计

促单是指在销售过程中，有目的地使用一些语言或采取一些行为，以达到让用户做出购买决策的目的。在直播销售活动中，促单话术起着至关重要的作用，设计好促单话术可以有效地推动用户下单购买商品。

主播设计促单话术时，可以从以下几个方面来考虑。

1. 制造紧迫感

主播需要了解用户的心理，直播间很多用户听了主播的讲解后，会处于一个犹豫期，这时主播可以通过制造紧迫感，促使用户下单。

例如，"注意！这款商品的库存已经不多了，即将售罄。如果你真的需要它，一定要把握住机会，立刻下单。""家人们，这款商品的价格真的是超级划算，现在下单你就能以超低的价格把这款心仪的商品带回家。别再犹豫了，时间不等人！""朋友们，这款衣服只剩最后300套了，大家拼手速的时候到了，谁先下单，谁就能先拥有这款非常时尚的套装，赶紧行动起来吧！"

2. 强调售后服务

在直播销售活动中，主播可以通过强调售后服务进行促单，不仅能够增强消费者的购买欲望，还能提升品牌形象。

例如，"亲爱的朋友们，你们放心拍，我们承诺所有商品都享受 7 天无理由退换货服务。如果您收到商品后不满意，或者有任何问题，可以随时联系客服，我们会第一时间为您处理。""大家现在下单，我们晚上就可以安排发货，3 天内就能送达。我们的商品都是有运费险的，大家可以放心购买。""这款商品的质保期长达 5 年，其间出现任何非人为的质量问题，我们都将免费为您维修或更换，让您买得放心，用得舒心！"

3. 引导加购商品

在直播销售活动中，主播可以运用引导用户查看商品或加入购物车等相关话术，促使他们迅速行动。例如，"大家可以点击屏幕下方的'小黄车'，最上面的商品就是我正在讲解的这款商品，大家点击链接就可以查看商品详情页，如果对商品感兴趣，可以先把它加入购物车。""大家有没有想过，如果把这款商品和我们的另一款热销商品一起买，会有多大的优惠呢？是的，您没听错，搭配购买的话，我们能给您更大的折扣！快来加购吧，享受双重优惠！"

4. 强调商品价值

主播可以通过强调商品价值来增强用户对商品的认知和信任，促使他们产生购买行为。例如，"朋友们，这款商品不仅外观精美，更重要的是它的品质卓越。我们严格把控每一个生产环节，确保每一件商品都是精品。它的耐用性和实用性能让您觉得物超所值，快点带走它吧！"

"看看这些来自真实用户的评价吧！他们都说这款商品非常好用，给他们的生活带来了极大的便利和舒适。这些人的选择和认可是对我们商品品质的最好证明。您还在犹豫什么呢？快来加入他们的队伍吧！"

"我们深知健康的重要性，因此在设计和生产这款商品的过程中严格遵循健康、环保的原则。它采用无害材料，无刺激、无异味，让您和家人都能安心使用。为了您和家人的健康，这款商品值得您拥有！"

▌四、商品讲解话术的设计

直播销售活动的重点在于主播的商品讲解话术，主播在设计商品讲解话术时可以运用 FABE 法则。FABE 法则是指主播在讲解商品时通过 4 个关键要素，巧妙地解答用户关心的问题，从而顺利地实现商品的销售。

FABE 法则包括以下 4 个要素。

- F——特征（Feature）：材质、成分、工艺等。
- A——优势（Advantage）：由 F 决定的该商品所具有的不同于竞品的特色。
- B——益处（Benefit）：由 F、A 决定，主要是指商品可以给用户带来的利益。主播在讲解益处时，要具体化、场景化。
- E——证据（Evidence）：包括成分列表、专利证书、商品实验、销量评价、行业对比、权威背书等。

把 FABE 这 4 个要素用通俗的语言描述，大体如下："因为……特质，从而有……功能，对您而言，能够带给您……好处，您可以亲自体验一下，我们有很多用户使用的案例。"例如，"这款卫衣采用纯棉面料，它柔软、吸水性强，吸汗透气，不刺激皮肤，穿上它，非常舒适，这款卫衣还附有面料的检测报告，您可以放心购买。"

主播在使用 FABE 法则进行商品讲解时，需注意其包含的 4 个要素是可以更换位置或任意组合的，并不一定非要按 F、A、B、E 这样的固定顺序来阐述。例如，"这款家具不会影响宝宝的身体健康（B），它采用进口天然胡桃木（F），安全、环保（A），这是国际认证的环保证书（E），您看这群小鱼游得多欢快，这鱼缸就是用这种木材做的。"

FABE 法则基于用户利益，站在用户的角度考虑，主播通过合适的方式不断强化用户的核心利益点，推荐对用户有价值的商品，用户才会接受。

在实际运用中，最后的 E（Evidence）也不是每次都运用，主播可以根据实际的情况灵活运用。如果通过 F、A、B 的介绍，用户对商品已经非常满意，决定下单购买，就可以不用再说明 E 这一要素了。

📚案例链接

科沃斯直播，营销话术点亮智能扫地机器人新风采

在科沃斯旗舰店直播间，主播讲解科沃斯智能扫地机器人的话术如下。

"今天给大家带来一款超级厉害的智能扫地机器人。它的外观非常时尚简约，放在家里任何一个角落都不会觉得突兀。这款扫地机器人小巧灵活，能够轻松穿梭在各种家具底部，那些平时很难打扫到的地方，它都能轻松到达。而且它采用了先进的激光导航技术，可以精准地规划清扫路线，不会重复清扫，也不会漏扫。"

"这款扫地机器人相比传统的扫帚和拖把，能为你节省大量的时间和精力。你不用再费力地弯腰打扫卫生了，把这个任务交给它就好。一方面，它的清洁能力非常强大，不仅能清扫灰尘和垃圾，还能吸走毛发，特别适合家里有宠物的家庭。另一方面，它工作的时候声音很小，不会打扰到你休息或者工作。"

"朋友们想想看，有了这款智能扫地机器人，你每天下班回到家，看到的是干净整洁的地面，心情是不是特别好？你再也不用为打扫卫生而烦恼了，你可以有更多的时间去做自己喜欢的事情，例如追剧、看书，或者陪伴家人。对于有老人和孩子的家庭来说，干净的地面也能减少他们滑倒的风险，保障家人的安全。"

"我自己家里就一直在用这款扫地机器人，真的特别好用。我给大家看看我家现在的地面，是不是非常干净？而且我直播间里很多买过的家人们也都给了好评，大家可以看看这些截图。还有，这款扫地机器人在各大电商平台上的销量都非常高，这充分说明它的品质是有保障的。家人们，放心下单吧！"

主播采用了 FABE 法则组织话术，对商品进行详细解说，吸引了直播间众多用户下单购买，取得了很好的销售业绩。

🎯 任务三　直播销售活动的管理

直播销售活动管理涉及活动设计、直播间流量运营、氛围管理与评论管理等。活动设计决定着直播的流程和内容安排；直播间流量运营可以吸引更多用户来看直播；直播间氛围管理可以活跃直播间的气氛，增强用户的兴趣，提升其参与感；直播间评论管理主要是处理好用户的评论，与用户做好沟通。这些环节共同作用，才能让直播销售活动顺利开展。

▌一、直播销售活动设计

在直播销售活动中，主播的本质角色就是销售人员，其最大的目的就是把商品销售出去。

开展直播销售活动的方式有很多，直播团队在设计直播销售活动时可以根据实际情况选择并实施。

1. 主题式直播销售

主题式直播销售是指围绕特定的主题进行直播，如节日主题（春节、中秋节）、季节主题（夏季清凉用品促销、冬季保暖品特卖）、事件主题（奥运会期间体育用品促销）等。直播过程中会突出主题相关元素，并且以优惠活动为主导，吸引用户购买。

优质的直播主题可以给用户一个充分的购买理由，有效地规避价格战对品牌的伤害。直播主题要符合促销需求，用简洁、新颖、有亲和力的语言来表达，在保持品牌形象的基础上做到易传播、易识别、时代感强、冲击力强，如"2024年年货节""6·18年中大促"等。

2. 新品发布会直播销售

新品发布会直播销售是指通过互联网实时转播新品发布会的销售活动。在新品发布会上，企业会向公众展示、介绍其新推出的产品或服务。新品发布会直播销售主要聚焦于新品的首次亮相，强调产品的创新性和独特性，详细介绍新品的设计理念、新技术应用、新功能等方面的内容，通常会邀请产品设计师、研发人员等作为嘉宾参与，增强专业性和可信度。

在新品发布会直播中，主播不仅能够实时解答用户对产品的疑问，增加用户对产品的了解和信任，还可以通过直播平台吸引大量用户观看，将新品发布会的影响力扩展到更广泛的受众群体。在直播过程中，主播可以直接展示产品的特点和使用方法，激发用户的购买欲望，实现即时销售。

📖 案例链接

小米13系列直播发布会，展示设计与徕卡影像的融合

小米作为全球知名的智能手机品牌，其小米13系列直播发布会吸引了众多"米粉"和科技爱好者的关注。这款新推出的智能手机集合了小米在技术创新、用户体验和设计美学上的新成果，旨在为全球消费者带来智能生活体验。

小米13系列在设计上追求简约与高端质感，采用金属边框搭配玻璃后盖的设计，不仅手感舒适，还提升了整体的耐用性和美观度。小米高管在直播发布会上重点介绍了小米13系列的徕卡影像系统。小米13系列搭载了顶级的主摄镜头，配备了一颗5000万像素的索尼IMX989传感器，支持OIS光学防抖和激光对焦系统，无论是白天还是夜晚，都能捕捉到清晰、生动的照片和视频。此外，小米13系列还加入了AI影像算法，能够智能优化图像，提供更加自然的色彩和细节，满足用户在不同场景下的拍摄需求。

小米13系列进一步深化了与小米生态链的整合，提供了无缝连接的智能家居体验。用户可以通过手机轻松控制家中的各种智能设备，如智能灯泡、智能空调等，实现家居生活的智能化升级。同时，小米13系列还支持小米的快充技术，确保用户在短时间内恢复手机电量，解决续航焦虑。

小米13系列的发布无疑对智能手机市场产生了深远影响。作为小米在高端市场的新品，这款系列产品的推出既巩固了小米在技术创新和产品设计上的优势，也对同价位竞品形成了强有力的竞争压力。小米13系列发布后销量良好，在同价位段的智能手机市场中占据了较大的市场份额。

微课资源

3. 达人合作直播销售

达人合作直播销售是指具有一定影响力的网络达人与企业或品牌方合作，通过直播的形式推广和销售产品的一种互联网销售模式。企业可以借助网络达人或知名演员等的粉丝效应来销售产品。他们凭借自己的影响力和粉丝基础，能够吸引大量用户进入直播间，常以自己的使用体验和推荐作为主要销售手段，促使用户下单购买。

例如，某知名美妆达人，在直播销售化妆品时会先分享自己对产品的使用感受，如口红的颜色、质地、持妆效果等，凭借他的专业推荐让粉丝产生强烈的购买欲望，吸引众多粉丝纷纷购买。

达人合作直播销售是一种流量精准、互动性强和销售转化率高的销售模式。企业可以通过选择合适的达人策划直播销售活动，快速提高产品销量和品牌影响力。随着社交媒体的普及和消费者购买习惯的改变，达人合作直播销售将成为互联网领域的重要趋势之一。

4. 场景化直播销售

场景化直播销售是一种基于用户场景需求的营销方式。它是指主播根据产品或服务的特性和功能，选择与之相关的场景进行直播，并通过布置场地、摆放道具、播放背景音乐等手段，营造出与场景相符的氛围，提升用户的沉浸感和参与度，从而促成交易。

特定的生活场景可以是家居场景、户外场景或办公场景等，主播要挖掘出用户在特定场景下的需求和心理状态，构建与特定场景相关的直播内容，充分展示产品的便利性和必要性，从而激发用户的购买欲望。

例如，销售智能家居产品时，主播可以打造一个完整的家居场景，在直播间展示智能音箱如何控制灯光、窗帘等设备，让用户直观地看到产品的功能，感受产品为生活带来的便捷。

二、直播间流量运营

直播间流量运营直接关系到直播间曝光率、观看人数及销售业绩等。直播间流量运营可以分为以下几个阶段。

1. 直播前预热

在正式直播前，主播可以在私域流量渠道和公域流量渠道进行直播宣传，为直播预热，快速提升直播销售活动的热度。

（1）社交媒体平台引流

主播可以利用微博、微信等社交媒体平台进行直播预告和推广，发布图文或短视频内容，介绍直播的亮点、优惠活动等信息，吸引用户关注，引导他们进入直播间。例如，在微博上发布标有直播平台、直播时间和直播主题等信息的精美海报，配上有吸引力的文案，如"今晚直播间大牌美妆低至五折"。

（2）电商平台引流

主播可以在直播电商平台中的粉丝群提前发布直播通知，在群里透露直播细节，与粉丝互动，了解他们对直播的期望和需求，还可以在店铺首页、商品展示页、商品详情页等宣传直播信息，以便关注店铺的平台用户了解直播信息。

（3）短视频引流

主播可以在直播前发布与直播内容相关的短视频。这些短视频可以是商品的使用教程、试用分享或者直播精彩片段的预告，并在短视频结尾引导用户进入直播间，例如，"想了解更多详情吗？快来我的直播间吧，今晚见。"

2. 直播中引流

直播平台会根据一系列智能算法来推荐直播。这些算法与直播间的内容质量、用户留存率、互动率、开播时间等因素有关。例如，一个能够持续吸引用户停留较长时间并且互动频繁的直播间，更有可能被平台推荐给更多用户。引流的方式有以下几种。

（1）优化直播标题与封面

直播团队可以通过优化直播标题和封面来为直播间引流。标题要有吸引力，突出直播的亮点和价值。封面图片要清晰、美观且与直播主题相关，能够在众多直播间脱颖而出，可以是主播的形象照或者商品的特写照片。

（2）增强互动

在直播过程中，主播要增加互动环节，如开展问答、抽奖、投票等活动，提高用户的留存率。主播要及时回复用户评论，回答用户的提问，让他们感受到自己被重视，从而增强用户的黏性。

（3）与他人连麦

主播可以与其他有影响力的博主或嘉宾进行连麦互动，互相推荐，分享彼此的粉丝资源。例如，美妆主播和时尚博主连麦，互相介绍对方的优质产品，有助于扩大双方的受众群体。

（4）付费引流

付费引流方式分为使用付费引流工具和投放信息流广告。

• 使用付费引流工具。直播团队可以通过直播平台提供的引流工具，如抖音 DOU+、快手粉条等进行付费推广。可以选择不同的投放目标，如增加直播间的曝光量、吸引新粉丝等。还可以根据预算和目标受众精准定位投放人群，例如，针对特定年龄、性别、地域和兴趣爱好的用户进行广告投放。

• 投放信息流广告。直播团队还可以在社交媒体平台或其他内容平台投放信息流广告，引导用户进入直播间。这些广告会融入平台的内容流中，以原生广告的形式展示，例如，在用户浏览资讯时，平台会适时展示直播的相关广告，吸引用户的注意力。

3. 直播后流量运营

在直播结束后，直播团队还要对粉丝进行维护与运营，并进行直播复盘。

（1）直播回放

直播团队要保留直播回放视频，方便未能观看直播的用户在之后查看，可以在回放视频的标题和描述中添加关键词，便于用户搜索。直播团队可以对回放数据进行分析，了解用户的观看习惯和兴趣点，为下一次直播内容和运营策略的调整提供参考。

（2）粉丝沉淀与维护

直播团队要整理直播过程中的用户反馈，对于积极参与的用户进行私信感谢，进一步巩固粉丝关系，还要定期在粉丝群或社交媒体平台发布与直播相关的内容，如产品使用心得、下次直播预告等，保持粉丝的关注度。

（3）数据复盘与优化

直播团队要及时进行直播数据复盘，查看直播数据，包括观看人数、峰值人数、留存率、互动率等，根据数据发现问题。例如，某个时间段用户流失严重，经过分析后推测，可能是内容不够吸引人，或者是节奏有问题，然后有针对性地进行优化。直播团队还可以比较不同直播场次的数据，总结成功经验和失败教训，不断改进流量运营策略。

三、直播间氛围管理

直播时，主播不能只是按照准备好的话术自顾自地介绍商品，还需要根据直播间的实际情况引导用户积极互动，以活跃直播间的氛围。主播保持热情高涨的情绪，能够烘托直播间的氛围，激发用户的互动热情，促使他们产生购买行为，同时吸引更多用户进入直播间。

直播间的氛围管理主要涉及商品介绍、派发红包、福利活动和营造归属感几个环节。

1．商品介绍

主播在进行商品介绍时，对于商品的功能和使用方法等要进行演示，在演示过程中要注意语言生动形象。例如，销售榨汁机时可以现场演示榨汁的过程，并配合语言讲解，"大家看，这款榨汁机几秒就能把水果榨成新鲜的果汁，非常方便快捷，而且确保营养不流失。"

主播还可以通过与其他商品进行对比来突出商品优势，例如，在销售护肤品时，主播可以将推荐商品和其他品牌的同类型商品进行成分对比、使用效果对比等。

主播在进行商品介绍时，要注意语言风格和节奏。语言要通俗易懂、富有感染力，可以适当使用一些流行语或富有个性的口头禅来拉近与用户的距离，这有助于主播人设的打造。同时，还要把握好直播的节奏，合理安排互动环节、福利活动等，例如，在介绍商品重点部分时可以适当放慢语速，在互动环节可以适当加快节奏。

2．派发红包

主播在直播间派发红包，能够让用户看到具体的利益，因此派发红包是聚集人气、激发互动气氛的有效方式。在正式派发红包之前，主播要先告诉用户，自己将在 5 分钟或 10 分钟后准时派发红包。这样做一方面可以活跃直播间的气氛，另一方面可以快速增加直播间的流量。到约定时间，主播可以与助理一起为派发红包进行倒计时，以增强互动气氛，同时也可以让用户产生领取红包的紧张感。

主播派发红包的方式可以根据直播间的在线人数来确定，如果是不足 50 人的新开启的直播间，主播可以在推荐完一款商品后就派发一次红包，以延长用户在直播间的停留时长。主播推荐完商品后，可以邀请感兴趣的用户加入粉丝群，在粉丝群内派发红包。

如果直播间人数较多，超过 200 人，主播就可以在直播间直接派发红包，可以选择流量节点或互动节点派发红包，如直播间点赞数满 10000 时派发红包。这样用户参与转发或互动的积极性会更高，能够更快地提升直播间的人气。

主播在直播间除了发放普通红包以外，还可以发放口令红包。口令红包是指主播在红包中设置输入口令，口令一般是商品品牌的植入广告语，用户需要输入口令才能抢到红包，这样可以增强用户对品牌的记忆。

口令红包可以是现金红包，也可以是优惠券。相对来说，优惠券更有利于销售转化。用户需要按照一定的条件来购买商品才能使用优惠券，所以在抢到优惠券以后，用户往往会选择购买商品。

3．福利活动

发起福利活动是直播间常用的互动策略。主播一般选择推荐过的商品作为福利奖品，可以是新品，也可以是前期的"爆品"，这些奖品对用户更有吸引力。直播间发起福利活动的形式主要有连续签到送福利、回答问题送福利、点赞送福利等。

（1）连续签到送福利

连续签到送福利，即主播按照用户签到天数抽奖。每天定时开播的主播可以在直播间告知用户：只要用户连续七天到直播间评论"签到"，并将七天的评论截图发给主播，助理核对评论截图无误后，即可送用户一份奖品。

（2）回答问题送福利

回答问题送福利，即主播可以根据商品或活动等直播内容提出问题，让用户在评论区回答。主播和助理从回答正确的用户中抽奖，被抽中的用户可以获得一份奖品。

采用回答问题送福利的方式有以下作用。首先，因为用户需要查看商品详情页，寻找答案，所以可以提高商品详情页的点击量；其次，用户在寻找答案的过程中，需要详细查看商品的介绍，从而能够加深对商品的了解，提升购买的可能性；最后，用户通过评论与主播进行互动，也会提升直播间的互动热度。

（3）点赞送福利

点赞送福利，即当直播间点赞数量达到规定数量时，主播发放奖品。这是主播给用户持续的停留激励，可以让黏性强、闲暇时间多的用户长时间停留在直播间，而黏性一般的用户也会因为送福利活动而不断地进入直播间，并在直播间点赞。这样就会提高直播间的用户回访量，从而增加直播间的观看人数。

相对来说，点赞送福利看起来很简单，但要求主播有较强的控场能力。因为点赞数量达到规定数量的时间不固定，可能会与直播间的促销活动重合。

在发起福利活动时，主播要注意以下几点。

- 整个送福利的过程要分散，主播不能集中送完福利。主播可以设置多个福利奖品，每达到一个直播节点，如进入直播间的人数、点赞人数或弹幕数达到多少，就送出一个福利奖品。
- 在送福利之前和之后，都诚意邀请用户关注直播间及加入粉丝团。
- 及时公布本次送福利的结果，即"给谁送出了什么样的福利，价值多少"。
- 告知用户下一次送福利所需的条件。

4. 营造归属感

归属感指的是个体或群体对一件事物或一个现象的认同，当用户感觉被别人或群体接纳时，就容易认可他们并产生归属感。直播团队可以借助群体的归属感需求留住新进入直播间的用户。

（1）身份认同

主播可在直播中寻找与用户的相同身份，让用户更有归属感。具体来说，主播可以从年龄、家乡/居住地、职业、家庭角色等方面切入话题。

（2）引发共情

主播可以通过适当"吐槽"工作和生活中的烦心事，引出与用户的相同烦恼，引发用户的共情。例如，网购衣服存在的痛点"网购最怕买了衣服，尺码不合适，货不对板等，主播就曾经遇到过……"

（3）兴趣相投

兴趣爱好是适用场景十分广泛的话题，主播可以借由兴趣爱好拉近与用户的心理距离，进一步丰富自己的人设。兴趣爱好覆盖的范围很广，主播可以根据直播间氛围，从适合的话题来切入，如影视剧、音乐、美食、穿搭、旅游、健身、手工、宠物等话题。

（4）重要时刻

如果主播主动与用户分享自己生命中的重要时刻，也能让用户进一步敞开心扉，相关话题有结婚生子、假期节日、特别的纪念日、重大活动等，皆可作为引子。通过讲述自己在这些场景中的经历和感受，引发用户共情，或者引导用户分享自己在这些场景中的感受，激发用户的参与感与归属感。讨论一番后，主播再将话题引向直播商品。

例如，在母婴直播间，主播可以邀请用户分享宝宝的成长里程碑时刻，如第一次翻身、第一次行走、第一次说话等，这将有利于用户敞开心扉，营造愉快的互动氛围，并进一步增强用户对主播的信任。

四、直播间评论管理

直播间评论管理是维护直播间秩序、营造良好互动氛围的重要环节。常见的直播间评论管理策略与方法如下。

1. 制定直播间规则

直播团队在直播开始前或在直播间显著位置，可公布明确的评论规则，让用户知晓哪些行为是不被允许的。例如，禁止人身攻击、发布广告、讨论敏感话题等。

2. 设置评论管理员

一些直播平台提供了设置评论管理员的功能。例如，微信视频号直播间的"评论管理员"功能，主播可以邀请微信好友或直播间用户成为评论管理员，让其帮忙管理评论区，包括执行"不显示他的评论""禁言"等操作。

3. 借助管理工具

许多直播平台允许主播设置屏蔽关键词。这些关键词通常涉及人身攻击、辱骂、广告引流等不当内容。当用户评论中包含这些关键词时，系统会自动屏蔽相关评论。主播设置关键词时需符合平台相关要求，例如，限制每个关键词的长度，输入字符必须是中文、英文和数字等。

对于发表不友善或违规评论的用户，主播可以对其进行禁言操作，分为单场禁言和永久禁言，被禁言的用户在相应的时间内无法发送评论。

4. 手动管理评论

主播可以手动管理评论，包括及时回复评论、置顶优质评论、处理不友善或违规评论、引导正向评论。

- 及时回复评论：主播应及时回复用户的正常评论和问题，增加与用户的互动。
- 置顶优质评论：将有价值、有趣或能引导互动的评论进行置顶，让更多用户看到。
- 处理不友善或违规评论：对于不友善或违反规定的评论，及时进行删除或对用户禁言。
- 引导正向评论：通过提问、话题引导等方式，鼓励用户发表正向、有意义的评论，避免无关或低质量的内容刷屏。

5. 复盘管理优化

直播结束后，直播团队要回顾评论管理的情况，总结经验教训，以便在后续的直播中优化管理策略和方法。

不同直播平台的具体操作和功能可能会有所差异，直播团队可以根据所使用的直播平台提供的工具和规则，灵活进行直播间评论管理。同时，要确保评论管理的方式公平、公正、透明，不影响正常用户的参与和表达。

任务四　主播形象的管理

主播形象是用户对直播印象的重要组成部分，一个专业、得体、有吸引力的主播形象能够迅速吸引用户的注意力，提升直播的观看率和转化率。同时，好的主播形象也是品牌形象的延伸，能够传递品牌的理念和价值观，增强品牌的认知度和美誉度。

一、主播妆发管理

主播是直播间的核心，所以主播的妆发管理非常重要，关系着所销售的商品及品牌形象。主播妆发的打造要注意与直播间的主题氛围相统一，还要与品牌或商品的风格相契合。对妆发进行适度修饰，能够凸显主播特色，有效美化主播，提升主播的形象。主播一般应选择清新、简约风格的妆容，以突出自己的特点，并适配直播风格。

1．面容修饰

面容修饰一般包括以下几个步骤。

（1）妆前准备

妆前准备主要分为洁面和护肤两个部分。在直播前，主播首先需要使用清洁霜、洗面奶等清洁面部的污垢和油脂，洗去脸上的灰尘，使面部保持清爽。完成面部清洁后，一般需要涂抹爽肤水、乳液或面霜等，保持面部肌肤的湿润。

（2）上妆

完成妆前准备后，主播开始化妆，步骤如下。

① 上底妆。上底妆的目的是调整皮肤的颜色。主播要根据自己的肤色选择与肤色相近、遮瑕度较高的粉底产品，让皮肤显得颜色自然、无瑕疵。

② 画眉。画眉即根据自身的眉形用眉笔加深颜色，或者根据脸型适当修饰眉毛。

③ 画眼影。画眼影可以让主播的眼睛看起来更加明亮和有神。主播画眼影时要注意选择合适的颜色，还要注意眼影画法。

④ 画腮红。腮红又称胭脂，是涂敷于面颊颧骨部位，以呈现健康红润的气色及突出面部立体感的化妆品，可以让主播的脸部显得更红润、有气色。画腮红时，主播可以用腮红刷从颧骨最高处向四周轻扫晕染。

⑤ 涂口红。口红是一种唇用化妆品，可以增加嘴唇的色泽或改变嘴唇的颜色。主播可以根据整体妆容选择口红的颜色。如果嘴唇较干，可以在涂口红前抹一些润唇膏。

需要注意的是，如果直播时间较长、天气过热或过于干燥，主播易疲劳、出汗，此时应该使用防水化妆品，以防脱妆、花妆。此外，主播出镜时露出的颈部、肩膀的肤色最好和面部的肤色保持一致，以免影响直播效果。

2．发型设计

适宜的发型同样可以美化主播。一般来说，女主播可以选择简洁、大方的短发、马尾或盘发；如果选择披发，应当保证面部无遮挡、无乱发。男主播的头发应当整洁、干净，且不宜太长。主播为了呈现整体协调美，可以根据自己的脸型来设计发型。

（1）圆形脸

圆形脸的主播在选择发型时应该增加发顶的高度，让头顶略蓬松，稍微拉长脸型；两侧略收紧，修饰脸型，同时露出额头，使脸部看起来更瘦长；侧分头发，梳理垂直向下的发型，直发的纵向线条可以在视觉上减小圆脸的宽度。

（2）方形脸的主播可以选择自然柔和的发型来中和生硬的线条，弱化脸部的方正感。方形脸的主播比较适合"包脸"的发型，且要学会用头发修饰和遮盖两颊。

（3）长形脸的主播适合剪刘海，如空气刘海、齐刘海、偏分刘海等，可以让额头看起来比较短，并减短脸部线条的长度。长形脸的主播适合留蓬松的发型，使头发略带波浪形，以使脸部轮廓有椭圆感。

▌二、主播服装管理

在直播销售活动中，主播的服装选择与搭配也很重要。主播选择的服装应符合直播主题，与直播内容相匹配，例如，美妆直播可选择清新、优雅的服装，而运动健身直播则应穿着运动装。另外，主播的服装应能体现其个人风格和特点，有助于主播人设的塑造，增加主播的辨识度。

主播服装管理主要包括以下几个方面。

（1）色彩搭配

主播的着装搭配要与妆容风格保持一致，在着装颜色方面，一般遵循同色系搭配、浅色系为主的原则。主播可以选择同色系的服装，通过颜色的深浅、明暗营造层次感；还可以选择浅色系的服装，如米色、鹅黄、藕粉、天蓝等，这些颜色看起来更加柔和、干净。主播尽量不要穿着过于暗沉或反光强烈的颜色，如黑色和纯白色。

（2）款式设计

主播的服装应具有一定的设计感，但不宜过于复杂，可以根据直播主题进行选择，如职业装、休闲装、民族服装或特色服装。服饰搭配能够增添主播的魅力，但穿着不能过于暴露，还应避免穿着过于松垮或紧绷的服装。

（3）材质选择

主播要注重服装的材质，选择柔软、有质感的面料，如丝绸、棉麻等，避免穿着粗糙、起球或易皱的服装，以免影响自身形象。

（4）搭配饰品

适当的配饰能够提升主播的整体形象，如耳环、项链、胸针等。但配饰不宜过大或过于复杂，以免分散用户的注意力。

另外，主播在直播时应注意服装的细节处理，例如，整理好衣领、袖口等，保持服装版型整洁。主播还应定期更新自己的服装，避免长时间穿着相同的服装，导致用户审美疲劳。

▌三、主播体态管理

在直播销售中，主播保持良好的体态有助于提升主播的气质和塑造主播形象。主播的体态管理主要体现在站姿、坐姿、手势及面部表情管理等方面。

1. 站姿

主播在直播时，如果采用站姿，要保持背部挺直，肩膀放松，头部微微上扬。这样的站姿能够展现出主播的自信和专业形象，增强用户的信任感。双脚并拢站立可以显得主播更加端庄大方，适合正式的直播场合；也可以双脚微微分开，增加身体的稳定性，同时也显得更加自然；切忌双脚交叉或左右摇晃，会给人不稳重、不专业的感觉。

2. 坐姿

主播在采用坐姿直播时，要保持背部挺直，不要靠在椅背上，这样的坐姿能够展现出主播的专注和认真，让用户感受到主播的专业态度。双腿并拢，更显得优雅大方。如果是长时间直播，也可以微微分开双腿，让身体更加舒适。

3. 手势

无论是站姿还是坐姿，适度运用手势有助于主播进行商品讲解和展示。主播的手势应轻松自然，避免过度夸张或僵硬。主播可以通过手势来强调商品特点或引导用户关注重点。主播在拿取商品时应轻拿轻放，避免过度摆动或挥舞手臂。手势应与直播内容和谐统一，避免使用与话题相悖的手势。

例如，在展示商品的不同部分时，用手指向相应的位置，同时配合语言讲解："请大家看这里，这个部分是这款商品的独特设计之处。"

4. 面部表情管理

主播的面部表情管理非常重要，主播应根据直播的内容和氛围调整好自己的表情，可以用惊讶、兴奋、感动等表情来增强直播的感染力和吸引力，但要注意适度和自然，不要做出过于夸张或做作的表情，避免让用户感到不舒服。

主播在直播过程中应保持微笑，以营造轻松、愉快的氛围，还要注意保持与镜头的眼神交流，让用户感受到其专注和真诚。主播的面部肌肉要放松，避免紧皱眉头，以免给用户留下紧张或不愉快的印象。

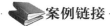 **案例链接**

韩束主播，用专业形象为品牌代言

韩束是我国的化妆品牌，其品牌理念是专研亚洲肌肤之美，以科研塑造产品力，致力于为年轻消费者提供科学专业、精准高效的肌肤问题解决方案。近年来，其直播销售火爆。这一方面源于其优质的产品，另一方面源于主播们的直播能力与形象管理。

韩束直播间的主播除了具有较强的专业知识与直播能力，还非常注重形象管理。主播们在直播时，其穿搭通常会紧跟时尚潮流，并且与韩束品牌的风格相协调。在推广韩束的高端护肤系列时，主播会选择简约而有质感的服装，如丝绸衬衫、纯色质感衬衫等，展现出精致、优雅的形象，如图6-4所示。

图6-4 韩束直播间的主播形象

当介绍韩束的年轻彩妆系列时，主播的穿搭会更显青春活力，她们会穿着流行的、颜色亮丽的上衣搭配短裙，或者穿着时尚的运动套装，体现出年轻、时尚的风格特色。这种时尚的穿搭能够吸引用户的目光，同时也与韩束品牌所追求的时尚感相契合，让用户更容易将时尚的形象与韩束的产品联系起来。

主播们的妆容也会根据直播的产品和风格进行精心打造。在推广韩束的彩妆产品时，主播会使用韩束自己的彩妆系列来打造全脸妆容，展示产品的上妆效果。例如，使用韩束的底妆产品打造出细腻、服帖的底妆，用韩束的眼影盘画出流行的眼妆，再搭配韩束的口红，呈现出完整的妆容效果。主播的妆容不仅精致，还能突出韩束产品的特点，如产品的持妆效果、色彩表现力等。主播通过自己的妆容为用户提供产品的实际使用范例，同时也展现出时尚、美丽的形象。

微课资源

▌四、主播镜头感的培养

主播良好的镜头感能够提升直播的整体质量，优化用户的观看体验，从而促进商品的销售。直播时主播需要直面镜头，与镜头前的用户进行互动。如果是新手主播，可能会出现表情不当、身体紧张等情况，这时就需要培养主播的镜头感。

主播的镜头感主要体现在对象感和表演感两个方面。其中，对象感是指主播应当设想与感觉到用户的存在和反应，从感觉上意识到用户的心理、需求、愿望和情绪等，并由此调动自己的思想感情，表情达意；表演感是指主播在镜头前通过神态、语言、行为等表演形式传递思想情感、销售商品。

大多数主播的镜头感是通过后天训练形成的，需要长期积累。一般来说，主播在直播中通常将目光聚焦到两种镜头上，一种是录制摄像头，另一种是手机屏幕。当主播把目光转向录制摄像头的时候，一般是向用户展示商品、传达信息；当主播把目光聚集到手机屏幕上时，一般是在看弹幕，观看整个直播的状态、用户的反应等。主播可以通过这两种镜头与用户互动，让用户有被注视的感觉。

培养主播镜头感可以从以下几个方面来考虑。

1. 树立自信心

树立自信心是培养主播镜头感的基础。主播要相信自己有能力吸引用户、传递信息，并保持直播的趣味性。主播可以采取以下措施树立自信心。

- 熟悉直播内容：主播应提前了解商品信息，以便在直播中自信地介绍商品。
- 练习公众演讲：通过参加演讲活动、模拟直播等方式，提升自己的表达能力和自信心。

2. 掌握镜头运用技巧

主播需要了解摄像机拍摄角度和光线效果，适应不同的摄像镜头和环境条件，通过调整自己的位置和姿势，确保在镜头前呈现出最佳形象。

- 选择拍摄角度：主播应根据商品特点选择合适的拍摄角度，以展现商品的最佳效果。
- 景别的运用：拍摄人员可以通过运用特写、中景、全景等不同的景别，丰富直播画面，提升呈现效果。
- 光线的运用：主播应了解光线对镜头效果的影响，利用自然光或人工光源营造出温馨、明亮或神秘的直播氛围。

3. 持续练习

新手主播可以采用对镜练习的方式培养镜头感，通过镜子观察自己的面部表情，找到合适的表情和角度，然后对着镜子练习讲话、动作、表情等，了解自己面对镜子的状态。在练习过程中，主播还要观察自己有没有一些不恰当的小动作，若有则加以纠正，提升面对镜头的自信感和从容感。

主播还可以观看自己的直播回放，分析自己在镜头前的表现，找出不足之处并加以改进。另外，还可以参加专业的培训课，学习镜头运用技巧、表情管理等专业知识。

📈 项目实训：美的集团直播销售分析

1. 实训背景

在互联网销售中，直播销售已成为企业营销的重要渠道之一。美的集团作为国内家电行业的领军企业，正积极探索直播销售模式，目的是通过高质量的直播内容提升品牌影响力，促进产品销售。然而，在激烈的市场竞争中，如何有效提升直播间互动率，优化主播的营销话术，以及塑造具有吸引力的主播形象，成为直播团队面临的关键挑战。

2. 实训要求

观看美的直播，总结分析直播间主播的形象管理、话术设计及直播间销售活动管理情况，并针对其不足之处提出自己的建议。

3. 实训思路

（1）搜集相关直播视频

在网上搜集美的直播视频，可以观看实时直播或直播回放。

（2）观看直播，记录相关信息

同学们可以自由分组，观看几场典型直播，分析主播的形象管理，记录主播的营销话术特点，了解主播与用户的互动情况。可以创建一个专门的观察记录表，将详细内容进行分类记录。

（3）总结建议

根据记录情况进行分析，并与同学相互讨论，提出优化建议。例如，你感觉主播的妆容与服装风格是否与品牌或产品契合，如果不适合，应如何进行优化与改进？

📈 巩固提高

一、单选题

1. 在直播商品结构规划中，（   ）是商品中最具有独特优势和卖点的商品。

    A. 印象款   B. 引流款   C. 福利款   D. 品质款

2. 直播团队要注重直播场景的搭建，（   ）比较适合运动商品推广、旅游景点分享等直播。

    A. 家居场景   B. 工作室场景   C. 厨房   D. 户外场景

3. 下列关于直播销售话术的互动性强这一特点，说法错误的是（　　　）

    A. 主播可以通过提问来引导互动，如"大家有没有用过这款产品？"

    B. 当用户询问商品是否适合敏感肌时，主播不需要回应，继续介绍商品即可

    C. 互动话术包括引导用户参与抽奖，如点赞满 10 万就抽奖送商品

    D. 主播可以问"大家觉得这款产品的新包装好看吗？"来引导用户评论

4. "这款商品的质保期长达 5 年，其间出现任何非人为的质量问题，我们都将免费为您维修或更换，让您买得放心，用得舒心！"此话术属于（　　　）的促单话术。

    A. 强调商品价值　　　B. 制造紧迫感　　　C. 强调售后服务　　　D. 引导加购商品

5. 在美妆直播中，主播服装选择（　　　）最合适。

    A. 一套黑色西装套装，搭配闪亮的金属项链

    B. 一套淡粉色连衣裙，款式简洁，搭配珍珠耳钉

    C. 一套运动套装，颜色鲜艳，带有时尚的图案

    D. 一套民族风长袍，颜色暗沉，有复杂的刺绣

二、判断题

1. 任何商品都是可以在直播间销售的。（　　　）

2. 主播在使用 FABE 法则进行商品讲解时，其顺序固定不变，不得随意变换顺序。（　　　）

3. 主播在直播销售活动中，不能佩戴任何首饰。（　　　）

4. 主播可以通过熟悉直播内容来增强自信心，培养镜头感。（　　　）

5. 主播在直播过程中，手势越夸张越好，这样能更好地吸引用户的注意力。（　　　）

三、问答题

1. 简述数字直播间搭建步骤。

2. 直播销售话术的基本要求有哪些?

3. 主播的体态管理包括哪几个方面?

智能客服系统

项目七

知识目标

> 了解智能客服系统的主要功能与价值。
> 了解智能客服机器人的优势。
> 掌握智能客服机器人的设置步骤。
> 掌握人工智能训练师的工作内容与岗位要求。
> 了解人工智能训练师的职业前景。

能力目标

> 能够描述智能客服机器人的设置步骤。
> 能够说出人工智能训练师的工作内容。

素养目标

秉承职业操守，遵守行业规范，确保训练数据的真实性和准确性，同时维护客户权益，尊重客户隐私，共同推动行业的健康发展。

项目导读

在这个数字化飞速发展的时代，客户服务领域正经历着一场深刻的变革。智能客服系统不再仅仅是简单的问答工具，而是融合了先进技术与人性化设计的复杂体系。它像是一座桥梁，一端连接着企业的高效运营，一端连接着客户的满意度。智能客服机器人作为智能客服系统的核心元素，其应用领域广泛，在不同行业中都展现出独特的适应性和优势。随着 AI 技术的发展，人工智能训练师这一职业诞生并迅速发展，逐渐成为新兴领域中不可或缺的力量。

知识导图

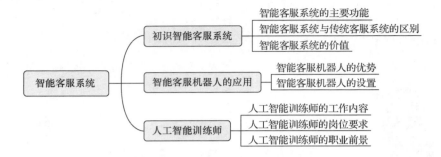

案例导入

Live800 智能客服系统，体验经济下的企业服务新引擎

继农业经济、工业经济和服务经济之后，体验经济正在掀起一股浪潮。它强调对客户感受的满足，重视消费行为发生时客户的心理体验。如今，客户不只满足于传统的商品价格、功能等因素，"悦己"的情感诉求不断提升。业内人士认为，体验将成为新商业的核心竞争力。

那么，企业如何在体验经济时代抓住先机呢？以服务为新的增长点和增长路径，将成为企业在未来竞争中的关键。作为国内在线客服领域倡导者、引领者和推行者的Live800，为企业打造了连接智能、数据智能和服务智能三把钥匙，帮助企业建立体验经济时代的核心竞争力。

Live800 智能客服系统帮助企业与客户从单一的电话连接到微博、微信、自研 App、邮件、支付宝等全媒体连接，从限时限地的连接到随时随地的连接，从单一的人与人连接到智能机器连接。连接让客户体验更好，让企业与客户沟通更方便、更高效。

Live800 智能客服系统可以帮助客服将咨询问题、接触轨迹、行为偏好等客户信息更方便地记录下来，并且经过系统的分类整理，以数字报表的形式展现出来，而这些数据经过分析将为企业提供个性化乃至人性化的服务打下坚实的基础。

数据最本质的一个应用就在于预测。Live800 智能客服系统帮助客服通过历史对话、CRM 系统、订单系统等提前预判客户需求，与企业特定的业务场景相结合，使客服服务更有温度。

Live800 智能客服机器人 24 小时在线，全年无休，且没有接待上限，无论多少访客都能轻松瞬间接待，能够快速响应访客需求，零延迟，零等待。且智能客服机器人无须进行岗前培训，其基于自然语言处理技术，让客户以最自然的方式表述问题，并获得其最想要的精准信息。智能客服机器人在接待中还能自主学习，不断对现有知识库进行优化，变得更专业、更聪明。

在体验经济浪潮下，Live800 将以技术为驱动，以客户为中心，打造营销服务闭环，帮助企业让体验更上一层楼，从而获得竞争优势。

微课资源

任务一　初识智能客服系统

　　智能客服系统是在大规模知识处理技术基础上发展起来的一项面向行业应用的系统，它融合了大规模数据处理、自然语言处理、知识管理、自动问答系统等多种先进技术。智能客服系统不仅为企业提供了细粒度知识管理技术，还为企业与海量用户之间的沟通建立了一种基于自然语言的快捷、有效的技术手段，同时还能为企业提供精细化管理所需的统计分析信息。

一、智能客服系统的主要功能

　　智能客服系统是一种利用人工智能技术（如自然语言处理、机器学习等）来模拟人类客服行为，为客户提供高效、准确的客户服务的软件系统。智能客服系统是综合了大量客服日常工作所需功能的软件平台，且各项功能更加智能化。

　　一款成熟的智能客服系统通常具备以下功能。

1. 自动问答

　　智能客服系统具有自动问答功能，支持客户与客服双方通过文字、图片、表情、音频、视频、文件等方式进行在线互动交流。

　　智能客服系统拥有一个庞大的知识库，里面存储了常见问题及其答案。当客户提出问题时，系统会快速在知识库中进行搜索和匹配。例如，当客户询问"商品如何退换货"时，系统会在知识库中查找退换货规则、流程的内容，并将准确的回答反馈给客户。

　　当客户的问题比较复杂，需要进一步追问才能完整回答时，系统可以与客服进行多轮对话。例如，客户询问"我想退掉在你们这里买的手机，需要如何办理？"，系统回答"如果手机没有损坏，且在购买后的7天内，是可以无条件退货的。"客户接着问："那如果手机已经拆封了呢？"系统会根据这个新问题，结合之前的对话内容，继续回答："拆封后只要手机没有质量问题，且配件齐全，也可以在7天内退货。"

2. 多渠道接入

　　智能客服系统支持多渠道接入，企业能将在微信、微博、抖音等多种第三方平台产生的对话信息统一接入智能客服系统，并在后台实施统一管理，借助智能客服系统的消息快捷回复、客服机器人等功能为客户提供咨询解答和业务引导服务。

　　在智能客服系统的支持下，人工客服可以在系统中及时回复不同平台上的客户咨询，而无须分别在不同的平台进行回复，从而有效缩短客户的等待时间，提高客服的工作效率。

3. 智能客服机器人

　　智能客服机器人分为表单问答机器人和人工智能机器人。表单问答机器人依托简单关键词匹配的表单自动回复功能，引导客户进行自助查询，多用于重复率高的问题的回复场景中。

　　人工智能机器人能更好地识别客户的咨询意图，并为客户做出有效回复，还能自动向客户索要联系方式。它通常能代替人工客服完成大部分的客户咨询。当人工智能机器人无法回复客户的咨询时，客户即可转到人工客服。

4. 呼叫中心

　　呼叫中心包括智能外呼和呼入转接两项功能。智能外呼能过滤无效的客户号码，实现对有效客户号码的主动呼叫。呼入转接则能根据客户的语音内容进行声纹识别，然后将客户的呼入电话转接至对应的业务办理渠道，由该渠道为客户提供更加专业的服务。

5. CRM系统

智能客服系统整合了CRM系统，能为咨询过的客户添加自定义标签，并将其添加至CRM系统进行管理，实现对客户数据的有效、快速规整，让企业无须再将客户信息转移至第三方CRM系统进行规整。

6. 工单系统

在客服工作中，客服人员经常会遇到当下无法解决的问题，需要将问题转送至其他部门，而接收问题的部门无法准确跟踪问题的解决进度，这就容易导致问题解决效率低下，给客户带来不良体验。智能客服系统具备工单系统，能够创建工单，将工单分配给相应的部门，并通知各部门及时跟进问题，从而让问题得到及时解决。

7. 客服管理

在客服工作中，每个环节都会涉及客服管理，如访客分配、会话质检、客服绩效管理等。智能客服系统的客服管理功能可以将人工智能技术应用到客服管理的各个环节。

例如，在访客分配环节，智能客服系统能让管理者实时查看人工客服的工作状态，及时发现工作异常人员；在会话质检环节，智能客服系统能通过语音语义识别技术对人工客服的会话详情进行质检，发现人工客服在会话中存在的问题，并及时予以解决；在客服绩效管理环节，智能客服系统能生成不同种类的统计报表，为企业复盘和分析客服人员的绩效提供数据支持。

▎二、智能客服系统与传统客服系统的区别

在互联网销售中，智能客服系统与传统客服系统之间存在显著的区别，如表7-1所示。

表7-1　智能客服系统与传统客服系统之间的区别

对比项目	智能客服系统	传统客服系统
运作原理	依托自然语言处理、机器学习和大数据分析等技术，智能客服系统能够自动处理客户咨询，通过预设的算法和知识库实时解答客户问题	依托呼叫中心，通过人工操作或选择回复内容应对客户的咨询
接入方式	支持全渠道接入智能客服系统，如微信、小程序、自研App等，具备对话路由机制，可以智能识别客户接入渠道、区域、来源等信息，进行分流和调度	仅支持有限的接入渠道，如电话等，缺乏智能的路由机制进行对话分流和调度
服务效率	智能客服系统可以同时处理多个客户咨询，实现24小时全天候服务，能够在短时间内对大量客户咨询进行快速响应和处理，显著提高服务效率	通常在特定的工作时间内提供服务，响应速度相对较慢；处理能力受到人力资源的限制，一次只能处理一个客户的请求；在工作高峰期容易产生排队等候现象
系统集成	智能客服系统集成了CRM系统、工单系统等多个系统，能迅速将客户的问题转达至相关部门并促使其及时解决，从而实现不同系统之间业务的流转和联动	难以实现系统集成，各个系统之间难以实现业务的流转和联动
数据处理	智能客服系统可以对大量客户咨询数据进行收集、分析和挖掘，从中提取有价值的信息和知识	通常只能记录客户咨询的基本信息和处理结果，对数据的分析和应用能力相对较弱
成本与维护	初期需要投入一定的资金进行开发和部署，但随着服务的推广和应用，可以显著减少人力成本，提高服务效率，长期来看维护成本相对较低	主要依赖人力资源进行运营和维护，人力成本较高，且随着业务量的增长而增加

三、智能客服系统的价值

在互联网销售中，智能客服系统让企业客服管理工作实现自动化和智能化。智能客服系统的价值主要体现在以下几个方面。

1. 提升客户体验

人工客服通常有固定的上下班时间，他们只能在上班期间为客户提供服务。而智能客服系统能提供 24 小时全天候在线服务，客户无须等待，就能随时获得自己所需要的信息。并且智能客服系统还能根据用户的需求和偏好提供个性化的服务，从而提升了客户的满意度。

2. 提高客服接待率

智能客服系统能独立接待客户，引导客户进行自主查询，让客户能快速获得相关信息。智能客服系统还能帮助人工客服解决一些答案标准且重复率高的问题，使人工客服专注于处理更加复杂、个性化程度更高的客户咨询，从而有效提高客服接待率。

3. 节约服务成本

客服接待率的提高同样也会减少企业对人工客服的需求，从而帮助企业节约服务成本。此外，客服中心的工作人员离职率一般较高，人工客服的离职在无形中会增加企业招聘和培训人工客服的成本。而智能客服系统具有较高的稳定性，可以使企业减少对人工客服的需求，这能在一定程度上降低企业招聘和培训人工客服的成本。

4. 提升访客转化率

在互联网销售中，智能客服系统有利于提升访客转化率。智能客服系统利用先进的自然语言处理技术和机器学习算法，能够准确理解客户的问题和意图，并基于客户的历史行为、偏好和当前需求，提供个性化的服务方案。通过构建客户画像，智能客服系统能够向客户推荐个性化的产品和服务，实现精准营销。这种个性化的推荐方式可以大大提升营销的针对性和有效性，从而提高转化率。

5. 提升复购率

智能客服系统的价值不仅仅在于能促进客户转化率的提升，更重要的是它有助于提高客户忠诚度，从而提升客户生命周期价值。在客户购物的过程中，智能客服系统能为客户提供全流程服务，为客户创造良好的购物体验，提升客户忠诚度。

客户完成购物后，智能客服系统能为客户提供物流信息、退换货处理等相关问题的查询，为客户提供良好的售后服务，提升客户满意度。客户的满意度和忠诚度对客户的复购率有直接影响，客户的满意度和忠诚度越高，越可能形成二次转化。

6. 提供决策支持

智能客服系统通过收集和分析客户交互数据，为企业提供了丰富的市场洞察和决策支持。这些数据有助于企业了解客户的真实需求和偏好，优化产品和服务，制定更加精准的营销策略。此外，系统还可以帮助企业监控运营状况，及时发现潜在问题，并采取措施进行改进。

7. 提升企业竞争力

智能客服系统能够帮助企业提高客户服务的质量和效率，从而提高企业的竞争力。同时，智能客服系统代表了客户服务领域的技术创新和发展方向。通过引入智能客服系统，企业可以展现其技术实力和创新能力，吸引更多潜在客户的关注和青睐。这有助于提升企业的品牌形象和市场竞争力。

任务二　智能客服机器人的应用

智能客服机器人是一种利用人工智能技术，能够模拟人类客服行为，自动回答客户咨询和解决问题的软件系统。它能够实现语音识别和自然语义理解，具有业务推理、话术应答等能力。

智能客服机器人被广泛应用于商业服务与营销场景，为客户解决问题，为企业提供决策依据。同时，智能客服机器人在应答过程中可以结合丰富的对话语料进行自适应训练，在问题应答方面更加精准。

一、智能客服机器人的优势

智能客服机器人适用于绝大多数有业务需求或服务需求的企业，强大的功能和完善的场景体验使得智能客服机器人能够很好地服务于客户，并满足企业对各种场景的需求。

智能客服机器人不仅可以提升对客户需求的响应效率和服务质量，还能降低运营成本，提升客户体验。智能客服机器人具有以下优势。

- 快速响应：智能客服机器人能够迅速回应客户的询问，无须让客户等待或排队，显著缩短了对客户需求的响应时间。
- 服务效率高：智能客服机器人能够同时处理多个客户的请求，不受时间和空间的限制，能够解答客户购物过程中遇到的问题，例如，进行商品介绍和提供购买建议；自动处理订单，查询订单状态和物流信息；提供退换货咨询服务，根据需求自动提供退换货流程和注意事项；快速处理投诉和反馈，了解客户需求和意见，提供解决方案，然后进行满意度调查。智能客服机器人的服务效率高，可以提升客户的满意度。
- 节约成本。智能客服机器人与人工客服相比，无须支付薪资、培训费等人工成本，为企业节约了运营成本。
- 实时监控。智能客服机器人能够实时监控客户服务质量，帮助企业及时发现和解决问题，从而提升客户体验，增强客户黏性。

目前，在互联网销售领域，很多电商企业已经将智能客服机器人应用于客户管理与运营中，这些智能客服机器人可以分析客户提问的语义、关键词等信息，自动回答客户的问题，提供全天候、高质量的客户服务。智能客服机器人的应用不仅有助于企业提高售前服务水平，开发更多的客户，提高市场占有率，还能提高售后服务水平，维护企业信誉，培养忠实客户，提升企业在市场中的美誉度。

二、智能客服机器人的设置

在设置智能客服机器人之前，企业需要明确业务目标，再根据目标梳理客户需求，然后确定智能客服机器人应具备的功能模块，如产品信息查询、价格咨询、订单管理、物流追踪、售后服务、智能推荐、多渠道接入、自然语言处理、情绪识别与应对等。在互联网销售中，设置智能客服机器人通常需要按照以下关键步骤来进行。

1. 设置基础信息

企业首先要设置智能客服机器人的名称与头像。企业要为智能客服机器人设定一个友好且容易识别的名字，如"小 i 客服""智能助手"等。同时，选择一个合适的头像，头像风格可以根据企业品牌形象来确定，例如，科技企业可以选择带有科技感的机器人形象，服务型企业可以选择亲切的人物形象。

企业还应根据目标客户群体和业务场景确定智能客服机器人的语言风格。如果是面向年轻人的时尚品牌，语言风格可以活泼、紧跟潮流，适当使用网络流行语；如果是金融、医疗等专业领域，语言风格则要严谨、专业。

例如，时尚品牌的智能客服机器人可以说："朋友，穿上这款衣服超帅、越炫酷的哦！"；而金融客服机器人则应说："尊敬的客户，根据相关规定，该理财产品的风险评估是……"

2. 构建知识库

企业要根据品牌或产品的需要收集知识并构建知识库，知识库应当包括以下几个方面的知识内容。

（1）产品知识

企业要收集所销售产品的详细信息，包括产品的基本参数、功能特点、使用方法、适用场景等。

（2）业务流程知识

企业要梳理内部的业务流程，如订单的处理流程（下单、支付、发货、退换货）、客户服务流程（投诉处理、咨询解答）、会员服务流程（会员注册、权益享受、升级降级）等。

（3）常见问题与答案

分析客户咨询记录，找出出现频次较多的问题，如价格相关问题（促销活动、折扣、分期付款）、物流相关问题（发货时间、运费、快递方式）、售后相关问题（退换货政策、质量保证）等，并整理出准确的答案。

（4）知识分类与存储

企业要将收集到的知识按照一定的逻辑进行分类，如按照产品类别、问题类型（产品问题、业务流程问题、售后问题）等分类，然后将这些知识存储在知识库中，方便智能客服机器人快速检索。

（5）知识更新机制

企业要建立知识更新机制，定期更新知识库，当产品升级换代、业务流程发生变化、促销活动更新时，及时修改知识库中的相关内容。例如，企业推出了一款新手机，就需要及时将这款手机的信息添加到知识库的手机类别中；当企业修改退换货规则后，要同步更新售后问题相关的知识。

3. 搭建系统架构

智能客服机器人系统架构主要由语音识别模块、语义理解模块、信息检索模块和知识构建模块组成。

* 语音识别模块：应用语音识别技术，将客户的语音信息转化为纯文本数据，这是人机交互的关键环节，为后续的信息处理奠定基础。
* 语义理解模块：利用自然语言处理技术和算法模型理解客户的语义，通过多种操作对问题文本预处理，挖掘客户需求。
* 信息检索模块：当智能客服机器人需要查找特定的信息来回答用户问题时，就由信息检索模块来执行这项任务。它会在预先构建的知识库、数据库等存储有各类信息的地方进行搜索查询。它通常会采用一些高效的检索算法和索引技术来提高检索的速度和准确性。

- 知识构建模块：这个模块主要负责创建和不断完善智能客服机器人所依赖的知识库。它会收集来自多个渠道的知识信息，例如，从行业文档、专家经验、历史客服记录等方面获取知识内容，然后对这些知识进行整理、分类、标注等，将其转化为适合智能客服机器人使用的结构化形式，以便后续能够调用这些知识来为客户提供准确的解答和服务。

4. 渠道接入设置

智能客服机器人的接入方式主要有网页端接入、移动端接入和社交媒体平台接入。

（1）网页端接入

网页端接入是指将智能客服机器人代码嵌入企业网站页面的合适位置，一般是在页面底部或者侧边栏，方便客户点击访问。同时，要确保智能客服机器人的界面在网页上的显示效果良好，与网站整体风格一致。

（2）移动端接入

当企业拥有自己的移动应用（如手机应用程序）时，可以将智能客服机器人集成到应用内，例如，通过软件开发工具包（SDK）实现，确保智能客服机器人在手机屏幕上的操作方便、对话界面清晰，并且要考虑移动网络环境下的性能，如响应速度等。

（3）社交媒体平台接入

如果企业在社交媒体平台（如微信、微博）有官方账号，也可以将智能客服机器人接入。例如，在微信公众号中，企业可以通过开发自定义菜单或者小程序的方式，让客户在微信中方便地咨询智能客服机器人。

5. 性能测试与优化

智能客服机器人的系统搭建完成后，要进行性能测试，不断调整优化。性能测试主要包括以下几种类型。

（1）准确性测试

准确性测试是指采用模拟客户提问的方式，用大量的已知问题和各种可能的提问方式来测试智能客服机器人回答的准确性。企业管理者可以邀请内部员工或者外部志愿者扮演客户进行测试。例如，针对产品价格问题，用不同的表述方式（口语化、书面语）提问，检查智能客服机器人是否能准确回答。

对于回答错误的问题，企业要分析原因，可能是知识库内容错误、问题理解错误等，然后有针对性地进行改进。

（2）响应速度测试

响应速度测试是指测试智能客服机器人在不同网络环境和负载情况下的响应速度，可以使用专业的性能测试工具，记录智能客服机器人从接收到客户问题到回复的时间。一般来说，理想的响应时间应该在几秒内。

如果响应速度过慢，企业应分析是网络问题、服务器性能问题还是算法效率问题，然后采取相应的优化措施，如优化代码、增加服务器资源等。

（3）并发处理能力测试

并发处理能力测试是指模拟多个客户同时提问的场景，测试智能客服机器人的并发处理能力，确定智能客服机器人能够同时处理多少个客户问题而不会出现性能下降或者系统崩溃的情况，然后根据测试结果合理配置服务器资源或者优化算法，以提高智能客服机器人的并发处理能力，满足业务高峰期的需求。

6. 与人工协同设置

企业如果选择智能客服机器人与人工客服协同工作，需要进行智能客服机器人与人工客服的协同设置，包括转接规则设置和建立协同沟通机制。

企业要确定在什么情况下智能客服机器人需要将客户咨询转接到人工客服。例如，当客户提出的问题过于复杂，智能客服机器人无法回答时，或者客户明确要求与人工客服沟通时，应该及时进行转接。

同时，还要建立智能客服机器人与人工客服之间的沟通渠道。人工客服应该能够方便地查看智能客服机器人与客户之前的对话记录，以便更好地了解客户需求。同时，智能客服机器人可以为人工客服提供一些辅助信息，例如，根据客户提问预测可能需要的知识内容。

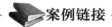 案例链接

携程智能客服"心灵感应"，猜你所想，答你所问

在数字化时代，客户服务的质量与效率直接影响着企业的竞争力。携程作为在线旅行服务公司，一直致力于通过技术创新提升客户体验，其智能客服系统凭借"猜你所想，答你所问"的能力，赢得了广泛好评。

携程的智能客服机器人主要服务于旅游产品预订（酒店、机票、旅游线路等）相关的问题。它可以解答关于酒店设施（是否有健身房、游泳池等）、机票退改签规则、旅游线路行程安排等问题。例如，游客询问某酒店的早餐供应时间，智能客服机器人能够快速查询答案并回复游客。在旅游旺季，面对众多游客的咨询，智能客服机器人发挥了关键作用。

（一）猜你所想：问题预测算法

携程的智能客服机器人采用上下文理解与推荐的问题预测算法，能预测客户可能提出的问题。在客户尚未输入任何内容时，携程智能客服系统会根据客户的历史行为、当前上下文信息（如访问页面、搜索关键词）以及咨询的产品信息，运用机器学习算法预测客户可能想要咨询的问题。这一过程类似于推荐系统，通过分析客户画像和上下文特征，生成一系列可能的问题，排序展示给客户。

当客户开始输入时，携程智能客服系统还会根据客户的输入内容实时预测其可能想要咨询的问题，并以一定的形式展示给客户。这可以提高客户的输入效率，帮助客户更准确地表达自己的需求。

（二）答你所问：精准回答算法

携程的智能客服机器人还会依据精准回答算法，准确回答客户提出的问题，提升了客户的满意度。

携程智能客服系统的基础是标准Q匹配模型，该模型通过关键词匹配的方式，能快速从知识库中检索出与客户问题最相关的答案。虽然这种方法简单、直接，但在处理复杂问题时可能不够灵活。为了提升回答的精准度，携程引入了多种语义分析技术，如潜在语义分析（LSA）、概率潜在语义分析（PLSA）和隐含狄利克雷分布（LDA）等。这些技术通过计算语义相似度来匹配客户问题，从而得到更准确、更全面的回答。

随着深度学习技术的发展，携程智能客服系统也开始采用基于神经网络的模型，如Word2vec、DSSM等，进行文本匹配和语义理解。这些模型能够捕捉词语之间的深层关系，进一步提升回答的准确性和相关性。

携程智能客服系统通过"猜你所想，答你所问"的算法实践，实现了高效、精准的客户服务，这背后离不开强大的自然语言处理技术和先进的机器学习算法的支持。

任务三　人工智能训练师

　　人工智能训练师是随着人工智能技术的发展而出现的新兴职业。2020年2月，人工智能训练师正式成为新职业并纳入国家职业分类目录。人工智能训练师是指使用智能训练软件，在人工智能产品实际使用过程中进行数据库管理、算法参数设置、人机交互设计、性能测试跟踪及其他辅助作业的人员。

一、人工智能训练师的工作内容

　　人工智能训练师需要对人工智能行业涉及的知识有一定的认知，了解人工智能的业务需求，明白人工智能的落地场景，根据不同的技术实现逻辑提供相应的结构化数据。简单来说，人工智能训练师通过不断地对人工智能的数据端进行分析与优化，不断地调整参数、优化算法，从而让人工智能变得更"聪明"，更好地为人们提供服务。

　　以互联网销售中的智能客服为例，人工智能训练师必须了解客服人员在售前、售中、售后等不同环节经常处理的问题，然后将可以由智能客服解答的问题筛选出来并进行整理，作为智能客服知识库中的素材。此外，人工智能训练师需要根据智能客服知识库中问题的脉络和预期的实现效果来判断问题解答的技术实现方式。

　　人工智能训练师属于软件和信息技术服务业，根据《人工智能训练师职业能力要求》的规定，人工智能训练师的主要工作任务包括以下几个方面。

　　（1）标注和加工图片、文字和语音等业务的原始数据。

　　（2）分析提炼专业领域特征，训练和评测人工智能产品的相关算法、功能和性能。

　　（3）设计人工智能产品的交互流程和应用解决方案。

　　（4）监控、分析与管理人工智能产品应用数据。

　　（5）调整与优化人工智能产品的参数和配置。

　　总的来说，人工智能训练师的主要工作职责集中体现在以下几个方面。

　　• 提出数据标注规则。运用聚类算法、标注分析等方式，从数据中提取行业特殊场景，在结合行业知识的基础上，提出逻辑清晰、表达准确的数据标注规则，以保证数据训练效果能满足人工智能产品的需求。

　　• 验收与管理数据。参与搭建模型，验收数据，并负责对核心指标和数据进行日常跟踪和维护。

　　• 积累领域通用数据。在分析细分领域的数据应用要求的基础上，从已有数据中挑选适用于相同领域内不同用户的通用数据，形成数据的沉淀和积累。

二、人工智能训练师的岗位要求

　　《人工智能训练师国家职业技能标准（2021年版）》中将人工智能训练师分为5个级别，分别是一级／高级技师、二级／技师、三级／高级工、四级／中级工、五级／初级工。对于一、二、三级人工智能训练师来说，重点考查的是"智能训练"和"智能系统设计"等方面的能力；而对四、五级人工智能训练师来说，重点考查的是"数据采集和处理"和"数据标注"等方面的能力。

1. 职业技能要求

人工智能训练师应具备的职业技能要求如表 7-2 所示。

表 7-2 人工智能训练师的职业技能要求

级别		职业技能要求
一级／高级技师	智能产品应用	① 能设计跨业务领域多个智能产品相结合的复杂项目的解决方案； ② 对不同业务领域和智能领域有深入的了解，对未来发展具有前瞻性认识； ③ 能将方法论进行沉淀，并将其应用到智能算法或知识体系中，给业务带来变革； ④ 能独立统筹并推动项目的进行，推动产品的一系列运营及知识库建设
	数据分析	① 能对复杂业务场景和跨业务单元场景形成深入理解； ② 能搭建业务分析框架，为所负责业务线的业务提出具有前瞻性的业务发展规划建议
	业务理解	① 能利用人工智能技术对现有业务流程进行重构，提升业务在其行业中的竞争力； ② 能结合先进的人工智能技术在业务流程中发现创新点，整合、推动行业的创新； ③ 能结合人工智能技术前瞻性地洞察行业业务战略方案； ④ 能整合跨行业资源，并进行战略落地； ⑤ 能制定行业业务规则标准
	智能训练	① 能根据对算法的前瞻性认知制定智能训练平台的整体产品能力矩阵和整体迭代优化方案； ② 能结合不同的算法模型和业务目标制定智能训练的标准； ③ 能制定训练集、测试集的标准
二级／技师	智能产品应用	① 能在某一业务领域设计包含多个智能产品的方案，解决业务问题； ② 能将解决方案转化成产品功能需求，且呈现设计方案； ③ 能基于某一业务领域情况，设计新的全链路智能应用流程
	数据分析	① 能熟练运用各种数据工具和分析方法； ② 能跨多产品建立业务的体系化数据分析方法论； ③ 能快速独立发现某一业务领域中的问题的关键点或机会点； ④ 能在项目中通过数据分析结果推动项目产生突破性进展
	业务理解	① 能掌握基本的行业业务知识内容和核心业务流程； ② 能综合业务流程、大类及重难点，构建合理的业务数据运营管理框架； ③ 能充分理解所负责的业务及其关联的业务； ④ 能在业务中挖掘潜在机会点及隐藏价值，根据目标产出对应的策略和抓手实现业务目标
	智能训练	① 能结合业务特征构建算法的高质量训练集，使之成为算法的核心竞争力； ② 能结合业务特征构建算法的黄金测试集，并作为算法上线前的质量保障； ③ 能结合算法模型的训练推动算法训练平台优化，且能针对算法模型进行分享，并有一定的影响力
三级／高级工	智能产品应用	① 能针对复杂业务数据或特殊数据，以及预期要解决的问题设计最优的智能解决方案； ② 能在实际运营和分析过程中将方法论沉淀下来，并固化成书面的产品需求，输出简单的工具需求文档； ③ 能基于业务理解，通过数据分析找到人工和智能交互最优的方式，并且设计流程和应用
	数据分析	① 能对基础人工智能运营数据进行统计分析，生成报表； ② 能根据不同运营目标对数据分析结论输出改善建议，并进行改进

续表

级别		职业技能要求
三级／高级工	业务理解	① 能结合业务知识找出业务流程中某个模块的业务痛点，并结合人工智能技术设计业务模块优化方案； ② 能结合人工智能技术要求和业务特征设计整套业务数据采集、处理、质检流程； ③ 能深入分析业务数据采集、处理、质检流程，输出工作效率优化方法论
	智能训练	① 能构建知识图谱； ② 能根据日常工作流程，提出智能训练工具的优化需求并推动实现
四级／中级工	智能产品应用	能为智能产品维护所需知识、数据，并为智能产品找到合适的应用场景
	数据分析	① 能熟练掌握智能应用数据指标的定义； ② 能理解已有的数据报表和使用分析工具得出的分析结论； ③ 能对优化建议进行操作执行
	业务理解	① 能分析预处理后的业务数据/信息； ② 能结合人工智能技术的要求对处理后的数据进行质检； ③ 能结合人工智能技术的要求整理业务数据采集与处理的规则文档； ④ 能结合业务数据采集与处理的流程和结果提出效果优化建议
	智能训练	① 能运用工具分析信息内在的关联； ② 能运用工具对信息进行基础分析和分类； ③ 能运用工具分析算法中错误案例产生的原因； ④ 能运用工具对算法的错误案例进行纠正
五级／初级工	智能产品应用	能在指导下进行智能产品功能的开启和简单使用
	业务理解	① 能采集人工智能技术所需的业务领域数据； ② 能结合人工智能技术的要求对业务数据进行整理与汇总； ③ 能对处理后的业务数据进行统计； ④ 能使用常用统计工具
	智能训练	① 能熟练掌握数据特征定义； ② 能运用工具按照特征定义完成定量的数据清洗和标注任务

2．职业道德要求

随着人工智能技术的快速发展，人工智能训练师的职业道德变得日益重要。人工智能训练师的职业道德要求主要包括以下几点。

· 尊重隐私。在处理用户数据时，应严格遵守隐私保护相关的法律法规，确保用户数据的匿名性和安全性，避免未经授权收集、使用或分享用户数据。

· 公平与公正。在开发和训练模型时，应避免偏见和歧视，不断测试和评估模型，以识别和纠正潜在的偏见。

· 尊重知识产权。在使用他人的数据、算法或代码时，应遵守相关的知识产权法律法规，避免未经授权复制、修改或分发他人的知识产权。

· 关注社会影响。要意识到人工智能技术的社会影响，并努力减少其潜在的负面影响，可积极参与社会公益活动，推动人工智能技术的正面应用。

· 保证数据的真实性和准确性。人工智能训练师有责任保证用于训练的数据是真实、可靠的，不能为了追求模型的某种效果而使用虚假数据。

3．基本素质要求

除了基本的职业技能要求和职业道德要求，人工智能训练师还要具备以下基本素质。

- 实践能力。人工智能训练师应具备一定的项目开发经验，能够将理论知识转化为实际操作能力，要参与过机器学习模型的开发、优化、评估等方面的项目，熟悉项目流程。面对复杂的数据和算法问题时，能够迅速找到问题所在，并提出有效的解决方案。人工智能训练师还要具备敏锐的洞察力和判断力，能够准确评估算法的优劣并进行优化。

- 团队协作与沟通能力。人工智能训练师需要与团队成员紧密合作，共同完成项目，这就要求人工智能训练师具备良好的团队协作精神，能够与团队成员进行有效的沟通和协作，共同解决问题。人工智能训练师要能够清晰、准确地表达自己的想法和观点，并善于倾听他人的意见和建议，积极参与团队讨论。

- 持续学习能力。人工智能技术日新月异，人工智能训练师需要保持持续学习的态度，不断关注行业动态和技术发展，及时更新自己的知识和技能。人工智能训练师要愿意投入时间和精力进行自我提升，不断提高自己的专业能力，积极参加培训课程、研讨会等活动，与同行交流学习。

三、人工智能训练师的职业前景

人工智能训练师的职业前景非常广阔，这一职业随着人工智能技术的快速发展和应用领域的不断扩大而日益受到重视。

1. 市场需求持续增长

当前人工智能技术在众多领域得到广泛应用，如医疗健康、金融科技、智能家居、商品销售等，使得市场对高性能人工智能模型的需求持续增加，这直接导致了对人工智能训练师的大量需求。众多企业纷纷涉足人工智能领域，为了在竞争中脱颖而出，企业需要不断提升自身人工智能产品的性能和质量，这就需要更多专业的人工智能训练师来进行模型训练和优化。

另外，随着深度学习、自然语言处理等技术的成熟，人工智能训练师能够更高效地训练模型，提升模型的准确性和实用性。同时，新技术的发展还为人工智能训练师们提供了更多工具和平台，帮助其更加高效地进行模型训练和优化。

国家高度重视人工智能领域的发展，出台了一系列支持政策，如《新一代人工智能发展规划》等，为人工智能训练师的发展营造了良好的政策环境。

2. 职业发展路径清晰

人工智能训练师的职业技能等级为五级制，从五级到一级，逐级递进。随着经验和技能的提升，人工智能训练师可以逐步晋升到更高的职位，如人工智能项目经理、人工智能技术总监等职位，负责更复杂的模型训练和项目管理工作。

人工智能训练师的薪资待遇普遍较高，且随着经验的积累和技能的提升，其薪资水平会进一步提高。一些发达城市和地区对人工智能训练师的需求更大，薪资水平也相应更高。

人工智能训练师可以在不同的行业领域中工作，如互联网、金融、医疗、教育等，积累不同行业的经验和知识，拓宽自己的职业发展道路。此外，人工智能训练师还可以选择自主创业，开展人工智能技术领域的相关业务。

3. 未来发展前景广阔

随着人工智能技术的不断进步和应用领域的扩展，人工智能训练师需要不断提升自身的技术能力，以适应不断变化的行业需求和技术趋势。人工智能训练师不仅需要掌握数据库管理、算法参数设置、人机交互设计、性能测试等技能，还要遵守数据伦理，承担社会责任。

尽管人工智能训练师的需求量巨大，但目前市场上仍然存在较大的人才缺口。据估计，我国人工智能训练师的短缺人数达数百万。这使得这一职业的薪资待遇相对较高，同时也为有志于从事这一职业的人提供了更多的就业机会。

随着人工智能训练师职业的不断发展，相关的职业认证和培训也逐渐完善。通过参加培训和考取相关证书，人工智能训练师可以不断提升自己的专业技能和知识水平，增强就业竞争力。

📈 项目实训：分析京东客服机器人的优势与设置流程

1．实训背景

随着电商行业的迅速发展，京东作为大型电商平台，每天面临海量的客户咨询。为了提高客户服务质量和效率，京东广泛应用客服机器人。为了更好地满足客户多样化的需求、应对复杂的业务场景，并在竞争激烈的电商市场中保持优势，企业需要深入分析京东客服机器人的优势，了解其设置流程，以便为其他电商平台或相关业务提供借鉴。

2．实训要求

以客户角色在实践中体验京东客服机器人的功能，并分析其特点和优势。

3．实训思路

（1）体验与客服机器人的对话

从不同渠道（网页端、App 等）登录京东商城，作为客户体验与京东客服机器人的对话，了解其功能和优势，如响应速度、回答准确性、处理问题类型多样性等，并对比各渠道客服机器人的功能差异。

（2）搜集资料并分析客服机器人的设置流程

梳理京东客服机器人的设置流程，详细列出每个阶段的关键步骤；研究京东客服机器人与其他系统（如订单管理系统、物流追踪系统、会员系统等）的集成方式，研究其如何确保数据的流畅交互和功能的协同工作；分析系统集成过程中的接口设计和数据传输机制。

（3）撰写实训报告

撰写详细的实训报告，内容包括京东客服机器人优势分析、设置流程阐述、数据分析结果及优化建议。报告应结构清晰，逻辑严谨，语言通顺。在报告中可使用图表、案例等形式辅助说明观点，增强报告的可读性和说服力。

📈 巩固提高

一、单选题

1．智能客服系统中，自动问答功能所依赖的是（　　　）。

　　A．庞大的知识库和快速搜索匹配能力　　　B．人工输入答案

　　C．固定的问答模板　　　　　　　　　　　D．仅支持简单问题回答

2. 智能客服系统中的呼叫中心，智能外呼的功能是（　　　）。

    A. 对所有客户号码进行呼叫

    B. 过滤无效客户号码，主动呼叫有效号码

    C. 根据客户语音转接电话

    D. 仅接收客户呼入

3. 在客服管理中，智能客服系统通过（　　　）技术对人工客服的会话详情进行质检。

    A. 动作捕捉　　　　　B. 图像识别　　　　　C. 指纹识别　　　　　D. 语音语义识别

4. 在设置智能客服机器人时，确定语言风格主要依据（　　　）。

    A. 商品特点　　　　　　　　　　　　B. 网络流行趋势

    C. 目标客户群体和业务场景　　　　　D. 个人喜好

5. 根据规定，以下不属于人工智能训练师主要工作内容的是（　　　）。

    A. 标注和加工语音业务原始数据　　　　B. 进行商品运输调度

    C. 监控人工智能产品应用数据　　　　　D. 设计人工智能产品交互流程

二、判断题

1. 智能客服系统与传统客服系统在运作原理上的区别主要在于是否使用人工操作。（　　　）

2. 智能客服机器人在构建知识库时不需要考虑业务流程知识。（　　　）

3. 智能客服机器人中的语音识别模块是利用自然语言处理技术和算法模型，理解客户的语义，通过多种操作对问题文本预处理，挖掘客户需求。（　　　）

4. 随着人工智能技术的不断进步，人工智能训练师越来越多，目前该职业处于供过于求的状态。（　　　）

5. 人工智能训练师的职业道德要求包括尊重隐私和尊重知识产权等。（　　　）

三、问答题

1. 简述智能客服系统的主要功能。

2. 简述智能客服机器人的设置流程。

3. 简述人工智能训练师的工作内容。

销售数据分析

知识目标

➤ 了解销售数据分析的基本流程。
➤ 掌握销售数据分析的常用方法。
➤ 掌握整体销售分析的方法。
➤ 了解区域分析的分类。
➤ 掌握产品线分析的方法。
➤ 掌握价格体系分析的方法。

能力目标

➤ 能够运用多种方法进行销售数据分析。
➤ 能够进行整体销售分析、区域分析、产品线分析和价格体系分析。

素养目标

培养数据意识，提升数据素养，通过科学的数据分析助力企业优化营销策略，推动企业高质量发展和创新。

项目导读

在互联网时代，销售数据不仅是企业运营的"副产品"，还是推动业务增长与创新的核心驱动力。通过对销售数据的系统分析，企业能够从海量的客户行为数据中提炼出清晰的洞察，为市场策略提供科学的依据。销售数据分析不仅仅是"观察"，更是挖掘、预测和优化的过程，让企业能够站在数据的背后洞悉用户需求，并以此做出明智的决策。

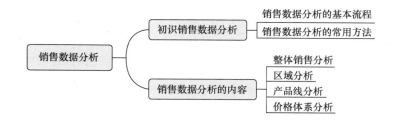

销售数据分析 —— 初识销售数据分析 —— 销售数据分析的基本流程
　　　　　　　　　　　　　　　　　 销售数据分析的常用方法

销售数据分析 —— 销售数据分析的内容 —— 整体销售分析
　　　　　　　　　　　　　　　　　 区域分析
　　　　　　　　　　　　　　　　　 产品线分析
　　　　　　　　　　　　　　　　　 价格体系分析

 案例导入

格力——数据背后的销售密码

格力作为国内知名的家电品牌，近年来在互联网销售领域持续发力。格力通过对多渠道数据的收集与分析，不断优化销售策略，提升市场竞争力。

在数据收集方面，格力从官方电商平台、线下专卖店销售系统，以及社交媒体账号等多种渠道获取数据信息。官方电商平台详细记录着每一笔订单的情况，包括购买时间、产品型号、购买数量、订单金额，以及消费者的评价等。线下专卖店的销售系统能够收集不同地区消费者的购买偏好数据。社交媒体账号上的用户留言、反馈和建议为格力提供了宝贵的市场洞察。

在整体销售趋势分析中，格力通过数据发现其互联网销售额增长态势显著。2024年3月，我国线上电商平台空调销量将近130万件，环比上涨幅度超过146%；销售额累计约37亿元，环比增长超过133%。其中，格力的市场占有率约为26%，月销售额排名第一，累计将近10亿元。

在产品销售层面，格力对数据的分析表明，空调产品始终是格力的销售主力。2023年格力品牌家用空调线上零售额份额为28.15%，位居第一。2021年和2022年格力家用空调的市场占有率分别为37.4%、33.9%，整体竞争力强劲。那些具有节能环保、智能控制等功能的空调产品更受消费者欢迎。

在用户分析方面，格力发现其用户群体广泛，涵盖不同年龄层次和地区。家庭用户更加注重产品的性能、价格和售后服务，而企业用户则更关注产品的稳定性和节能效果。

在营销活动效果分析中，格力通过销售数据发现其线上促销活动和广告投放对销售额的提升起到了重要作用。在"6·18"和"双十一"购物节期间，格力推出的优惠活动和营销策略为销售额带来了大幅度的提升。

格力通过对自身互联网销售数据的全方位分析，精准把握市场动态和用户需求，不断调整产品策略和营销策略，持续引领家电行业迈向新的高度。

微课资源

任务一　初识销售数据分析

销售数据分析是企业掌握市场规律、调整策略的重要方法。通过对销售数据的解读，企业可以从纷繁的数据中提炼洞察，找到业务增长的方向和改进空间。无论是分析销售增速，还是寻找销售放缓的原因，数据分析都能帮助企业直击问题根源，使企业做出的决策更加精准。

一、销售数据分析的基本流程

销售数据分析是一个多层次、全链条的系统，涵盖了从明确目的到报告生成的每一步。通过系统化的数据分析，企业不仅能够精准洞察客户需求，提升产品和服务的竞争力，还能有效地优化运营效率和业务策略。

1. 明确目的：主动把握销售趋势

企业进行销售数据分析的首要步骤是明确分析目的。这一步骤至关重要，因为它可以为后续的数据收集、清洗和分析工作提供明确的方向。目的通常源于企业在销售过程中遇到的具体问题或想要深入了解的业务领域。例如，企业可能想知道销售额下降的原因、哪种产品在哪个地区最受欢迎、销售渠道的效率如何等。

企业进行销售数据分析的目的主要有以下几个方面。

（1）评估当前销售业绩

企业可能希望了解特定时间段内的销售额、销量、销售增长率等关键指标，以确定自身产品的市场渗透率，以及整体销售表现是否达到预期目标。通过与历史数据或行业标准进行比较，企业可以评估自身品牌或产品在市场中的地位和竞争力。

（2）挖掘销售增长机会

企业可能希望寻找新的细分市场、客户群体或产品领域，以实现销售增长。这通常涉及分析客户需求趋势、市场空白点以及竞争对手的策略等内容，从而确定潜在的增长领域。

（3）优化产品组合

企业可能希望评估不同产品的销售表现，确定哪些产品具有较高的市场需求和较强的盈利能力，以便调整产品组合，淘汰低绩效产品，加大对高潜力产品的投入。

（4）了解客户需求及行为模式

通过分析客户购买行为、偏好和反馈，企业可以更好地了解客户需求，优化产品设计、市场营销策略和客户服务策略，提升客户的满意度和忠诚度。

为了明确分析目的，企业管理层、销售团队、市场部门和数据分析人员通常需要进行充分的沟通和讨论，结合企业的战略目标、市场动态和内部运营情况，确定具体的分析问题和目标。

2. 数据收集：精细化、全面化、实时化的数据获取

数据收集是销售数据分析的起点。企业需要在数据收集阶段从多维度、多渠道进行数据获取，将交易数据、客户行为数据、产品信息、营销活动数据等统筹整合。通过整合来自电商平台、CRM 系统、ERP 系统、社交媒体平台和第三方市场调研的数据，企业可以确保数据的多样性和深度。

企业内部的销售管理系统通常包含详细的销售订单信息，包括产品名称、销售数量、销售价格、客户信息、销售日期等。财务系统可以提供关于销售收入、成本、利润等方面的数据。客户关系管理系统则会记录客户的基本信息、购买历史、互动记录等信息。

外部数据来源可以提供更广泛的市场信息和行业趋势。市场调研机构通常会进行消费者调查、市场规模评估和竞争对手分析等活动，可以为企业提供有关市场需求、客户偏好和竞争态势的宝贵数据。行业报告可以提供行业整体的发展趋势、市场份额分布和技术创新等信息。

在收集数据的过程中，企业需要确保数据的准确性、完整性和时效性。准确性意味着数据必须真实反映销售情况，避免出现错误或虚假数据。完整性要求收集的数据能够涵盖各个

方面，不遗漏重要信息。时效性则确保数据是最新的，能够反映当前的销售状况。为了保证数据质量，企业可以建立数据验证机制，对收集到的数据进行审核和校验。

例如，某电商企业采用 AI 驱动的数据收集系统，实现了对客户行为数据的实时采集，如点击流、停留时长和浏览路径。这一系统与传统数据源的无缝整合，使得该企业能生成更精准的用户画像，能够更好地响应用户需求，并实现个性化营销与服务。

3. 数据清洗：从"数据清理"到"数据价值提升"

数据清洗不是简单地去除噪声和异常值，更是对数据的一次价值提升。在此阶段，企业通过对数据进行规范化、结构化处理以及对数据进行填充与建模，可以确保数据的统一性和准确性，使数据分析结果更具可靠性。这不仅有助于企业提高数据分析效率，还为数据模型的构建和未来预测提供了基础。

收集到的数据往往存在各种问题，因此企业需要进行数据清理。常见的数据问题包括数据错误、数据缺失和数据重复。

（1）数据错误

数据错误可能是数据录入员的操作失误、系统故障或数据传输问题导致的。例如，销售价格可能被数据录入员错误地记录为负数，或者客户地址信息的关键部分错误。对于错误的数据，数据分析人员需要进行纠正或删除，可以通过设置数据验证规则、进行人工审核或与原始数据源进行核对等方式来识别和纠正错误数据。

（2）数据缺失

数据缺失是指某些数据字段没有值。这可能是企业在数据收集过程中的遗漏或系统故障导致的。对于缺失的数据，企业可以采用多重插补法（一种处理数据集中缺失值的统计技术，这种方法不仅考虑了单个缺失值的不确定性，还通过创建多个包含不同插补值的完整数据集来反映这种不确定性），使用平均值或中位数进行插补，或者通过其他相关数据进行推断，确保插补数据在全局性和准确性上的平衡。具体的处理方法取决于数据的性质和分析目的。

在 SPSS（一种数据分析软件）中，"插补缺失数据值"功能通常位于"分析"菜单下的"多重插补"子菜单中，该功能界面如图 8-1 所示。企业可以通过导入数据、选择插补变量、设置插补模型、生成插补数据集、分析插补数据集和汇总分析结果的步骤实施多重插补。

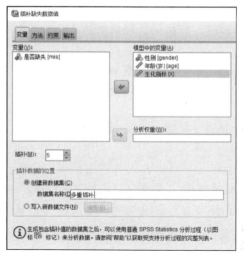 

图 8-1 SPSS 中的"插补缺失数据值"功能界面

（3）数据重复

数据重复是指相同的数据记录出现多次，这可能是数据导入错误或系统重复记录导致的。重复的数据会影响分析结果的准确性，因此需要对其进行删除或合并。企业可以通过比较关键数据字段，如客户编号、订单编号等来识别重复的数据。

数据清洗是一个耗时的过程，但它对于确保数据分析的准确性至关重要。企业可以使用数据清洗工具和技术，如数据验证软件、数据清洗脚本等，提高数据清洗的效率和质量。例如，企业可以引入高级数据清洗技术，如数据异常检测算法，通过机器学习筛选出极端数据点，并进行智能调整。

此外，企业在对数据进行清洗后，还要将数据转换为适合分析的格式。数据转换包括将数据标准化、归一化、变量编码等操作。例如，对于不同量级的销售金额和销售数量，如果要进行综合分析，可能需要对它们进行标准化处理，使它们具有相同的尺度；对于分类变量，如产品类别、销售渠道等，可以进行编码，以便在分析模型中使用。

4. 数据分析：深度剖析与智能洞察的结合

数据分析是整个流程的核心，通过深入地分析数据，企业能够获得重要的商业洞察，并为业务决策提供支撑。企业可以使用电子表格软件（如 Excel）、专业统计分析软件（如 SPSS、SAS）或编程语言（如 Python、R）进行数据分析。例如，在 Excel 中可以使用数据透视表和图表功能进行简单的数据分析和可视化；在 Python 中可以使用 NumPy、Pandas 等库进行数据处理，使用 Matplotlib、Seaborn 等库进行数据可视化，使用 Scikit-Learn 等库进行机器学习算法的应用。

数据分析主要包含描述性分析、诊断性分析、预测性分析和规范性分析 4 个层次。

（1）描述性分析

描述性分析是一种统计方法，通常用于描述数据集的基本特征（如计算平均值、中位数、标准差、频数等统计指标）和性质。描述性分析的主要目的是通过计算各种统计指标来简洁明了地描述数据的分布特点，使数据集中的大量信息得以概括和提炼。通过描述性分析，企业可以了解销售数据的中心趋势、离散程度和分布情况，为数据的进一步分析打下基础。

企业通过计算销售额、客单价、订单数量等关键指标，并对这些指标进行描述性分析，可以获取实时业务表现。例如，企业可以通过计算、分析各产品的平均月销售额，了解销售额的波动情况；企业还可以统计不同地区的销售频数，找出销售热点地区。

（2）诊断性分析

诊断性分析是一种深入探究问题或现象的本质，以识别其根本原因、特征和潜在影响因素的分析方法。它旨在通过收集、整理和解读相关数据及信息，为决策提供准确依据，帮助人们更好地理解事物的现状。

企业进行诊断性分析的常用方法包括相关性分析、关联分析和趋势分析。

① 相关性分析

相关性分析通常用于研究变量之间的线性关系。在销售数据分析中，可以分析销售金额与广告投入、销售价格与销量、客户满意度与重复购买率等变量之间的相关性。例如，企业通过计算相关系数，确定广告投入的增加是否与销售金额的增长呈正相关，从而评估广告效果。

② 关联分析

关联分析，特别是关联规则挖掘，通常用于发现大量数据中不同项之间的关系。这种方法被广泛应用于购物篮分析,例如,发现哪些商品经常一起被购买(如笔记本计算机和鼠标)。关联规则挖掘的目标是找到形如"如果 A,则 B"的规则,其中 A 和 B 是项集,这些规则具有一定的支持度和置信度。支持度表示项集 A 和项集 B 同时出现的频率,而置信度表示在出现项集 A 的情况下,项集 B 出现的概率。

③ 趋势分析

趋势分析是指根据企业连续几个时期的分析资料,确定各个时期有关项目的变动情况和趋势。企业通过观察销售数据随时间的变化趋势,预测未来的销售情况,发现季节性、周期性或长期的销售趋势。例如,企业通过对过去几年的季度销售数据进行趋势分析,发现产品销售数据存在明显的季节性波动,这能为库存管理和营销计划提供依据。

通过结合关联分析和趋势分析,企业能够发现导致销售数据波动的关键因素。例如,某电商企业通过交叉分析发现,促销期间订单量的波动与竞品的折扣力度密切相关,这一发现为定价策略的调整提供了依据。

(3)预测性分析

预测性分析是利用历史数据和统计模型、机器学习算法来预测未来事件或趋势的分析方法。它基于已有的数据模式和规律,对未来可能出现的情况进行预估,帮助企业或组织提前做好规划。企业进行预测性分析的常用方法为机器学习算法和时间序列分析。

① 机器学习算法

机器学习算法被广泛应用于预测任务中,其中回归算法(如线性回归、多项式回归等)专注于预测连续型变量(如销售额、价格等);而分类算法(如决策树、朴素贝叶斯等)则主要用于预测离散型变量,例如,判断客户是否会购买产品、产品是否会畅销等。这些算法通过训练数据学习数据中的模式,然后对未来数据进行预测。

② 时间序列分析

时间序列分析是一种将数据按照时间顺序排列的方法,通过对时间序列数据的分析来发现和理解数据的趋势,揭示其中的季节性变动、周期性变动和随机波动等模式。例如,对于具有明显季节性销售特征的产品(如"开学季"的笔记本计算机),可以利用时间序列模型中的季节性分解方法来预测下一个"开学季"的销量。

企业可以通过构建机器学习模型与时间序列模型,预测未来的销售趋势。例如,通过预测销量高峰,企业能够提前部署库存和物流资源,减少库存积压和物流成本。

(4)规范性分析

规范性分析是在诊断性分析和预测性分析的基础上,为决策者提供最佳行动方案建议的分析方法。它考虑各种约束条件、目标和可能的结果,通过对不同的决策选项进行评估,推荐最优的决策路径。规范性分析需要通过规范性模型来实现,企业可以通过该模型来驱动推荐引擎和个性化内容的策划。规范性模型主要有以下两种。

① 优化模型

优化模型,如线性规划模型、整数规划模型等。例如,在考虑成本、库存容量、销售预期等约束条件的基础上,企业可运用线性规划模型确定最优的产品采购量和定价策略,以实现利润的最大化。

② 模拟模型

模拟模型可以模拟不同决策方案下的系统运行情况。例如,模拟不同库存管理策略下的库存成本、缺货率等指标,比较不同策略的优劣,从而帮助企业选择最佳的库存管理策略。

通过规范性分析，企业能够根据客户偏好和产品组合制定个性化的营销策略。例如，在客户生命周期价值分析的基础上，企业通过规范性分析能够制定客户分层营销策略，提升客户忠诚度和复购率，获得更长久的业务价值。

5. 可视化呈现：分析结果的图表化

数据可视化可以使数据分析人员的分析成果更加直观、易于解读。智能图表（一种基于人工智能技术生成的数据可视化工具）能够自动将复杂的数据转化为直观、易懂的图表形式；一些专业数据分析工具（如 SPSS）在数据分析后通常会生成相关的统计结果、图表、模型等内容。这些工具都有助于提高数据分析人员进行数据可视化的效率。

数据分析人员还可以将数据统计和分析结果通过数据仪表盘（一种数据可视化的表现形式，如图 8-2 所示）等形式呈现出来，以便于企业管理层理解数据分析结果，并基于数据做出决策。

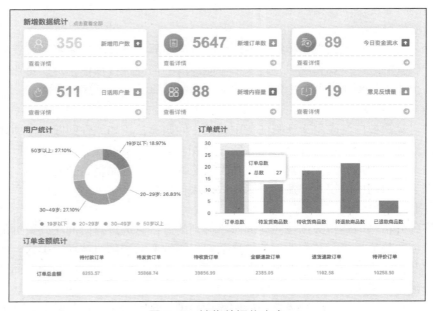

图 8-2　销售数据仪表盘

企业管理者可以利用实时更新的数据仪表盘监控关键指标，如销售额、库存状况和客户转化率。例如，销售额仪表盘可以实时显示当前的销售额数值，以及与上一时间段的对比情况，通过柱状图或折线图的形式展示销售额在不同时间段的变化趋势。库存状况仪表盘则可以显示不同产品的库存数量、库存周转率以及库存预警信息。客户转化率仪表盘可以展示不同渠道的客户转化率、新客户转化率和老客户转化率等指标，通过饼图或漏斗图等形式直观地呈现客户在各个转化环节的流失情况。

6. 分析报告：以数据呈现驱动业务转化

销售数据分析的最终输出成果往往是分析报告。高质量的分析报告不仅需要结构清晰，还需要数据分析人员用浅显的语言表达复杂的分析结果，让企业管理者和业务部门都能快速理解并应用。分析报告应包括背景说明、数据分析发现、业务建议及预测与预警等内容，为销售策略的调整提供支持。

在撰写销售数据分析报告时，可以采用以下技巧。

（1）采用叙事性报告结构

数据分析人员可以通过叙事方式阐释数据，使报告更连贯、易懂。例如，在分析某产品销售额或销量下降的原因时，可以从市场环境的变化开始叙述，如行业竞争加剧、消费者需求转变等，然后引入具体的数据指标，如市场份额等的变化情况，再通过进一步的数据分析，如客户反馈调查、销售渠道分析等，揭示导致销售额或销量下降的具体因素，如产品质量问题、营销策略不当等。最后，根据分析结果提出相应的业务建议和改进措施，形成一个完整的故事链条。这种叙事性的报告结构能够让读者更容易跟随分析思路，理解数据之间的关系和逻辑，从而更好地接受和应用分析报告中的内容。

（2）多维度指标对比

数据分析人员可以在分析报告中展示不同时期或渠道的销售额、用户增长率、转化率等指标的数据对比，帮助企业管理者直观地了解不同阶段和渠道的表现差异。例如，展示不同季度的新用户增长率，分析企业在不同时期的市场拓展效果；对比不同营销活动期间的用户转化率，评估营销活动的有效性。

（3）提供数据摘要与建议

在分析报告的开篇部分，数据分析人员可以用一句话概述每个关键发现，并附上对应的数据。例如，"本月销售额同比增长20%，其中线上渠道贡献了70%的增长"。此外，数据分析人员还要针对分析结果提出可行性建议，以供企业管理者参考。例如，"增加促销频率，提升低转化区域的销售额""加强个性化推荐，提升复购率"。

二、销售数据分析的常用方法

在销售数据分析中，不同的分析方法适用于不同的分析场景。通过熟悉并运用销售数据分析方法，企业可以更从容地应对各种复杂的销售数据问题，并找出优化路径。

销售数据分析的常用方法主要有以下几种。

1. 漏斗分析：优化用户转化路径

漏斗分析可以帮助企业分解用户从访问到完成支付的各个步骤，从而找出用户流失的关键节点。典型的互联网销售用户访问漏斗路径包括"访问主页→浏览商品页→加入购物车→进入结算页→完成支付"，如图8-3所示。

图8-3 互联网销售用户访问漏斗路径

通过漏斗分析，企业可以识别影响用户转化率的具体环节，从而优化用户的购物体验，提升最终成交率。漏斗分析的步骤如下。

（1）设定漏斗节点

根据用户在销售流程中的心理活动和行为过程，企业可以将整个销售流程划分为不同的阶段，包括认知阶段、兴趣阶段、评估阶段、购买意向阶段和购买阶段等。例如，对于互联网软件销售，认知阶段可能是用户通过广告或搜索引擎了解到软件；兴趣阶段是用户访问软件官网，并查看其功能介绍；评估阶段是用户下载试用版，或者比较不同的软件；购买意向阶段是用户点击进入"订单提交"界面；购买阶段是用户购买软件许可证。

企业需要在梳理销售流程的基础上，提炼出对销售转化具有关键影响的节点。只有用户在关键节点上完成相应的行动，企业才能将其视为成功的转化。例如，在"加入购物车"节点，转化行动就是客户点击"加入购物车"按钮；在"进入结算页"节点，转化行动是客户成功提交订单，进入支付流程。

（2）配置数据采集工具

企业需要明确在每个漏斗节点上需要采集的数据，这些数据包括页面浏览量、点击次数、停留时间、转化率等。例如，在"浏览商品页"节点，可以采集用户浏览该页面的次数、停留时间，以及是否点击了相关推荐产品等数据。企业可以通过使用计算机编程语言 Python、SQL 数据库、BI（商业智能）等工具，追踪每个漏斗节点的访问数据。例如，可以在各漏斗节点设置事件跟踪代码，记录用户的点击行为。

（3）计算转化率

在做好漏斗节点设定和配置数据采集工具的准备后，企业需要统计每个漏斗节点的访问量和转化情况。漏斗转化率的计算公式为"漏斗转化率=当前节点的用户数÷进入上一个节点的用户数"。企业通过计算从每一节点到下一节点的转化率，可以识别出用户转化率较低的阶段，进而为后续分析指出方向。

（4）复盘和优化

企业需要通过实际数据来验证漏斗节点设定的合理性，可以观察每个漏斗节点的转化率、流失率等指标，分析是否存在异常情况。如果发现某个漏斗节点的转化率远低于预期，需要重新审视该漏斗节点的定义、用户行为路径或者营销活动是否存在问题，并对节点进行调整优化。例如，如果"进入结算页"节点的转化率较低，可以分析是支付流程复杂导致的，还是价格展示环节出现问题（如运费未在商品详情界面展示）所致，从而有针对性地优化漏斗节点。

此外，企业在对低转化节点进行优化后，可以再次进行漏斗分析，以验证优化效果。如果该节点的转化率上升，说明优化有效，否则需要进一步调整。

2. 用户分群分析：精准营销与差异化服务

用户分群分析是一种将用户群体按不同特征进行分类的分析方法，帮助企业识别高价值用户、重要发展用户及重要挽留用户等。通过分类，企业可以针对不同群体实施差异化营销策略，提高用户的活跃度和复购频率。

常用的用户分群模型为 RFM 模型（见图 8-4），该模型包括最近一次购买时间（Recency，R）、购买频次（Frequency，F）和累计消费金额（Monetary，M）3 项指标。

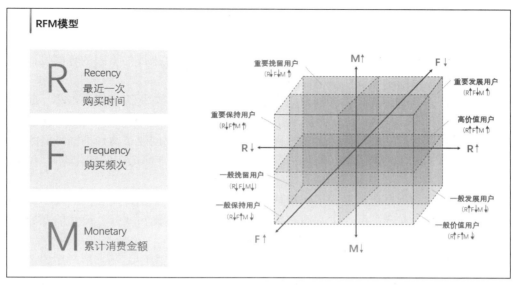

图 8-4 RFM 模型

企业在进行用户分群分析时，首先需要从 CRM 系统或数据库中提取用户的消费记录，这些记录包括购买日期、购买金额、购买频次等信息。接着，企业应按照最近一次购买时间、购买频次和消费金额分别为每位用户打分，以此建立 RFM 模型。

在这个模型中，企业可以将最近购买时间近的用户、购买频次高的用户和消费金额高的用户赋予更高的分数，并确定各项指标的权重。例如，企业可以设置 F（购买频次）的权重为 40%，R（最近一次购买时间）的权重为 30%，M（累计消费金额）的权重为 30%。

依据 RFM 模型分数，企业可以将用户细分为不同的类别，如表 8-1 所示。

表 8-1 RFM 模型的用户分类

最近一次购买时间 （Recency, R）	购买频次 （Frequency, F）	累计消费金额 （Monetary, M）	用户分类
R ↑	F ↓	M ↓	一般发展用户
R ↑	F ↓	M ↑	重要发展用户
R ↑	F ↑	M ↓	一般价值用户
R ↑	F ↑	M ↑	高价值用户
R ↓	F ↓	M ↓	一般挽留用户
R ↓	F ↓	M ↑	重要挽留用户
R ↓	F ↑	M ↓	一般保持用户
R ↓	F ↑	M ↑	重要保持用户

在制定营销策略时，企业可以根据用户分类来制定个性化的营销策略。例如，对于高价值用户，可以为其提供会员折扣和独家促销活动，以进一步提升他们的忠诚度；而对于重要发展用户和重要挽留用户，企业可以定期发送优惠券，以增加他们的消费频次。

例如，某零售电商运用 RFM 模型进行用户分群分析，发现其高价值用户集中在一线城市，平均每月消费 4 次。因此，该零售电商决定为此群体用户推出 VIP 特权和专属折扣服务，以提升其对品牌的忠诚度。

3. 基于 A/B 测试分析：优化策略选择

A/B 测试是一种实验方法，通过将用户随机分配至不同版本页面或对用户随机采用不同的策略，从而帮助企业找到最佳方案。企业通常使用 A/B 测试来评估不同的界面设计、广告文案、按钮颜色、促销策略等对用户行为的影响。

企业在进行 A/B 测试时，首先需要明确测试的具体目标，如提高按钮点击率、提高转化率等。下面以某在线服装销售企业为例来介绍 A/B 测试的使用方法。该企业想要测试某款产品页面的布局和展示方式对销售转化率的影响。随后，该企业创建了两种不同风格的产品页面（A 版本和 B 版本），希望通过测试确定哪种风格能够提高产品的购买转化率。

（1）A 版本

A 版本采用传统的白色背景、正面和侧面角度的产品图片。图片尺寸相对较小，周围没有过多的装饰元素。在产品图片下方是产品的详细描述，包括面料成分、尺寸信息等，描述文字采用较为常规的字体和字号。

A 版本的页面顶部是公司的 Logo 和导航栏，接着是产品主图，下方是产品的名称、价格，再往下是产品描述和"加入购物车"按钮。按钮颜色为标准的蓝色，大小适中。整个页面的颜色以简洁的白色和少量灰色调为主，给人一种简洁、清晰的感觉。

（2）B 版本

B 版本采用有场景的产品图片（模特在户外穿着品牌服装）。图片尺寸较大，几乎占据了屏幕的一半空间，并且带有一些淡淡的滤镜效果，营造出时尚的氛围。产品详细描述则放在图片的一侧，采用了更具设计感的排版，文字颜色与图片色调相呼应，字号稍大，并且使用了一些字体特效来突出重点信息。

B 版本的页面顶部同样是 Logo 和导航栏，但产品图片更加突出，部分图片带有动态效果（如鼠标悬停时，模特轻微转身，展示服装背面）。产品名称和价格以一种更艺术化的字体呈现，"加入购物车"按钮的颜色为醒目的橙色，并且按钮更大，更有立体感。页面背景采用了淡米色，与整体的时尚风格相匹配。

接着，企业将访问产品页面的流量随机分配到 A 版本和 B 版本，准备进行数据的收集和分析。收集的数据包括产品页面的浏览量、加入购物车的转化率、实际购买转化率、用户在页面上的停留时间等指标。

该企业将测试周期设定为 14 天，以确保有足够的流量和数据用于分析，同时避免外部因素（如季节变化、促销活动等）对测试结果产生过大的干扰。14 天后，企业通过分析收集到的数据，发现 B 版本的用户平均停留时间比 A 版本长了 20%，加入购物车的转化率高 15%，实际购买转化率高 10%。这表明 B 版本的产品页面布局和图片展示风格在吸引用户、促进用户加入购物车和完成购买等方面表现更优。

最后，企业根据分析结果确定表现更优的版本。该在线服装销售企业决定将此次新品页面更新为 B 版本的设计，并继续对 B 版本进行优化，进一步调整图片和文字的布局，尝试不同的颜色搭配，使其与具体产品更加适配。

4. 购物篮分析：提升关联销售额

购物篮分析是一种通过分析用户在同一订单中经常组合购买的商品，识别商品之间关联关系的分析方法。购物篮分析常用于电商、零售行业，帮助企业设计交叉销售和捆绑促销策略，从而提升关联销售额。常用的分析工具包括关联规则挖掘算法（如 Apriori 算法），用于发现用户购买行为的潜在模式。

购物篮分析的步骤为：收集购买数据→生成关联规则→计算支持度和置信度→设计关联营销策略。下面以某线上美妆销售企业为例来介绍购物篮分析的方法。

（1）收集购买数据

该企业首先从其电商平台的数据库中提取了过去一年的销售订单数据，包括订单编号、客户 ID、购买日期、商品名称、商品类别、商品数量和价格等信息。然后，该企业对原始数据进行清洗，去除重复订单、无效订单（如测试订单、退款订单），以及缺失关键信息的记录。随后，该企业将商品名称和类别进行标准化处理，统一名称表述和类别划分，将"爽肤水""化妆水"等统一为"护肤水"类别，以确保分析的准确性。

（2）生成关联规则

在处理完数据后，该企业使用 Apriori 算法进行关联规则挖掘。该企业设定最小支持度为 10%（即商品组合在至少 10%的订单中出现），最小置信度为 60%（即当购买了 A 商品时，有 60%的概率会购买 B 商品）。

（3）计算支持度和置信度

经过算法运行，该企业发现了一些有趣的关联规则：购买洗面奶的客户，有 70%的概率会同时购买乳液（支持度为 15%，置信度为 70%）；购买口红的客户，有 65%的概率会购买睫毛膏（支持度为 12%，置信度为 65%）。

随后，该企业通过进一步分析发现了"护肤套装（包含护肤水、乳液、面霜）+洁面仪""眼影盘+化妆刷套装"等热门购物篮组合。对于这些购物篮组合，企业还分析了其平均客单价和利润贡献。例如，"护肤套装+洁面仪"的平均客单价为 500 元，利润贡献为 150 元；"眼影盘+化妆刷套装"的平均客单价为 200 元，利润贡献为 60 元。

（4）设计关联营销策略

该企业根据关联规则，在商品详情页面进行相关商品推荐。当客户查看洗面奶商品时，在页面下方推荐乳液，并附上"购买洗面奶的用户也常购买乳液"等提示语。在网站首页和商品分类页面，该企业将关联度高的商品放在相邻位置。例如，将洗面奶和乳液放在同一护肤品类的相邻展示区域，以便客户发现和购买相关商品。

在客户结账页面中，该企业会推荐与已购商品关联度高的其他商品，如果客户购买了口红，就向其推荐睫毛膏，并提供组合购买的优惠（如一起购买可享受 8 折优惠）。

该企业还推出捆绑套餐，如"护肤基础套装（洗面奶+护肤水+乳液）""彩妆入门套装（口红+眼影盘+化妆刷套装）"等，以吸引客户一次性购买更多商品。同时，该企业还对捆绑套餐进行定价优化，确保既能吸引客户又能保证企业利润。例如，"护肤基础套装"原价为 400 元，单独购买洗面奶、护肤水和乳液总价为 450 元，捆绑套餐定价为 380 元，既能给予客户一定的优惠，又能提高客单价和利润。

5. 客户终身价值（CLV）分析：精准资源投入

客户终身价值（Customer Lifetime Value，CLV）分析是一种通过预测客户在整个生命周期内的总贡献，为企业制定获客和维护策略提供依据的分析方法。CLV 分析可以帮助企业识别高价值客户，合理分配营销资源，确定在客户获取和留存上的投入力度。

CLV 分析的步骤如下。

（1）计算 CLV

企业可以根据公式"CLV=平均订单金额×年均购买频次×客户生命周期"计算客户的终身价值。例如，若客户平均每次消费金额为 100 元，年均购买频次为 4 次，客户生命周期为

3 年，那么该客户的 CLV 为 1200 元。

（2）客户分层

企业可以根据 CLV 将客户分为高、中、低价值层级。高 CLV 客户通常具有较高的忠诚度和较强的消费意愿，适合重点维护；低 CLV 客户适合通过低成本策略吸引其复购。

（3）定制维护策略

企业可以为高价值客户设计 VIP 折扣、免费送货等专享服务，延长其生命周期。对于低价值客户，企业可以采取成本控制策略，通过特定时间或特定产品促销的方式引导其复购。

（4）动态跟踪 CLV 变化

企业应根据市场变化或客户行为变化，定期计算并更新 CLV，以确保维护策略的准确性。若高价值用户的 CLV 下降，企业需要及时分析原因并采取挽留措施。例如，某电商平台发现某类客户群体的 CLV 较高，但活跃度较低，因此平台决定实行"复购折扣"策略，鼓励该类客户群体再次购买，有效地提升了订单量。

6. 流量渠道分析：优化渠道投放

流量渠道分析是一种追踪不同流量来源客户行为的分析方法。该方法可以帮助企业识别高投资回报率的渠道，并对流量投放进行优化。流量渠道分析适用于各类线上营销推广活动，还适用于流量来源多样的电商平台、内容平台、广告平台等。

流量渠道分析的步骤如下。

（1）设置追踪参数

企业可以使用网站分析工具（如百度统计）来追踪不同渠道的流量数据。这些工具可以记录客户的访问来源、浏览行为、停留时间、购买转化率等信息。同时，广告投放平台（如百度推广后台、社交媒体广告管理平台等）也可以为企业提供广告展示次数、点击次数、费用等数据。

（2）分析各渠道流量质量

企业可以在百度统计等工具中查看不同渠道的流量、跳出率、停留时间和转化率。若跳出率高或停留时间短，则可能说明该渠道的流量质量较低。高转化率的渠道通常值得为其增加预算。

例如，企业通过分析发现：近 30 天内，社交媒体渠道带来了 10 万次访问，其中新访客量为 4 万人次，页面浏览量为 30 万次；SEM 渠道带来了 8 万次访问，新访客量为 3 万人次，页面浏览量总计 25 万次；电商平台渠道带来了 15 万次访问，新访客量为 6 万人次，页面浏览量为 40 万次；内容营销渠道带来了 6 万次访问，新访客量为 2 万人次，页面浏览量为 18 万次。

从访问量来看，电商平台渠道流量最大，其次是社交媒体渠道和 SEM 渠道，内容营销渠道相对较小。从新访客比例来看，社交媒体渠道和电商平台渠道吸引新访客的能力相对较强。

在转化率方面，企业发现：社交媒体渠道的注册转化率为 10%，购物车添加率为 15%，订单转化率为 5%；SEM 渠道的注册转化率为 8%，购物车添加率为 12%，订单转化率为 4%；电商平台渠道的注册转化率为 12%，购物车添加率为 18%，订单转化率为 6%；内容营销渠道的注册转化率为 15%，购物车添加率为 20%，订单转化率为 8%。数据表明，内容营销渠道在转化指标上表现最佳，电商平台渠道次之，社交媒体渠道和 SEM 渠道表现相对较弱。

（3）计算渠道投资回报率（ROI）

企业可根据各渠道的投入和产生的收入，计算投资回报率（Return on Investment，ROI），判断哪些渠道的投入产出比更高。ROI 的计算公式如下。

$$ROI=（收入-渠道花费）÷渠道花费×100\%$$

例如，企业在社交媒体渠道的广告投放和运营成本为 5 万元，带来的销售额为 10 万元，ROI 为（10-5）÷5×100%=100%；SEM 渠道的成本为 4 万元，销售额为 8 万元，ROI 为（8-4）÷4×100%=100%；电商平台渠道的平台入驻费用和推广成本为 8 万元，销售额为 15 万元，ROI 为（15-8）÷8×100%=87.5%；内容营销渠道的合作费用为 3 万元，销售额为 6 万元，ROI 为（6-3）÷3×100%=100%。

计算结果表明，社交媒体渠道、SEM 渠道和内容营销渠道的 ROI 相当，电商平台渠道的 ROI 略低，但由于其销售额绝对值较大，对总体业绩贡献也较为重要。

（4）调整流量投放策略

根据流量渠道分析结果，企业可以对预算进行优化配置，对高 ROI 的渠道适当增加预算，对低 ROI 的渠道则可减少投入。例如，鉴于社交媒体渠道在吸引新访客和内容营销渠道在转化方面的良好表现，企业决定增加在这两个渠道的投入。

对于电商平台渠道，虽然 ROI 相对略低，但考虑到其巨大的流量潜力，企业将进一步优化店铺运营和产品展示，提升在电商平台内的搜索排名，同时参加更多电商平台专属的促销活动，以提高转化率和销售额。

对于 SEM 渠道，企业决定保持现有投入水平，并持续优化关键词策略和广告创意，提高广告质量得分，降低点击成本，以提升 ROI。

7. 客户流失预测分析：降低用户流失率

客户流失预测分析是一种利用机器学习算法预测客户流失倾向的分析方法。通过客户流失预测分析，企业可以提前采取措施降低流失率，提高客户的生命周期价值。

客户流失预测分析的步骤如下。

（1）收集客户流失数据

企业应通过 CRM 系统等工具收集客户的购买历史（购买时间、购买金额、购买频率、购买商品类别等）、互动频率（登录次数、浏览页面数、在页面上的停留时间等）、客户服务记录（投诉次数、咨询次数、售后服务满意度等）等行为数据，为客户流失预测提供基础数据。例如，频繁访问但未进行购买的客户可能存在流失风险。

此外，企业还可以收集外部市场数据，如行业竞争态势、宏观经济环境等方面的数据，虽然这些因素可能不是直接导致客户流失的原因，但可以作为辅助变量来增强模型的预测能力。

（2）建立流失预测模型

客户流失预测是一个二分类问题（流失或不流失），企业可以使用逻辑回归、决策树、随机森林等机器学习算法建立流失预测模型，根据输入的数据计算出流失评分，表示客户流失的可能性。

（3）识别高流失风险客户

企业可以根据流失评分将客户分为低、中、高流失风险级别。对于高流失风险客户，企业应提前采取干预措施，如推送优惠或提供特别关怀服务，增强客户黏性。

（4）制订客户挽留计划

企业可以通过在线留言等方式联系高流失风险客户，了解其需求并为其提供个性化关怀。

对于中等流失风险客户，企业可以增加复购奖励，鼓励其继续消费。

8. 销售预测分析：科学规划营销策略

销售预测分析是一种通过历史销售数据、季节性波动数据、市场趋势预测未来销售情况的分析方法。销售预测分析可以帮助企业在库存管理、营销策划和财务规划上做出更科学的决策。

销售预测分析的步骤为：数据收集与整理→选择分析方法与模型→销售预测结果与应用→效果评估与模型优化。下面以某电子产品线上销售企业为例来介绍销售预测分析的步骤。

（1）数据收集与整理

该企业从电商平台和官方网站的数据库中提取了过去三年的销售数据，包括每个产品的销售日期、销售数量、销售价格、销售地区等信息。同时，对数据进行清洗，删除由于系统错误导致的错误销售记录，以及重复录入的订单数据。

该企业通过收集行业报告、市场研究数据以及竞争对手的动态信息，了解电子产品市场的整体趋势。在智能手机方面，该企业关注行业的新技术发展趋势（如手机自带 AI 应用软件及系统对销售的影响）；在平板电脑方面，关注平板电脑在教育领域的需求增长情况等。此外，该企业还分析了国内生产总值增长、消费者物价指数变化、利率水平等宏观经济因素对电子产品消费的影响情况。

该企业通过观察历史销售数据发现了一些季节性规律：智能手机在每年的新品发布后（通常在秋季）会有一个销售高峰；平板电脑在寒、暑假期间销量会有所增加。

（2）选择分析方法与模型

企业应根据销售数据特征选择合适的预测模型。若销售数据具有季节性波动特征，可以使用 ARIMA 模型进行时间序列预测。该企业选择了三种分析方法进行预测并建立模型，以测试模型在不同场景中的适用性。

① 时间序列分析

该企业使用时间序列分解方法，将销售数据分解为趋势成分、季节性成分和残差成分（指销售数据中未被趋势和季节性原因解释的随机波动部分，它表示数据中的噪声或不可预测的变动）。通过观察趋势图，该企业发现电子产品的销售总体呈上升趋势，但存在一定的波动。对于季节性成分，该企业采用了季节指数法进行计算。

通过计算，该企业智能手机每年秋季的季节指数较高，这说明该时期的销售业绩相对其他时期的更为突出。此外，该企业还使用移动平均法和指数平滑法对时间序列数据进行预测。经过试验，该企业发现指数平滑法在短期预测中表现较好，能够较好地捕捉数据的变化趋势。

② 回归分析

该企业选取了产品价格、广告投入、市场竞争程度等可能影响销售的因素作为自变量，以销售数量为因变量建立回归模型。该企业通过收集广告投放数据、竞争对手的产品价格信息等，量化这些自变量，计算每个月的广告投入金额，以及与竞争对手产品价格的相对差异。该企业还使用了最小二乘法对回归模型进行参数估计，并进行显著性检验。结果发现，产品价格与销售数量呈负相关，广告投入对销售数量有显著的正向影响。

③ 机器学习方法

该企业尝试使用随机森林算法进行销售预测，将历史销售数据、市场趋势数据和季节性波动数据作为特征变量，销售数量作为目标变量，构建随机森林模型。随后，该企业对数据进行预处理，将产品价格、广告投入等连续变量进行标准化，将季节因素和地区因素进行独热编码（One-Hot Encoding）。该企业通过交叉验证和网格搜索对随机森林模型进行参数调优，以确定最佳的参数组合。最终，该企业发现，随机森林模型在预测准确性上的表现优于传统的时间序列分析和回归分析方法。

（3）销售预测结果与应用

企业可以利用模型预测未来某时间段的销量，为库存管理、人员配置及市场推广活动提供决策支持。该企业使用优化后的随机森林模型预测下一个月智能手机、平板电脑和笔记本计算机的销量，并根据销售预测结果，在库存管理方面做出相应调整：对于预计销量较大的产品，提前增加库存，确保供应充足，避免缺货损失；对于预计销量较小的产品，适当降低库存，减少库存持有成本。

（4）效果评估与模型优化

企业应定期评估预测效果和更新预测模型，以适应市场环境、产品组合或用户行为的变化，提高预测的准确性。企业可以选择均方根误差（RMSE）、平均绝对误差（MAE）和平均绝对百分比误差（MAPE）作为销售预测的评估指标。这些指标可以衡量预测值与实际值之间的误差大小，误差值越小说明预测准确性越高。企业需要根据评估结果，分析销售预测误差产生的原因。如果是由于市场环境发生了重大变化，例如，出现新的竞争对手或行业技术突破，就要及时调整模型的输入变量和参数。

此外，企业还应持续收集新的数据，不断改进和优化预测模型。例如，当企业推出新的产品系列或进入新的市场区域时，可将相关数据纳入模型训练，以提升模型的适应性和预测准确性。

任务二 销售数据分析的内容

销售数据分析的内容多样，涵盖企业的多个层面。通过整体销售分析，企业可以了解业务的整体发展态势，区域分析则让企业更清晰地了解各市场的表现，产品线分析帮助企业判断各产品类别的盈利能力，而价格体系分析则揭示价格因素对销量的影响。这些内容将为企业构建一个全面的分析框架，帮助企业从多角度解构数据，提炼出最具价值的市场洞察。

一、整体销售分析

整体销售分析是帮助企业全面了解整体销售表现的关键步骤。通过分析整体销售表现，企业可以识别销售趋势，找到关键的推动因素，为未来的战略制定、资源分配和市场拓展提供有力的数据支持。在整体销售分析中，企业必须明确核心销售指标（如销售额、销量、毛利率和净利率），并结合时间和销售构成与结构进行多维度的对比分析。

1. 销售额趋势分析

企业在进行销售额趋势分析时，应首先汇总年度、季度和月度的销售额，然后使用同比和环比分析来对比不同时间段的销售数据。

（1）年度同比分析

企业可以将当前月份的销售额与上一年同期的销售额进行对比，以分析年度增长或下滑趋势。这种分析方式可以揭示市场中的宏观变化（如识别长期增长趋势或下滑风险），帮助企业在战略层面进行调整。

例如，淘宝每年的"双十一"大促活动期间，销售额会呈现爆发式增长，通过对历年"双十一"销售额进行同比分析，淘宝可以明显看到该活动对其全年销售额增长的推动作用，也能据此调整后续的营销策略和资源投入。

（2）季度环比分析

企业可以将每一季度的销售额与前一季度的数据进行对比，以洞察季度间的短期波动。通过观察季节性变化和促销活动对季度销售的影响，企业可以根据市场需求波动及时做出决策。

（3）平滑处理方法

企业在分析销售趋势时，可以通过移动平均法或指数平滑法消除短期的波动，从而揭示出长期的趋势。这两种数据处理方法能够让企业更清晰地识别市场的周期性变化，进而为长期战略提供数据支持。

① 移动平均法

移动平均法分为简单移动平均法和加权移动平均法。加权移动平均法是在简单移动平均法的基础上，为每个时间点的销售额赋予不同的权重。两种移动平均法的计算公式如下。

预测值=[前期实际值 $y(t)$＋前期实际值 $y(t-1)$＋…＋前期实际值 $y(t-n+1)$]÷n；

预测值=[$w(t)$×前期实际值 $y(t)$＋$w(t-1)$×前期实际值 $y(t-1)$＋…＋$w(t-n+1)$×前期实际值 $y(t-n+1)$]÷$(w_1+w_2+…+w_n)$

上述公式中，n 为移动平均的时期个数（即时间窗口），t 为需要预测的时间点，w 为实际销售额的权重，且所有 w 之和为 1。

企业可以选取过去一段时期（如过去 12 个月）的销售数据作为样本，然后选择一个合适的时间窗口（如 3 个月，n 为 3）进行计算。例如，企业在计算每个月（如 6 月，t 为 6）的销售额移动平均值时，应将该月以及前 2 个月（从 4 月到 6 月）的销售额相加，然后除以 3，得到第一个移动平均值。对于第二个月（如 7 月），去掉最前面一个月（4 月）的数据，加入其后面一个月（5 月）的数据，再次计算移动平均值，以此类推。通过这种方式，企业可以得到一系列相对平滑的销售数据曲线。

企业使用移动平均法处理销售数据，可以减轻因促销活动、季节性因素等导致的短期销售额大幅波动对销售趋势的影响。例如，企业在某个月进行了大规模的折扣活动，当月销售额猛增，但在移动平均曲线中，这个异常高的值会被周边月份的数据平均化，整体曲线更加平稳，更能反映出长期的销售趋势。

② 指数平滑法

企业可以设定一个合适的平滑系数，如 0.3。对于第一个月的指数平滑值，企业可以直接取该月的实际销售额。从第二个月开始，指数平滑值=平滑系数×当月实际销售额+（1-平滑系数）×上月指数平滑值。通过不断迭代计算，企业可以得到每个月的指数平滑销售额。指数平滑法通过对近期数据给予较高的权重，更能反映销售数据的最新变化趋势，同时又可以在一定程度上对短期波动进行平滑处理。

例如，某互联网电子产品销售企业面对每月波动的销售数据，设平滑系数为 0.3。其首月实际销售额为 500 万元，即指数平滑值，次月实际销售额为 600 万元，按公式计算次月指数平滑值为 0.3×600+（1-0.3）×500=530 万元。后续持续计算，该企业通过指数平滑值发现，销售趋势有升有降：旺季时实际销售额大增，指数平滑值随之上升，该企业据此加大热门产品库存并强化推广；淡季时实际销售额下降，指数平滑值也相应地调整，该企业则优化产品组合，推出促销活动。

2．季节性与周期性分析

企业在进行季节性和周期性分析时，需要关注一年内的季节性波动以及更长时间的周期性波动，尤其是在季节性波动明显的行业中，如零售、快消品，季节性分析能够提供明确的指导。

（1）识别季节性模式

企业可以分析一年内的销售高峰和低谷节点。例如，在假日促销期间，销售额往往会出现显著增长。通过识别这些节点，企业可以提前备货，优化库存管理，确保在高峰期有足够的库存来满足客户需求。

（2）经济周期分析

企业应关注市场的长期周期性变化，尤其在经济周期对消费力影响明显的行业中。通过对市场周期的理解，企业可以提前应对市场需求的变化，在市场萧条期适当进行促销，或者在市场繁荣期提高价格，以提升利润。

3．销售构成与结构分析

销售构成与结构分析聚焦于分析客户群体、客单价和购买频次等维度，可以帮助企业识别销售额的来源，以及不同客户群体对整体销售的贡献。

（1）客单价

企业可以将销售数据按照客单价进行分层分析，识别出高客单价和低客单价客户群体。例如，高客单价客户可能对品牌忠诚度较高，对价格敏感度较低，而低客单价客户则可能更看重性价比。通过掌握这些信息，企业可以在营销时更加有的放矢。

（2）购买频次分析

企业可以根据购买频次来区分高频次和低频次客户群体。例如，高频次客户往往对产品有较高的需求，可能是企业的忠实客户，适合对其定向推广新产品，而低频次客户则可能对价格敏感，需要通过促销活动来激发其消费意愿。

二、区域分析

区域分析是为了评估不同区域的销售表现，识别各区域的市场潜力。通过区域分析，企业可以更有效地配置市场资源，优化区域营销策略，从而提升市场份额。区域分析包括区域销售对比分析、区域市场特征分析和区域差异性因素分析。

1．区域销售对比分析

企业可以将各区域的销售额、销量、市场份额和增长率等核心指标进行对比分析，从而识别出高潜力区域和低增长区域。

（1）区域市场识别

企业可以将各区域的增长率和市场份额进行对比，找出增长速度快但市场份额低的区域作为重点开发对象。对于增长率高的区域，企业可以考虑增加营销投入；而对于增长率较低的区域，企业则应调整策略或减少资源投入。

例如，饿了么通过与高校合作，在高校密集区域推出针对学生的优惠活动（见图8-5），提升在该区域的竞争力；而在一些商业区，饿了么则通过与商家合作，推出各种套餐和满减活动，吸引上班族消费。

图 8-5 饿了么高校学生专享优惠

（2）区域市场表现分析

企业应对高潜力区域和低增长区域进行差异分析，如经济水平、消费偏好等。通过对比这些特征，企业可以制定针对不同区域的市场策略，聚焦于提高高潜力区域的市场占有率。

2. 区域市场特征分析

企业应根据各地的经济发展水平、文化差异和消费特征，深入了解区域市场特征，以支持精准的市场布局。

（1）经济水平与消费能力分析

企业可以将区域划分为高消费、中消费和低消费区域。对于高消费区域，企业可以主打高端产品线；而在中低消费区域，企业应推出更具性价比的产品。此举可以帮助企业优化资源分配，确保不同区域的市场都能有最大化的销售增长力。

（2）文化与购买习惯分析

企业应分析各区域客户的文化偏好和购买行为，例如，有些区域的客户更注重品牌形象，而其他区域的客户则更关注产品价格。针对这些差异，企业可以在价格敏感型客户较多的区域推行折扣活动，而在品牌导向型客户较多的区域加大品牌推广力度。

3. 区域差异性因素分析

企业应评估各区域的竞争格局和政策、物流成本等外部因素，以此制定适应性的区域策略。

（1）竞争对手因素分析

企业可以分析主要竞争对手在各区域的市场份额、定价策略和产品布局，找出自身在该区域的竞争优势。若发现竞争对手的市场份额较高，可以通过降价、促销活动或差异化产品策略增加自身市场份额。

（2）政策和物流成本因素分析

企业应关注不同区域的政策限制和物流成本对销售的影响。对于物流成本高或政策限制多的区域，可以考虑开拓线上渠道或寻找该区域内的供应链合作伙伴，以降低成本并提升服务质量。

三、产品线分析

产品线是指一群相关的产品（如同类产品系列），这些产品可能具有相似的功能，销售给同一客户群，经过相同的销售途径，或者在同一价格范围内。产品线分析是企业评估各产品线的销售表现、盈利能力和市场潜力的重要手段。企业通过产品线分析能够优化产品组合，合理配置资源，从而实现利润最大化。

1. 产品线的业绩贡献分析

企业需要基于销售额、销量和毛利率等指标，对不同产品线的表现进行量化分析，以识别出主要产品线和相对滞后产品线。

（1）销售额贡献分析

企业可以将整体销售额按产品线分解，识别出高贡献产品线和低贡献产品线。对于高贡献产品线，企业可以加大推广力度，而对于低贡献产品线，则应根据市场需求和毛利率考虑优化或剔除。例如，小米商城的产品线丰富，包括手机、电视、计算机等多个品类。通过对不同产品线的销售额贡献进行分析，小米发现手机是高贡献产品线，因此不断加大对手机产品的研发和推广力度；而对于一些相对滞后的产品线（如小米路由器），小米则根据市场需求进行优化和调整。

（2）盈利能力分析

企业应计算各产品线的毛利率和净利润率，识别高利润产品线与低利润产品线，以制定成本控制和利润最大化的策略。对于高利润产品线，企业可以增加库存或扩展市场，以增加销量。

2. 产品生命周期分析

企业应基于产品生命周期理论，对不同产品线在市场中的发展阶段（如引入期、成长期、成熟期、衰退期，见图 8-6）进行分析，从而制定合理的产品策略。

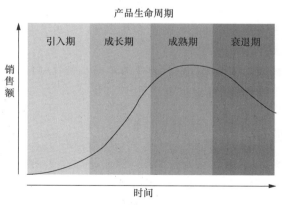

图 8-6　产品生命周期图

企业应制定阶段性的产品策略，对于引入期的产品线，企业应增加市场推广，以尽快提升其知名度；对于成长期的产品线，可以加大营销投入，进一步挖掘现有市场的潜力；而对于成熟期的产品线，则可以采取成本控制措施，优化供应链结构，以提升盈利水平。此外，企业还可以依据产品生命周期调整产品开发节奏，在衰退期及时推出替代产品。

3. 产品组合和交叉销售分析

企业可以通过对不同产品线之间的交叉销售情况进行分析，以识别出产品组合的互补性或替代性，从而优化销售组合。

企业应不断优化交叉销售策略，通过设计促销组合，如推出套餐或捆绑销售活动，以提升客户的购买意愿。例如，通过组合销售互补性强的产品，企业可以提高客单价，从而提升销售收入。

4. 市场反馈和接受度分析

企业应基于客户反馈、退货率和客户评分等数据，评估各产品线的市场接受度，以便及时改进和优化产品。

企业可以通过分析客户评分和退货原因，识别产品中潜在的质量或设计问题。针对退货率高或评价差的产品线，企业可以改进产品特性或售后服务，以提升客户满意度和品牌口碑。

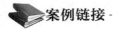案例链接

华为——从数据端切入，定位产品方向

华为作为全球知名的科技企业，一直致力于通过对销售数据的深入分析来优化产品策略，实现可持续发展。

在销售额构成方面，华为经过详细分析发现，其终端业务的利润率在 2023 年高达 18.3%，创历史新高，这主要得益于其 Mate 系列和 P 系列高端手机的销售。华为手机产品线能带来如此丰厚的利润主要是因为其高端手机在定价上相对较高，同时具备先进的技术含量和强大的品牌附加值。而华为智能穿戴设备和智能家居等产品线的毛利率相对较低，不过由于其市场需求量大、销量增长迅速，同样能为企业带来可观的收益。

对于新产品的推出，其新款折叠屏手机是代表性产品。在发布前，华为会基于对以往销售数据的总结和市场趋势的研判，投入大量精力进行市场调研和产品预热，广泛收集消费者的反馈和需求，以便对产品进行优化调整。在发布初期，华为会根据不同地区的销售数据表现，精心选择在重点城市的核心商圈开设体验店，让消费者能够亲身体验产品的强大功能和独特优势，进而提升产品的知名度和美誉度。同时，华为还通过线上线下全方位的广告宣传，不断扩大产品的影响力。

通过对自身销售数据的持续深度剖析，华为不断在科技领域开拓创新，为全球消费者带来更加卓越的科技产品和服务。

四、价格体系分析

价格体系分析旨在帮助企业优化定价策略。企业通过分析价格对销量和利润的影响，以制定符合市场竞争环境的价格体系。价格体系分析是评估企业定价策略的核心步骤。企业可以通过对价格区间、价格弹性、促销效果和竞争性价格的深入分析，优化价格体系，以提升销量和利润，增强市场竞争力。

1. 价格区间分析

企业应将产品划分为不同价格区间，通过分析各价格区间产品的销售额、销量和利润贡献，确定最具潜力的价格带。

（1）价格区间划分

企业可以将产品价格划分为低价、中价和高价 3 个区间，分析各区间的销量和利润情况。低价产品往往适合广泛市场，能够吸引更多价格敏感型客户；高价产品则吸引对品质和品牌有较高要求的客户，通常带来更高的利润率。例如，拼多多的商品价格大多位于低价区间，吸引了大量的价格敏感型消费者，其低价策略使平台的销量大幅增长，同时也通过与商家的合作，降低了商品的采购成本，保证了平台的利润。

（2）最优价格带识别

企业可以根据销售数据找出最具潜力的价格带，并调整产品布局。例如，如果中价区间产品的利润率较高，企业可以考虑加强该价格带的产品推广，以吸引主流消费群体，从而最大化收益。

2. 价格弹性分析

价格弹性（又称需求价格弹性）是指需求量对价格变动的反应程度，具体衡量的是价格变动一个百分比时，需求量变动的百分比，它反映了产品或服务需求量对价格变动的敏感程度。价格弹性分析旨在量化价格变动对销量的影响，帮助企业制定更加精准的定价策略。

（1）价格弹性计算方法

企业应通过价格弹性公式，评估不同产品的价格敏感性。其计算公式为：

$$价格弹性 = 需求量变动的百分比 \div 价格变动的百分比$$

企业首先应确定初始价格和需求量。企业可以选取一个时间段作为观察期，记录该产品在这个时间段开始时的销售价格（P_1）以及对应的销量（Q_1）。企业可以从销售系统、数据库或相关的销售记录中获取这些数据。

接着，企业需要确定新价格和新需求量。企业应观察目标产品的价格变化情况，并记录其变化后的价格（P_2）以及对应的销量（Q_2）。

然后，企业可以使用中点法计算价格变动的百分比，其公式为：

$$价格变动百分比 = (P_2 - P_1) \div [(P_1 + P_2) \div 2] \times 100\%$$

例如，产品初始价格为 100 元，变化后的价格为 120 元，则价格变动百分比 $= (120 - 100) \div [(100 + 120) \div 2] \times 100\% \approx 18.18\%$。

接着，企业同样可以使用中点法计算需求量变动的百分比，其公式为：

$$需求量变动百分比 = (Q_2 - Q_1) \div [(Q_1 + Q_2) \div 2] \times 100\%$$

例如，产品初始销量为 1000 件，变化后的销量为 1500 件，则需求量变动百分比 $= (1500 - 1000) \div [(1000 + 1500) \div 2] \times 100\% = 40\%$。

最后，企业将计算得到的需求量变动百分比除以价格变动百分比，即得到该产品的价格弹性。按照上述例子，价格弹性 $= 40\% \div 18.18\% \approx 2.2$。

根据计算出的价格弹性结果，企业可以判断出产品的价格敏感性。如果价格弹性大于 1，说明该产品的需求量对价格变动反应很大，属于富有价格弹性的产品。对于这类产品，企业稍微降低价格，可能会使销量大幅增加，从而增加总收益；反之，提高价格则可能导致销量大幅下降，总收益减少。

如果价格弹性等于 1，说明该产品的需求量与价格变动呈等比例变动，属于单位弹性产品。价格变动对总收益的影响较小。

如果价格弹性小于 1，说明该产品的需求量对价格变动反应很小，属于缺乏价格弹性的产品。对于这类产品，企业提高价格，销量下降的幅度相对较小，总收益可能会增加；降低价格，销量增加的幅度也不大，总收益可能不会有明显的变化。

（2）策略应用

对于不同价格弹性的产品，企业可以制定针对性的策略。

① 富有价格弹性的产品

对于富有价格弹性的产品，企业可以在促销活动期间，适当降低其价格。在考虑提价时，企业要极为谨慎，因为即使是小幅提价也可能导致销量大幅下滑。如果因为成本等因素必须提价，企业要注重提升产品附加值，如增加产品的配套服务、延长质保期限，或者提供更优质的售后咨询服务，向消费者传达价格提升所带来的额外价值，尽量减少销量的下降幅度。

② 单位弹性产品

对于单位弹性产品，企业应保持其线上价格的相对稳定。企业如果希望通过价格调整来增加收益，需要精确计算价格变动幅度和销量变动幅度的平衡关系。企业还可以通过市场细分和差异化定价策略来挖掘单位弹性产品的潜在收益。例如，企业可以根据不同地区、不同消费群体的购买能力和消费习惯，在不同的互联网销售渠道，针对不同的会员等级设置略有差异的价格。同时，优化产品展示页面和介绍内容，突出产品特色和优势，提高消费者对产品的认可度和购买意愿，以此在价格相对稳定的情况下增加销量，或者维持较高的销量水平。

③ 缺乏价格弹性的产品

对于缺乏价格弹性的产品，企业可以在合理范围内适当提高其价格，但要注意价格提升幅度不能过高，以免引起消费者反感。在提价的同时，要注重维护产品的质量和品牌形象，通过网络口碑营销、用户评价管理等方式增强消费者对产品的信任度。

在考虑降低缺乏价格弹性产品的价格时，企业需要仔细权衡。因为降价后销量增加的幅度相对较小，可能无法弥补价格下降带来的损失。如果企业决定降价，应当配合其他营销策略（如套餐组合），以吸引消费者购买更多种类的产品，从而尽量扩大销量。例如，某品牌高端护肤品的消费者更注重品牌和质量，价格弹性较低，其推出包含降价产品的套装组合，以此增加配套产品的销量。

3．促销效果分析

企业应评估不同促销方式的效果，以便识别最具成效的促销策略，并优化资源分配。

（1）促销方式的效果对比

企业可以对比折扣、满减、赠品等促销方式的实际效果，观察哪种方式对销量提升最有效。例如，通过对历史促销数据的分析，企业可以识别出哪些活动能够吸引更多客户，以及增加客户的购买频次。

（2）促销策略优化

基于促销效果分析，企业可以设计针对性的促销方案，提高促销资源的投入产出比。例如，若满减活动对销量提升效果较好，企业可以在特定时间段增加满减活动场次，以吸引客户，提高销售收入。

4．竞争性价格分析

企业在制定价格策略时，应密切关注主要竞争对手的定价策略，以确保自身的价格具备市场竞争力。

（1）竞争对手价格对比

企业可以定期监测主要竞争对手的产品价格变化，尤其是在同类产品中识别差异化优势。例如，若发现竞品价格较低，企业可以通过适度降价或增加促销活动来应对价格竞争。

（2）定价策略调整

基于竞争性价格分析，企业可以制定针对性的价格策略，如采用差异化定价，突出产品特性，以区分于竞品，避免直接的价格战。例如，美团会定期监测饿了么的价格变化，当发现饿了么的某类商品价格较低时，美团会通过降低商家佣金、提供补贴等方式，降低商品价格，以保持自己的竞争力。

📈 项目实训：小米手机电商平台销售数据分析

1. 实训背景

小米手机在 2024 年 7 月的线上销量同比增长了 6%，销售额同比增长了 33%，均价上涨了 25%。这些数据表明，小米手机在京东、天猫和淘宝等线上平台的销售情况非常好，尤其是高端机型的销量显著增长。小米 14 系列的表现尤为突出，销量比小米 13 系列增长了 80%，其中 Pro 机型的贡献最大，小米 14 Pro 的销量已经是小米 13 Pro 的 3 倍。小米手机 7 月销量的增长主要归功于新手机的发布，新品的推出对销量的提升起到了关键作用。

2. 实训要求

根据搜集到的数据对小米手机的销售数据进行分析，深化对本项目知识的理解。

3. 实训思路

（1）在网络上搜集资料

从不同渠道（微博、微信公众号、电商平台）搜集各种小米手机的销量数据，包括历年销售数据、每一款手机的销量数据，大体感受小米手机的市场份额和细分产品的受欢迎程度。

（2）分析小米手机销售额趋势

将历年小米手机的总销售额进行对比分析，了解其总销售额的趋势，然后分别对比已发行的各细分产品，分析其销售额趋势。有更具体数据的同学，可以用多种分析方法进行分析，如年度同比分析、季度环比分析、平滑处理方法。

（3）分析小米手机的价格区间

根据低价、中价和高价来划分小米手机的各细分产品，分别对比其销量差异，找出小米手机最具潜力的价格带，然后为小米手机提出自己的产品布局策略。

📈 巩固提高

一、单选题

1. 在销售数据分析的基本流程中，（   ）是企业进行数据分析的起点。

    A. 数据收集   B. 数据清洗   C. 明确目的   D. 数据分析

2. 在销售数据分析的方法中，（   ）主要用于优化用户转化路径。

    A. 购物篮分析   B. 用户分群分析   C. 漏斗分析   D. A/B 测试

3. 在用户分群分析中，常用的用户分群模型是（　　　）。

    A．ABC 模型　　　　　B．RFM 模型　　　　　C．KPI 模型　　　　　D．SWOT 模型

4. 在进行产品线分析时，（　　　）指标不能用于评估产品线的市场潜力。

    A．销售额　　　　　　B．销量　　　　　　　C．市场份额　　　　　D．员工数量

5. 在价格体系分析中，如果一个产品的价格弹性较低，企业应该采取的策略是（　　　）。

    A．大幅降价，以吸引更多客户　　　　　　　B．稍微降低价格，以增加销量

    C．保持价格稳定，或适当提高价格　　　　　D．频繁调整价格，以测试市场反应

二、判断题

1. 在销售数据分析中，描述性分析通常用于识别问题的根本原因、特征和潜在影响因素，帮助企业更好地理解事物的现状。（　　　）

2. 在 CLV 分析中，企业需要根据产品的生命周期来计算 CLV。（　　　）

3. 企业可以选用时间序列分析、回归分析和机器学习等方法进行销售数据预测分析。（　　　）

4. 通过分析整体销售表现，企业可以判断各产品类别的盈利能力。（　　　）

5. 区域分析和价格体系分析都涉及对竞争对手的分析。（　　　）

三、简答题

1. 简述销售数据分析的基本流程。

2. 简述购物篮分析的作用及步骤。

3. 简述区域分析的分类。

项目九　客户关系维护

项目导读

对于互联网销售企业而言，客户关系的维护主要包括对客户的关怀与忠诚度的培养、高效的沟通与互动、个性化的营销与服务等方面。客户关系维护有助于降低客户流失率，使企业能够保持稳定的客户群体。在社交媒体高度发达的今天，一个客户的言行会吸引更多潜在客户的关注，这种口碑传播对于企业的品牌形象和市场影响力具有不可忽视的作用。因此，企业需要拥有自己的客户群体，以支撑企业的发展，同时组建客户管理体系，以维持良好的客户关系。

知识导图

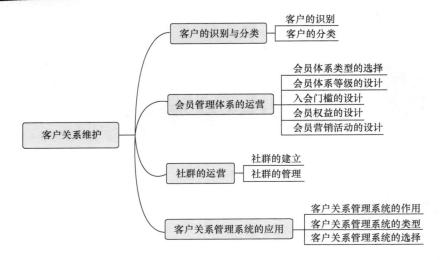

案例导入

西遇——精准维护客户关系，驱动业绩增长

西遇是深圳市一家快时尚品牌。在互联网时代的线上营销过程中，西遇如同许多品牌一样，遭遇了一系列客户关系维护的难题，主要表现为客户沉淀愈发困难、删粉率持续走高，以及"僵尸粉"不断增多。为了改变这一状况，西遇积极探索并实施了一系列有效的客户关系维护策略。

（1）个性化服务与沟通

当客户添加西遇的企业微信后，西遇会借助有赞 CRM 系统，根据客户的历史购买行为和偏好与其沟通，以及推荐产品。对于喜欢休闲风格的客户，西遇的客服人员会针对性地推荐当季新款休闲服饰；对于经常购买基础款的客户，则会推荐一些搭配性强的基础单品。这种个性化的服务让客户感觉到自己被重视和理解，仿佛品牌是自己的贴心朋友，在结合自己的喜好为自己搭配衣物。

（2）疲劳度控制

西遇深知过度营销会引起客户的反感，因此采取了疲劳度控制的策略。他们会仔细分析客户的行为数据，避免在客户忙碌或不感兴趣的时候发送信息。在工作日的白天，客户多数会忙于工作，西遇就会减少信息推送；而在周末或者晚上，客户通常会有更多的闲暇时间，西遇会选择在这些时间段推送一些精心策划的内容，如穿搭指南、时尚资讯等，既不会让客户感到厌烦，又能为客户提供有价值的信息。

（3）老客户唤醒与关怀

对于很久没有购买的老客户，西遇会采取特别的唤醒策略。通过数据分析识别出 3 个月以上未进行购买的沉睡客户后，西遇不会直接发送常规的促销信息，而是根据这些客户以往的购买记录和偏好，为他们定制专属的优惠活动或推荐符合他们风格的新品。对于曾经购买过某一系列服装的老客户，西遇会在该系列推出新款时，优先向这些客户推送相关信息，并提供专属的折扣。

在客户生日当月，西遇会发送特别的生日优惠券，给客户带来惊喜和温暖。这不仅是一种营销手段，更是对客户的一种关怀和祝福，能够增强客户对品牌的好感度和忠诚度。

（4）频率控制

西遇设定了在任意一个月的周期内，同一个客户收到营销信息不超过 4 次的规则。这样的频率控制既能保证客户能够及时了解到品牌的最新动态和优惠活动，又不会让客户因为信息过多而产生抵触情绪。

通过以上一系列客户关系维护策略的实施，西遇的删粉人数降低了 90%，有效保留了客户资源，老客户销售额提升了 46%。

任务一　客户的识别与分类

在当今竞争激烈的市场环境中，企业要想实现可持续发展，就必须深入了解其客户群体，实施有效的客户识别与分类策略。客户识别是理解客户需求、行为和偏好的基础，而客户分类则有助于企业根据不同客户群体的特征制定个性化的营销策略和服务方案。通过精准的客户识别与分类，企业能够优化资源配置，提升客户满意度和忠诚度，进而增强市场竞争力。

一、客户的识别

客户识别是企业制定营销策略、提升服务质量和优化客户体验的基础。有效的客户识别不仅能够帮助企业精准定位目标客户群体，还能为企业后续的市场拓展和产品开发提供有力的支持。

1. 客户识别的重要性

从企业的角度出发，精准识别客户有助于优化资源分配。在互联网销售环境下，流量获取成本高昂，若企业能准确识别客户，可以避免资源浪费在无效客户上。例如，一家互联网软件服务公司通过识别出对办公软件有高频需求的企业客户群体，将营销资源集中投放，能够显著提高营销投入产出比。

对于营销人员来说，客户识别是构建精准营销策略的基石。营销人员通过深入了解客户的线上行为轨迹，如网页浏览时长、页面跳转路径等数据，能够剖析客户的兴趣偏好与购买意图。以一家在线时尚服饰零售商为例，其营销人员分析客户在网站上对不同款式、颜色服饰的浏览停留时间，识别出目标客户的时尚风格偏好，为精准推送产品提供依据。

有效的客户识别有助于提升客户体验与忠诚度。当企业的客服人员能够提前预知客户需求并提供个性化服务时，客户会感到被重视，从而增强对企业的认同感。例如，一家在线旅游平台通过识别客户的历史出行目的地和消费习惯，为客户推荐符合其喜好的旅游产品和个性化行程规划，提升客户的满意度和忠诚度。

2. 客户识别的方法

客户识别的方法主要有大数据分析法、市场调研法和分析客户反馈法。企业要根据自身需求和实际情况选择合适的方法。

（1）大数据分析法

在这个数据驱动的时代，通过大数据分析，企业可以挖掘出数据中的隐藏模式和规律，进而将其转化为有价值的思考和决策依据。大数据分析法已经成为现代企业识别客户的主要手段。在实际应用中，数据分析师利用大数据分析法整合客户在企业官网、电商平台、社交媒体等多渠道的行为数据，运用数据挖掘算法和机器学习模型提取客户特征和行为模式。例如，利用聚类分析算法（一种无监督机器学习技术，用于将数据对象根据相似特征分组）将具有相似购买行为的客户归为一类，以便进行精准营销。

（2）市场调研法

市场调研数据的解读更贴近实际，能够提供更深入的市场洞察和客户需求信息，在客户识别中不可或缺。市场调研人员可以通过线上问卷、访谈以及焦点小组等方式，收集客户的主观需求、期望以及对产品或服务的反馈。例如，对于新兴的互联网智能家居产品，企业开展市场调研可以深入了解客户对智能家居在功能、价格、外观设计等方面的需求和看法。

（3）分析客户反馈法

客户反馈通常具有即时性，能够反映客户在特定时间点的需求和期望。这种即时性有助于企业快速响应市场变化，调整产品或服务策略。大数据分析法和市场调研法虽然也能提供有价值的信息，但往往需要一定的时间来处理和分析数据，所以可能无法像客户反馈那样即时反映市场变化。企业可以构建涵盖在线客服反馈系统、产品评价系统，以及售后投诉处理机制等多渠道的客户反馈体系从而更精准地识别客户需求。

在这个体系中，在线客服团队通过实时聊天工具与客户沟通，记录客户在咨询过程中提出的问题、需求及客户的情绪变化。产品评价系统则利用自然语言处理技术对客户的文字评价进行情感分析和关键词提取，识别出客户对产品功能、质量、服务等方面的满意度和改进建议。售后投诉处理机制对客户的投诉进行分类整理，深入分析投诉产生的根源，如产品质量缺陷、物流配送问题、售后服务响应不及时等。在线客服团队可以从这些反馈信息中挖掘有价值的线索，识别出客户的痛点和潜在需求，为企业改进产品和服务提供方向，以维护良好的客户关系。

二、客户的分类

客户分类作为市场细分的重要组成部分，是企业实现精准营销和服务优化的关键步骤。通过对客户群体进行科学合理的分类，企业能够更清晰地识别不同客户群体的特征和需求，从而制定出更贴合市场需求的营销策略和服务方案。

1. 分类的标准

客户分类标准的制定建立在对客户特征和行为模式深入洞察的基础之上。合理的分类标准不仅能够帮助企业更好地了解客户群体，还能指导企业制定差异化的营销策略。

（1）客户价值

基于客户价值进行分类是企业常用的方法。通过构建客户价值评估模型，计算客户终身价值（Customer Lifetime Value，CLV），综合考虑客户的当前价值和潜在价值，企业可以将客户分为高价值、中价值和低价值客户。

当前价值可以从购买金额、购买频率等维度衡量，潜在价值则通过客户所在的行业发展趋势、企业规模扩张潜力，以及对新产品的接受意愿等因素评估。

例如，对于某互联网金融服务公司而言，高价值客户通常是那些企业资产规模大、资金流动性强、频繁进行高额投资且长期持有理财产品的企业或个人客户。他们不仅能为该公司带来直接的高额收益，还具有较高的忠诚度和口碑传播价值。中价值客户可能是具有一定资金实力，但投资行为相对谨慎，购买频率和金额处于中等水平的客户。低价值客户则是偶尔进行小额投资，对该公司收益贡献较小的客户。针对不同价值层次的客户，企业需要制定差异化的营销策略和服务方案。

（2）客户购买行为模式

以客户购买行为模式分类是指企业根据客户的购买频率、购买周期以及购买产品的关联性等因素进行分类。

根据客户的购买频率，企业可以将客户分为高频购买客户、中频购买客户和低频购买客户。高频购买客户（如在电商平台上每周都会购买食品、日用品等日常消费品的客户），对产品的需求稳定且持续，是企业的核心客户群体之一。中频购买客户可能是每隔一段时间（如一个月）购买一次特定产品（如服装、家居饰品等）的客户。低频购买客户则是购买周期较长（如半年或一年以上）的客户。

企业可以结合客户购买周期的规律性（如季节性购买、节日性购买等）以及购买产品的关联性（如购买电子产品时同时购买周边配件）等因素进行综合分类。例如，某互联网母婴用品店，将定期（如每月）购买婴儿奶粉、纸尿裤等高频刚需产品且同时会购买婴儿护肤品、婴儿玩具等相关产品的客户归为一类；将偶尔购买婴儿玩具等低频产品且购买行为无明显规律的客户归为另一类。针对不同购买行为模式的客户，企业在产品推荐、促销活动策划等方面需要采取不同的策略。

（3）客户需求与偏好

从客户需求与偏好维度分类能够帮助企业提供更精准的产品和服务。企业可以依据客户对产品功能、品质、品牌形象等方面的不同需求和偏好进行细分。

例如，某美妆电商将注重天然成分、有机美妆产品且对品牌的环保理念高度认同的客户归为一类，将追求时尚潮流、热门美妆新品且对品牌的创新能力和时尚形象较为关注的客户归为另一类。对于注重产品功能的客户，企业重点推广产品的功效特点；对于注重品牌形象的客户，企业则加强品牌文化传播和形象塑造。

根据客户对价格的敏感度，企业可将客户分为价格敏感型客户、价格中等敏感型客户和价格不敏感型客户。针对价格敏感型客户，企业可以通过推出性价比高的产品套餐、折扣活动等吸引其购买；对于价格中等敏感型客户，企业需要做好产品的档次划分，可以向其推荐价格和品质适中的次旗舰产品；对于价格不敏感型客户，重点向其推荐高端、定制化产品，提供专属服务体验。

2. 不同类型客户的特点和维护策略

了解不同类型客户的特点和维护策略，对于企业维持良好的客户关系，提升客户活跃度具有重要的意义。企业需要重点关注的客户主要有以下几类。

（1）高价值客户

根据"二八定律"，高价值客户需要企业着重关注。高价值客户不但消费能力强，而且对企业品牌具有较高的认同感和忠诚度。在消费行为上，他们更注重产品或服务的品质、个性化体验以及专属权益。在维护策略方面，企业可以为其提供专属定制服务。

例如，在金融领域为高净值客户提供一对一的理财顾问服务，根据客户的财务状况和投资目标量身定制投资组合；在美妆领域为高端客户提供私人美妆顾问服务，定制个性化护肤和彩妆方案，邀请他们参与新品内测、高端会员专属活动等，如举办新品发布会、专属品鉴会、高端会员旅行体验活动等，增强其归属感和参与感，进一步巩固其与企业的关系。

（2）潜力客户

潜力客户具有较大的消费提升空间，其特点是购买频率逐渐上升，对产品兴趣浓厚，但尚未达到高消费阶段。他们可能是新进入某一市场领域的客户或者是对企业新产品表现出较高兴趣的客户。

针对潜力客户，企业可以采取的策略有：提供个性化推荐，利用大数据分析客户的兴趣偏好，推荐符合其需求的产品或服务组合；推出优惠套餐组合，如捆绑销售相关产品并给予一定折扣；提供新客户专享福利，如3天内免费试用、首次购买大额优惠券等方式，来激发其购买欲望，促进消费升级。此外，企业还可以建立客户成长体系，跟踪客户的消费轨迹，为其提供阶段性的奖励等激励措施，鼓励其向高价值客户转化。

（3）普通客户

普通客户是构成企业客户群体的基础。这类客户消费行为相对稳定，注重产品性价比和基本服务质量。他们对价格波动较为敏感，同时期望获得稳定、可靠的产品和服务。

针对普通客户，企业可以采取的策略有：持续优化产品品质，通过质量控制体系确保产品符合行业标准且不断改进；提供稳定且优质的服务，如及时处理客户咨询和售后问题，优化物流配送体验等；适时推出会员积分、消费返利等激励措施，提高客户的满意度和忠诚度，例如，建立会员积分制度，客户消费可获得积分，积分可用于兑换商品、优惠券或享受增值服务；通过定期的客户关怀活动，如生日祝福、节日问候等，增强客户与企业的情感联系。

（4）流失客户

流失客户是曾经有过消费记录但目前已停止购买的群体。客户流失的原因复杂多样，包括产品质量问题、竞争对手吸引、服务体验不佳、客户需求变化等。企业需要深入分析客户流失原因，通过建立客户流失预警模型，监测客户的消费行为变化，如购买频率降低、消费金额减少、互动频率下降等指标，提前识别潜在流失客户。

针对已流失客户，企业可以采取的策略有：发送专属优惠券挽回客户，如根据客户历史购买记录推送针对性的产品优惠券；提供个性化关怀，如在线私信回访，了解客户需求变化和不满原因；改进产品与服务，根据客户反馈优化产品功能，提升服务质量，尝试重新吸引流失客户。此外，企业还可以建立流失客户回归奖励机制，如给予回归客户特别折扣、优先服务等权益，鼓励他们重新选择企业的产品或服务。

任务二　会员管理体系的运营

会员管理体系作为现代企业客户关系管理的重要组成部分，其运营效率与策略设计关乎客户的忠诚度、企业的口碑营销效果以及长期盈利能力。在运营效率方面，企业需要利用大数据、AI等技术优化信息处理方式，实现精准洞察与个性化服务，利用自动化工具和智能客服提升服务响应效率。在策略设计方面，企业应依据业务、市场定位及会员特征，制定差异化策略与奖励机制，并挖掘高价值客户，以增强客户留存率。

一、会员体系类型的选择

根据现代市场营销理论与实践的发展，会员体系已成为企业增强客户黏性、提升客户忠诚度，并促进客户持续消费的重要手段。在多样化的会员体系中，会员体系主要有积分制会员体系、等级制会员体系和付费制会员体系三大类型。这些会员体系各自具有独特的运作机制和优势，旨在通过不同的激励机制和权益分配策略，满足客户的多样化需求，进而实现企业的长期发展目标。

1. 积分制会员体系

积分制会员体系具有广泛适用性，中国移动会员积分专区如图 9-1 所示。对于企业来说，消费累计积分的方式能够有效激励客户做出重复购买行为，增强客户的黏性。

例如，某网络书店设立了积分制会员体系，会员每购买一本书，可以根据书的价格和类别获得相应积分。该网络书店对畅销书和精装书设置较高的积分获取比例，以鼓励客户购买畅销书和精装书籍。积分不仅可以兑换热门书籍，还可

图 9-1　中国移动会员积分专区

以兑换书店提供的诸如读书卡、书签、购书优惠券等周边产品或服务。积分兑换的方式不仅可以满足客户对书籍及额外服务的需求，还可以增加客户与书店的互动频率，培养客户的忠诚度。

2. 等级制会员体系

等级制会员体系有助于区分客户层级，京东会员等级划分如图 9-2 所示。企业可以依据客户消费金额、消费频率、消费品类多样性等多维度指标划分会员等级。

图 9-2　京东会员等级划分

例如，某酒店预订在线平台根据会员的年度消费金额，将客户分为普通会员、银卡会员、金卡会员和钻石会员。该平台将会员消费频率作为升级会员等级的参考因素（一年内预订酒店次数达到一定数量可提升会员等级）；在消费品类多样性方面，会员预订不同类型的酒店（如商务酒店、度假酒店、民宿等）或使用酒店的附加服务（如餐饮、会议场地预订等）也可作为升级的参考因素。

不同等级的会员在预订折扣、优先入住、免费早餐、延迟退房、房型升级等方面享受不同的权益。会员等级越高，其可享受的权益越丰富，这可以激励客户通过增加消费金额和频率来提升会员等级，以获取更多的专属权益。

3. 付费制会员体系

付费制会员体系可以为企业创造稳定的收入流，例如天猫 88VIP（见图 9-3）。企业为付

费会员提供专属特权，满足其对高品质服务和独特体验的需求。

图 9-3　天猫 88VIP 开通界面

例如，某会员制电商平台推出付费会员服务，会员每年支付一定费用，即可享受全平台商品免运费服务，无论购买金额大小或商品重量如何，都能享受快速、便捷的配送服务；在专享优惠方面，付费会员可获得专属折扣价，包括定期推出的会员专享商品和针对热门商品的特别折扣；同时，付费会员享有提前购买热门商品、限量版商品的权益，以及 24 小时一对一咨询和售后优先处理服务。

企业可以通过这些专属特权来吸引品质体验型客户成为付费会员，为企业带来稳定的收入增长。

二、会员体系等级的设计

企业应根据自身的实际情况和客户需求确定会员等级的数量，一般可以设置 3～5 个会员等级，如普通会员、初级会员、中级会员、高级会员和特级会员等。企业可以根据综合积分的高低制定不同会员等级的标准。综合积分越高，会员等级越高，会员可享受的权益和服务也越多。此外，企业还可以根据自身品牌形象和产品特征，为每个会员等级设计富有吸引力的名称，体现不同等级的特点和优势。

1. 等级划分的依据

会员等级的划分依据主要有消费金额、消费频率和消费品类，这些指标能够反映出客户的消费行为和习惯，便于企业细分出不同的会员成长模式，制定相应的等级规则。

（1）消费金额

消费金额是客户对企业贡献的直接体现，易于衡量和统计。以消费金额为依据划分会员等级，可以激励客户提升消费额度，提高企业的销售收入。企业在设计会员体系等级时，可以设定不同金额区间来对应不同等级。根据客户的消费习惯，消费金额可以划分为累计消费金额和单次消费金额。

① 累计消费金额

企业可以根据客户在一定时间内的累计消费金额来划分会员等级。例如，将累计消费金额在 1000 元以下的客户划分为普通会员，1000 元～5000 元（不含）的划分为初级会员，5000元～10000 元（不含）的划分为中级会员，10000 元及以上的划分为高级会员。

② 单次消费金额

除了累计消费金额，企业还可以考虑以客户的单次消费金额来划分会员等级。单次消费金额高的客户通常具有较高的购买能力或者购买意愿，对企业的贡献较大。以单次消费金额为依据划分会员等级，可以快速识别和激励这些高价值客户。例如，单次消费金额在 500 元以上的客户可以直接晋升为初级会员。

（2）消费频率

消费频率反映了客户对企业的忠诚度和依赖程度。企业以消费频率为依据划分会员等级，可以激励客户增加消费次数，提高客户的活跃度和黏性。企业可以统计客户在一定时间内（如一年）的消费次数，并根据消费次数来划分会员等级。例如，消费次数在 10 次以下的为普通会员，10～19 次的为初级会员，20～49 次的为中级会员，50 次及以上的为高级会员。

（3）消费品类

消费品类丰富度也可作为企业会员等级划分的考量因素，如购买了服装、配饰、鞋履等多品类商品的客户在升级时可以享有一定的优势。客户多品类的购买行为不仅能够累加消费金额，还能平衡企业各种产品的销量。品类的特性可以决定客户消费某件单品的金额和频率。

例如，服装品类通常具有较高的单价和较低的购买频率，所以客户在购买服装时会更加谨慎，考虑款式、质量、搭配等多方面因素；配饰则通常具有较低的单价和较高的购买频率，作为服装的搭配或补充，客户在购买时可能更加随意和频繁。

2. 设定成长值规则

在实际应用中，企业会将消费金额、消费频率、消费品类这三大会员等级划分依据综合起来，将它们转化为成长值，作为会员等级提升的依据，喜茶依成长值划分会员等级界面如图 9-4 所示。通过累积成长值，企业可以清晰地了解会员在平台上的行为轨迹和参与度，会员也会因此获得成就感。

（1）制定权重规则

权重的确定是企业制定会员成长值规则的基础，企业一般是基于消费品类，结合消费金额和频率来确定权重。

① 消费金额权重

企业可以计算不同消费品类的平均消费金额，根据平均消费金额的高低确定各品类在会员等级划分中的消费金额权重。通常情况下，高价值品类的平均消费金额较高，其消费金额权重可以设置得较高；低

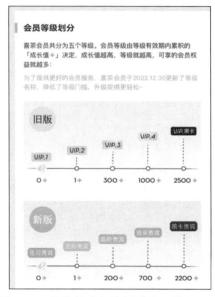

图 9-4 喜茶依成长值划分会员等级界面

价值品类的平均消费金额较低，其消费金额权重可以设置得较低。例如，企业通过数据分析发现，电子产品品类的平均消费金额为 2000 元，而日用品品类的平均消费金额为 50 元，因此可以将电子产品品类的消费金额权重设置为较高值，如 0.4；而将日用品品类的消费金额权重设置为较低值，如 0.1。

企业可以将客户的消费金额划分为不同的区间，针对不同的消费金额区间设置不同的消费金额权重。消费金额越高的区间，消费金额权重越高，以激励客户增加消费金额。例如，企业可以将消费金额划分为 0 元～500 元（不含）、500 元～1000 元（不含）、1000 元～2000元（不含）、2000 元及以上等几个区间。对于消费金额在 2000 元及以上的区间，可以设置较

高的消费金额权重，如 0.5；对于消费金额在 0 元～500 元的区间，可以设置较低的消费金额权重，如 0.1。

② 消费频率权重

企业可以统计客户在不同消费品类上的消费频率，根据消费频率的高低确定各品类在会员等级划分中的消费频率权重。消费频率高的品类，其消费频率权重可以设置得较高；消费频率低的品类，其消费频率权重可以设置得较低。例如，企业通过数据分析发现，食品品类的客户平均每周购买一次，而家具品类的客户平均每年购买一次。可以将食品品类的消费频率权重设置为较高值，如 0.3，而将家具品类的消费频率权重设置为较低值，如 0.05。

企业可以将客户的消费频率划分为不同的区间，针对不同的消费频率区间设置不同的消费频率权重。消费频率越高的区间，消费频率权重越高，以激励客户增加消费频率。例如，可以将消费频率划分为每周一次以上、每月 2～3 次、每月一次、每季度一次、每年一次以下等几个区间。对于消费频率在每周一次以上的区间，可以设置较高的消费频率权重，如 0.4；对于消费频率在每年一次以下的区间，可以设置较低的消费频率权重，如 0.05。

（2）制定积分规则

积分不仅可以作为独立的会员成长凭证，还与成长值相挂钩。企业可以针对不同消费金额制定相应的基础积分规则。一般来说，消费金额越高，积分比例越高。同时，可以根据消费金额的特点，设置不同的积分系数。为了激励客户在特定消费品类上的消费行为，企业可以为此类消费设置额外积分奖励。

例如，对于新推出的消费品类，可以设置一定比例的额外积分奖励，以鼓励客户尝试购买；对于消费频率较高的客户，可以给予消费频率积分奖励；客户在一个月内购买同一消费品类的产品达到一定次数，可以给予额外的积分奖励。

（3）成长值计算

企业应根据客户在不同消费品类上的消费行为，按照设定的消费品类权重和积分规则，设定成长值计算公式。一般来说，会员成长值可以通过消费金额积分和消费频率积分加权计算得出，公式如下。

会员成长值=消费金额积分×消费金额权重+消费频率积分×消费频率权重

例如，客户在电子产品品类上的消费金额为 5000 元，根据积分规则，消费金额积分为5000 分；客户在该品类上的消费频率为每月一次，根据消费频率积分规则，消费频率积分为100 分。假设电子产品品类的消费金额权重为 0.4，消费频率权重为 0.3，则该客户的会员成长值为：5000×0.4+100×0.3=2000+30=2030。

3. 不同等级的权益差异

会员权益的设计要具有差异，突出不同等级会员权益的独特吸引力。高级会员可以享受更高的折扣优惠，如购买商品享受 7 折优惠，中级会员可以享受 8 折优惠，初级会员可以享受 9 折优惠；在积分获取方面，高级会员消费 1 元积 2 分，中级会员积 1.5 分，初级会员积1 分。

在专属服务上，高级会员配备专属客户经理，拥有 24 小时咨询服务权限，包括时尚搭配建议、新品优先预订等服务；中级会员可以享受客服的优先接入，在咨询和售后处理时排队优先级高于初级会员；初级会员可以享受定期会员福利推送服务，如每月新品推荐、专属优惠券发放等。此外，高级会员还可以享受诸如免费定制服装、参加品牌时尚秀等特殊权益，中级会员有机会获得限量版商品购买资格，初级会员可以享受生日当月额外积分等权益。

4. 动态调整会员等级

企业需要定期对客户的成长值进行评估，根据评估结果动态调整客户的会员等级。评估周期可以根据企业的实际情况确定，一般为一个月、一个季度或半年。

当客户的消费行为发生重大变化时，如消费金额大幅增加、消费品类发生改变等，企业需要及时对客户的成长值进行重新计算，并根据计算结果调整客户的会员等级。企业一般会运用相应的自动化管理系统（如 CRM 系统），以确保高效调整客户的会员等级。企业可以设置会员保级机制，若会员在一定时间内未达到保级消费金额或消费频率要求，则可以降低会员等级，以激励会员持续消费。

三、入会门槛的设计

入会门槛的设计不仅关乎会员体系的整体框架与运作机制，还直接影响到企业的客户吸引、留存及价值转化能力。合理的入会门槛能够让企业有效筛选出真正符合企业定位与需求的客户群体，并为他们提供更具针对性的服务与权益。

1. 设置金额门槛

企业需要根据付费制会员体系和成长型会员体系的基本特征设置合理的金额门槛。

（1）付费制会员体系

对于付费制会员体系，企业需要精心设置入会门槛，以确保吸引到真正对高品质服务有需求且愿意为之付费的客户群体。

① 明确价格定位

企业应根据自身产品或服务的价值、市场定位以及目标客户的消费能力，合理确定付费会员的价格。例如，一家提供高端时尚服饰的电商平台，在经过市场调研和成本效益分析后，将付费会员年费设定为 299 元。这个价格既能体现出会员服务的独特价值，又在目标客户的承受范围之内。

企业还可以考虑为不同级别的付费会员设定有差异的价格，设置多个付费会员级别，如普通付费会员、高级付费会员等，每个级别对应不同的价格和权益。高级付费会员需要支付更高的年费，但可以享受更高级别的专属服务和优惠。

② 塑造价值感知

在确定付费会员价格的同时，企业需要向潜在会员清晰地传达成为付费会员后所能获得的独特价值，包括详细列出会员权益，如全平台商品免运费、专属折扣、提前购买权、专属客服等。企业可以通过实际案例和数据展示，让客户了解成为付费会员后能够节省的费用和获得的额外价值。例如，展示一位普通客户在一年内的购物费用和运费支出，对比付费会员在同样的购物情况下节省的金额，突出付费会员的经济优势。

企业可以提供优惠活动，鼓励客户尽快加入付费会员。例如，面向新会员，提供首月免费试用或首次加入享受一定折扣的优惠，如原价 299 元的付费会员年费，新会员只需支付 199 元即可享受一年的会员服务。这可以降低客户的尝试成本，增加付费会员的吸引力。

（2）成长型会员体系

成长型会员体系是一种从积分制会员体系和等级制会员体系中抽离出来的体系类型，指客户围绕企业展开行动，满足企业所设定的条件，逐步成为会员、提升会员等级的逻辑框架。对于成长型会员体系，企业需要设定最低消费金额、消费频率要求、客户行为表现等门槛，以激励会员在体系中不断成长、升级，从而享受更多的权益和服务，同时为企业带来流量和收益。

① 最低消费金额

企业通常会设定一个初始的消费金额要求，客户在平台上的消费达到一定额度后，才能正式成为成长型会员。这个金额可以根据平台的商品价格范围、目标客户群体的消费能力，以及平台的运营策略来确定。例如，某电商平台设定消费满 300 元的客户可以成为初级会员，客户的消费金额一旦达到 300 元，平台系统会自动将其升级为成长型会员，并开始记录其成长值。

② 消费频率要求

除了消费金额，消费频率也是一个重要的入会门槛。企业可以规定客户在一定时间内（如一个月、三个月或半年）需要有一定的购买次数，才能成为成长型会员或晋升到更高的会员等级。例如，一家在线美食外卖平台要求客户在一个月内至少有 3 笔订单才能成为初级会员。这样可以确保会员具有一定的活跃度和忠诚度。

③ 客户行为表现

客户需要对购买的商品进行评价和反馈，这不仅有助于其他客户做出购买决策，也能帮助企业改进产品和服务。企业可以设定一定数量的评价要求，例如，客户在成为正式会员之前需要完成至少 5 篇商品评价。

客户在社交媒体平台分享企业的商品、活动或自己的购物体验，并成功推荐新客户注册。这可以扩大企业的影响力和客户群体，同时也为客户提供了一种参与企业发展的方式。例如，一家在线旅游平台鼓励客户在社交媒体平台上分享自己的旅行经历和预订的旅游产品，并邀请朋友在该在线旅游平台上注册。客户每成功推荐一位新客户注册，就可以获得一定的成长值，当成长值达到一定数量时即可成为正式会员。

客户需要积极参与企业举办的各种线上活动，如线上问答、抽奖、主题促销等，以获得成长值和其他奖励。企业可以设定参与活动的次数或完成特定任务的要求，作为成为正式会员的门槛之一。例如，一个家居用品电商平台举办家居装饰创意大赛，客户提交自己的家居装饰作品并参与投票和评论，即可获得成长值。客户参与一定数量的平台活动后，就有机会成为正式会员。

2. 注册信息要求

付费制会员体系与成长型会员体系的注册信息要求基本相同，企业可以根据自身战略方向进行调整。

企业应对达到入会门槛的客户进行严格的信息审核和会员资格确认，确保会员信息的真实性和有效性。在注册信息要求方面，除基本信息（如姓名、联系方式、地址）外，企业还可以根据业务特点收集相关偏好信息。例如，某美食推荐平台在会员注册时会收集客户的口味偏好（如对酸甜苦辣咸的喜好程度）、饮食禁忌（如过敏食材、宗教饮食限制等）、就餐习惯（如堂食或外卖偏好、用餐时间规律等），以便精准推荐美食内容，推送符合客户口味和需求的餐厅优惠信息，以及定制个性化的美食活动邀请。

四、会员权益的设计

在会员体系的构建过程中，会员权益的设计是激发会员活跃度、提升会员忠诚度的核心要素。企业会员权益的设计需要兼顾吸引力、公平性和可持续性，确保在吸引新会员的同时，也能有效留存并提升现有会员的价值。

1. 折扣优惠

企业在折扣优惠设计上要体现多样化，根据会员等级给予其相应的购买折扣优惠。企业需要结合自身条件和市场趋势确定折扣力度。

（1）高级会员

高级会员作为企业的核心客户群体之一，对企业的收益贡献较大，因此给予他们购买商品享受较高折扣优惠（如7折优惠）的力度，不仅是对他们消费行为的一种回馈，更是体现企业对其特殊地位的认可。

通过深入分析高级会员的消费模式和偏好，企业可以针对性地调整产品定价策略，以确保在提供折扣的同时，仍能保持合理的利润空间。例如，对于一些高端品牌商品或限量版商品，即使给予高级会员较大的折扣，企业仍可以通过控制供应量和提升品牌附加值来实现盈利。

（2）中级会员

基于中级会员在消费能力和忠诚度方面的特点，企业可以给予他们中等折扣优惠（如8折优惠）。中级会员通常具有一定的消费潜力，企业通过适当的折扣优惠，可以激励他们增加消费金额和频次，逐步向高级会员迈进。

企业可以根据中级会员的购买历史和行为数据，分析他们对不同商品类别的偏好，从而在特定商品或品类上给予更具吸引力的折扣，以引导他们的消费决策。例如，如果发现中级会员对某一特定品牌的商品有较高的购买意愿，企业可以与该品牌合作，推出针对中级会员的专属折扣活动，提高他们的购买转化率。

（3）初级会员

企业为初级会员提供较低的折扣优惠（如9折优惠），主要是为了鼓励他们在平台上进行更多的消费，逐步积累消费经验和忠诚度。对于初级会员，企业可以通过提供一些入门级的折扣优惠，引导他们了解平台的产品和服务，培养他们的消费习惯。

例如，在初级会员首次购物时，给予一定的折扣优惠，并附上详细的商品介绍和使用指南，帮助他们更好地了解商品的价值和优势。同时，企业可以通过定期发送促销信息和个性化推荐，提醒初级会员关注平台的优惠活动，提高他们的参与度和购买意愿。

除常规商品折扣外，企业也可针对特定节日（如企业周年庆、春节等）、新品、会员专属日等设置折扣。例如，会员在生日当天可以享受全场商品5折优惠（部分特价商品除外），新品上市时会员可提前一天以8折购买商品，并享受优先发货服务。

2. 积分兑换

会员可以通过消费、参与活动等多种途径获得积分，等级更高的会员在积分获取速度上应更快，以体现等级的优越性。例如，高级会员消费1元积2分，中级会员积1.5分，初级会员积1分。这样的积分获取规则可以激励会员努力提升等级，享受更多的积分优惠。

企业应灵活设置积分兑换规则。积分可用于兑换商品、优惠券、服务或抽奖活动参与资格。企业可以根据会员的需求和偏好，精心挑选一些具有吸引力的商品用于兑换，如热门电子产品、时尚家居用品、美妆护肤品等。

企业可以根据商品的价值和稀缺性，设置不同的积分兑换门槛，以满足不同等级会员的需求。例如，一些高端的电子产品或限量版商品，需要较高的积分才能兑换，且只有高级会员才有机会兑换，这样可以增强高级会员的荣誉感和忠诚度。

在设置优惠券兑换机制时，企业应提供不同面额的优惠券，如满减券、折扣券等，会员可以根据自己的消费需求选择合适的优惠券进行兑换，提高购买转化率。对于积分抽奖活动，企业可以设置一些丰厚的奖品，如高价值的电子产品、旅游套餐、奢侈品等，会员通过消耗一定的积分参与抽奖。这种利益激励可以很大程度上提升会员的参与度，并促使会员努力增加积分。

此外，企业还可以设置积分有效期和定期积分清零活动，刺激会员在有效期内积极使用积分，提高客户的活跃度。

3. 专属服务

专属服务可以为客户打造优质的购物体验。企业可以为会员提供优先配送、大额优惠、延长退货期限等服务，立白官方旗舰店会员特权如图 9-5 所示。

专属服务对会员忠诚度的提升作用不可小觑。通过向会员提供专属服务，企业可以使会员深切感受到企业对他们的重视和关怀，从而更愿意与企业保持长期稳定的合作关系。

企业可以定期收集会员对专属服务的反馈意见，运用数据分析工具对反馈数据进行深入分析，了解会员的需求和期望，然后根据分析结果不断改进和丰富专属服务内容，以满足会员不断变化的需求。例如，邀请会员参与专属服务的设计和改进过程，让会员感受到自己的价值和参与感，增强会员与企业之间的互动和信任。

图 9-5　立白官方旗舰店会员特权

4. 优先购买

优先购买权对会员具有极大的吸引力，能够增强会员特权感，满足会员的消费需求。企业要确保优先购买权的公平性，制定合理的规则和流程。

企业在为会员提供优先购买权时，要建立科学的分配机制和严格的审核流程。企业可以根据会员的等级、消费金额、消费频次等因素，制定优先购买权的分配规则。例如，高级会员可以享受更多的优先购买机会，消费金额较高或消费频次较高的会员也可以获得优先购买权。同时，企业要建立严格的审核流程，确保会员的购买行为符合优先购买权的规定。

例如，某电子产品销售平台在发售新款手机时，其会员可以提前预订，该平台会为会员优先发货，同时为高级会员提供独家定制手机壳、免费贴膜等增值服务。对于限量版电子产品，其会员享有优先抢购权，且购买数量不受限制（在合理范围内）。

五、会员营销活动的设计

定期的会员营销活动能够提升会员的活跃度，增强会员的黏性，促进会员消费升级。精心策划的会员营销活动不仅能够加强企业与会员之间的互动与沟通，还能有效激发会员的购买欲望，提升会员的整体价值。

1. 会员日活动

会员日活动对会员参与度和忠诚度的提升起着关键的作用。通过参与会员日活动，会员能够感受到企业对他们的重视和关爱，从而更加积极地参与企业的其他活动。企业可以设定每月固定会员日，在会员日当天提供丰富的优惠和各式各样的活动。

例如，某互联网美妆商城在会员日当天推出会员专享礼盒（根据会员等级和偏好定制不同内容的美妆礼盒）、双倍积分以及全场商品满减活动（如"满300元减100元""满500元减200元"等不同档次满减优惠），同时在会员日举办线上美妆讲座、新品试用直播等活动，增加会员的参与度和互动度。

企业还要对会员日活动的效果进行全面评估和深入分析，通过数据分析工具了解会员在会员日的消费行为和参与度变化，以便及时调整活动策略。例如，分析会员的购买金额、购买频率、参与活动的次数等数据，评估会员日活动的效果。如果发现某个活动内容受到会员的欢迎，企业可以考虑在以后的会员日活动中继续推出类似的内容。同时，企业还可以通过对比不同会员日活动的效果，总结经验教训，不断提高会员日活动的质量和效果。

2. 积分抽奖活动

积分抽奖活动可以增加趣味性，企业要合理设置抽奖规则和奖品，以提高会员的参与度。抽奖规则可以设置为会员消耗一定积分参与抽奖，且抽奖次数根据会员等级有所不同（高级会员可获得更多抽奖机会）。奖品要具有吸引力，包括高价值大奖、实用奖品等，奖品类型要比较丰富。

例如，某互联网母婴用品店的积分抽奖活动中，奖品包括婴儿推车（高价值大奖）、奶粉（实用奖品）、纸尿裤（高频消耗品）等，以满足会员的不同需求。

在设置抽奖规则和奖品时，企业要充分考虑会员的需求和心理，运用市场调研和数据分析，确保抽奖活动具有吸引力，以提升会员的参与度。同时，企业还要明确抽奖的流程和规则，通过简洁明了的操作界面和清晰的指引，让会员能够清楚地了解抽奖的方式和规则。

提升积分抽奖活动参与度和趣味性的方法有很多，企业可以通过设置多样化的奖品、创新的抽奖方式等，吸引会员积极参与。例如，设置幸运大转盘、刮刮乐等抽奖方式，增加活动的趣味性和互动性。企业要注重活动的创新和互动性，运用先进的技术和创意设计，让会员能够在参与活动的过程中感受到乐趣和惊喜。

活动需要被人得知才能起到"促活"效果，所以企业要制定科学的活动推广和宣传策略，通过企业官网、社交媒体平台、会员专属邮件等渠道，向会员宣传积分抽奖活动相关的信息，提高活动的知名度和参与度。同时，可以邀请会员分享活动信息，扩大活动的传播范围。例如，会员分享活动信息到朋友圈，可以获得额外的积分奖励。

在推广和宣传积分抽奖活动时，企业要突出活动的亮点和优势，如丰富的奖品选择、创新的抽奖方式等，运用精彩的文案和图片，让会员感受到活动的吸引力和价值。

3. 会员升级奖励活动

在会员升级时，企业可以赠送专属礼品、升级优惠券或额外积分，以激励会员积极提升等级。例如，互联网运动装备商城在会员从初级升级为中级时，赠送会员一款专业运动护具，如护膝或护腕，当会员从中级升级为高级时，向其发放大额升级优惠券，该优惠券可以在一定期限内用于购买高端运动装备。同时，企业还要及时通知会员有关升级奖励的信息，通过多种渠道如短信、邮件、App 推送等，让会员能够感受到升级的价值和乐趣。

此外，企业还可以通过会员专属邮件、App 推送等方式，为会员提供升级指导和建议，帮助会员更快地升级。在激励会员升级时，企业要注重宣传的效果和针对性，运用个性化推荐技术和大数据分析技术，让会员能够清楚地了解升级后的权益和福利，从而激发他们的升级欲望。

案例链接

心相印，吸纳会员的"心"方法

2021年年末，心相印在抖音电商平台首次推出会员板块。此后，在2022年抖音"6·18"好物节活动期间，心相印三家店铺的会员总数超过了26万，日均新增会员数超过1000人。

在这次好物节期间，心相印巧妙运用了多种场景来引导消费者加入会员。在直播间，通过贴片展示会员福利信息，并借助主播的话术不断提醒消费者成为会员所能享受的优惠，如折扣、优先购买权及专属赠品等，以此激发消费者的入会意愿。同时，心相印对短视频和店铺页面进行了精心装修，突出了会员的优势和福利，确保消费者在浏览时能够快速了解成为会员的好处。此外，心相印还通过短视频详细展示了入会福利，不仅为直播间引流，还有效拓宽了会员招募的渠道。

自年货节期间推出"会员抽签购"玩法后，心相印每月都会举办一期此类活动。这种方式不仅吸引了大量新会员加入，还提高了老会员的参与度和活跃度，使品牌能够在不同的营销节点吸引会员的关注和参与。在"6·18"好物节期间，"会员抽签购"活动的参与人数高达1.8万人。

为了促进会员的复购，心相印采用了会员管家、千川投送、发送短信等多种通知方式来提醒会员关注活动。在好物节期间，会员管家对会员的触达率高达11.94%，会员进店率达11.37%。在店铺销售中，会员的成交占比高达11.33%，整体销售效果得到了显著提升。

此外，在2023年"3·8"节活动期间，心相印又推出了会员派样玩法，通过向会员赠送新品样品的方式来进行"拉新种草"。活动期间，心相印共计派发样品2000份，成功招募会员8000多人，位居"个护家清新增会员榜"榜首。这种让会员先体验产品的做法不仅增强了他们对品牌的了解和信任，还促进了二次复购，提升了会员黏性。

任务三　社群的运营

企业对社群的运营是一个系统工程，涵盖了从社群建立到管理的全过程。这一过程要求企业不仅要具备精准的市场洞察力和客户分析能力，还要运用先进的数字技术和营销策略，以打造活跃、健康、高效的社群生态。

一、社群的建立

社群的建立是企业与客户建立深度连接的第一步，也是企业塑造品牌形象、提升客户忠诚度的重要途径。在建立社群时，企业需要明确目标与定位，选择合适的平台，并招募志同道合的成员。

1. 确定社群目标和定位

企业作为社群的发起者，首先需要明确社群的目标，包括提高品牌知名度、促进产品销售、提供客户服务、收集市场反馈等。不同的目标将决定社群的定位和运营策略。

例如，如果企业的目标是提高品牌知名度，那么可以将社群定位为品牌爱好者的聚集地，在这里分享品牌故事、价值观和最新动态；如果企业的目标是促进产品销售，可以将社群定位为产品用户的交流平台，在这里提供产品使用技巧、优惠信息和购买建议；如果企业的目标是提供客户服务，可以将社群定位为客户问题解决中心，及时回复客户咨询和投诉。

在确定社群目标和定位时，企业需要充分考虑自身的品牌形象、产品特点和客户需求，确保社群能够为客户提供真正的价值。

2. 选择社群平台

企业需要根据社群的目标和定位选择合适的社群平台。目前常见的社群平台有微信、QQ、微博、抖音、小红书等。此外，一些企业还会通过自研 App 的方式来实现建立社群的目的。

（1）微信

微信拥有庞大的用户基数，具备即时通信、群组管理、公众号、小程序等多种功能，适合企业建立深度交流的社群。

① 即时通信

微信支持语音、文字、图片、视频等多种形式的互动内容。客户可以通过微信随时随地与企业进行沟通。微信朋友圈还具备点赞、评论、分享功能，添加企业账号为微信好友的客户可以对企业发布的内容进行浏览和互动，有利于增加客户的参与度和黏性。

② 群组管理

企业可以创建不同主题的微信群，将具有共同兴趣或需求的客户聚集在一起。企业可以通过群公告发布重要信息，如产品上新、优惠活动等；利用群聊天功能进行实时互动，解答客户疑问，收集客户反馈。

③ 公众号

企业也可以开通官方微信公众号，定期推送高质量的内容，包括产品介绍、使用教程、行业动态、客户案例等；还可以为公众号设置自定义菜单，方便客户快速获取所需信息。同时，通过公众号的粉丝管理功能，企业可以对关注者进行分类和标签化，实现精准营销。

④ 小程序

微信小程序为企业提供了更加便捷的服务渠道。小程序可以与微信群、公众号进行联动推广，扩大品牌影响力。企业可以开发自己的小程序，提供在线购物、会员服务、预约咨询等功能，在微信中实现"社群＋购物"一站式营销，提升客户体验。

（2）QQ

QQ 更适合年轻客户群体，在社群建立方面也有其独特优势。

① 群组功能强大

QQ 群可以容纳大量成员，并且具有丰富的管理功能。企业可以在这里设置群管理员，由管理员对群成员进行管理和监督。同时，企业可以利用群公告、群文件等功能发布企业信息和资料，并通过群活动功能组织线上线下活动，以此增强客户的参与度。

② 文件传输方便

对于一些需要分享文件的场景，QQ 具有很大的优势。企业可以通过 QQ 群分享产品资料、宣传海报、视频教程等文件，方便客户下载和查看。

③ 年轻用户集中

QQ 的用户群体以年轻人为主，他们对新事物接受度高，消费潜力大。企业可以通过 QQ群、QQ 空间等方式吸引年轻客户的关注，了解他们的需求和喜好，推出符合他们偏好的产品和服务。

（3）微博

微博作为一个开放性的社交媒体平台，在品牌宣传和话题讨论方面表现出色。

① 品牌宣传

企业可以通过微博官方账号发布品牌动态、产品信息、企业新闻等内容，扩大品牌的知名度和影响力。微博的热门话题和热搜功能可以让企业的信息迅速传播，吸引更多用户的关注。

② 话题讨论

微博用户活跃度高，喜欢参与各种话题讨论。企业可以发起与品牌或产品相关的话题，引导用户参与讨论，收集用户的意见和建议。通过话题讨论，企业可以了解用户的需求和痛点，为产品改进和服务提升提供参考。

③ 微博粉丝群

企业可以建立微博粉丝群，将忠实粉丝聚集在一起。通过粉丝群，企业可以与粉丝进行更加深入的互动，了解粉丝的需求和期望，提供专属的福利和服务，增强粉丝的忠诚度。

（4）抖音

抖音以短视频内容为主，在产品展示和创意营销方面独具魅力。企业在抖音建立社群的主要形式为促使用户关注和评论互动，社群氛围主要体现在评论区中。企业需要通过作品创造和引导互动，吸引用户关注官方账号，激发用户的评论欲望。

① 庞大的用户基础与高活跃度

抖音拥有海量的用户，且用户活跃度极高。不同年龄层次、地域的用户都能在抖音上找到自己感兴趣的内容。这为企业提供了广阔的潜在客户群体，无论是时尚品牌、科技产品还是生活服务，都能在抖音上找到目标受众。

② 强大的视频展示功能

企业可以制作精美的短视频，全方位展示产品的特点、功能和使用方法，通过生动的画面、音乐和特效吸引用户的注意力，激发用户的购买欲望。抖音用户对创意内容有着极高的热情。企业可以通过创意短视频进行营销，如举办创意短视频大赛，邀请用户参与，提高品牌知名度和用户参与度；或者制作有趣的剧情短视频，将产品巧妙地融入其中，让用户在娱乐的同时了解产品。

③ 精准的推荐算法

抖音的推荐算法能够根据用户的兴趣爱好和行为习惯推送个性化的内容。企业可以利用这一算法，通过优化视频标签、标题和内容提高视频的曝光率，让更多的目标用户看到企业的产品和品牌。

④ 直播互动

企业可以通过抖音直播与用户进行实时互动，解答用户的疑问，展示产品的实际效果，在直播过程中还可以设置抽奖、优惠券发放等活动，吸引用户的参与，促进产品销售。

（5）小红书

小红书以图片和文字分享为主，是时尚、美妆、生活方式等领域的热门平台。

① 用户定位精准

小红书的用户主要是年轻女性，她们对时尚、美妆、美食、旅游等领域有着浓厚的兴趣。企业如果从事这些领域的业务，可以在小红书精准地定位到目标客户群体，提升营销效果。

② "种草"属性强

小红书用户喜欢分享自己的购物心得、产品使用体验和生活方式，具有很强的"种草"能力。企业可以通过用户的真实分享提升产品的可信度和口碑。例如，企业可以提供免费或优惠的产品试用机会，鼓励小红书用户分享他们的试用体验。

③ 内容丰富多样

小红书上的内容形式包括图片、文字、视频等，用户可以通过不同的方式展示产品和品牌。企业可以根据产品特点和目标用户的喜好，选择合适的内容形式进行推广。同时，小红书还支持标签功能，企业可以利用相关标签提高内容的曝光率。

（6）自研 App

自研 App 能够为企业提供一个专属的、定制化的社群平台，展示企业独特的风格和形象，小米社区 App 界面如图 9-6 所示。

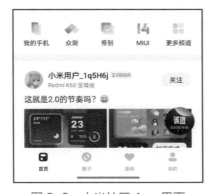

图 9-6　小米社区 App 界面

① 品牌专属空间

自研 App 是企业的专属平台，可以完全根据企业的品牌形象和业务需求进行设计和开发。企业可以在 App 中打造独特的客户体验，展示品牌文化和价值观，增强客户对品牌的认同感。

② 深度用户互动

通过自研 App，企业可以与客户进行更加深入的互动。例如，企业可以设置积分系统、会员等级、社区论坛等功能，鼓励客户参与互动，提高客户的活跃度和忠诚度。同时，企业可以通过自研 App 收集客户的行为数据和反馈意见，为产品改进和服务提升提供依据。

③ 功能定制化

企业可以根据自身业务需求，在自研 App 中定制各种功能。例如，电商企业可以在 App 中提供在线购物、订单管理、物流查询等功能；服务型企业可以提供预约服务、客户反馈、在线客服等功能。定制化的功能能够更好地满足客户的需求，提升客户体验。

④ 数据安全与掌控

自研 App 可以让企业更好地掌控客户数据，确保数据的安全和隐私。企业可以对客户数据进行深入分析，了解客户的需求和行为习惯，为精准营销和个性化服务提供支持。同时，企业可以根据自身发展战略灵活地调整自研 App 的功能和运营策略。

3. 招募社群成员

企业可以通过官方渠道推广、现有客户邀请、合作推广和内容营销等方式，吸引潜在客户加入社群，以增强社群活跃度和提升客户转化率。

（1）官方渠道推广

企业可以在官方网站的显著位置设置社群成员招募入口，如首页的横幅广告、导航栏的特定标签或弹窗提示。招募入口设计应简洁明了，突出社群的价值和吸引力。企业可以专门创建一个社群介绍页面，详细阐述社群的目标、定位、活动内容和成员福利。此外，企业还可以利用网站的数据采集和分析功能跟踪客户行为，针对那些对特定产品或服务表现出兴趣的客户，进行定向推送，邀请他们加入相关社群。

（2）现有客户邀请

企业可以通过 App 推送等方式，向现有客户发送社群邀请。邀请信息应个性化，以表达对客户的感谢和重视，同时说明社群能为他们带来的价值。在客户购买产品或享受服务后，企业可以把握时机，及时跟进，向他们介绍社群，并邀请他们加入。企业也可以通过这个过程收集客户的反馈意见，进一步优化社群服务。对于 VIP 客户或忠实客户，企业可以向其提供专属的社群邀请码或链接，让他们感受到特殊的待遇和尊重。

为了激励更多的客户参与邀请活动，企业可以制定明确的邀请奖励规则，例如，每当有客户成功邀请一位朋友加入社群，邀请者和被邀请者都将获得一定数量的积分、优惠券或精美礼品等奖励。此外，企业还可以在社群内定期公布邀请排行榜，对邀请人数较多的客户进行公开表彰和额外奖励。这种做法不仅能够营造一种积极向上的竞争氛围，还能鼓励更多的客户积极参与到邀请活动中来。在社群人数达到一定规模限度时，企业应中止这种"拉人"活动，转而投入社群运营和管理事务中，让社群人数自然增长，减少无效客户带来的资源浪费。

（3）合作推广

企业可以寻找与企业产品或服务具有互补性或相关性的品牌进行合作。例如，运动品牌可以与健身器材品牌、运动饮料品牌等合作，合作双方可以共同策划和举办线上活动，如联合促销、举办体验活动等，邀请双方的客户加入社群。合作双方可以在各自的官方渠道通过交换广告位、发布合作推文等方式推广对方的社群，扩大社群的影响力和知名度。

此外，企业还可以寻找与企业目标受众相符的社交媒体博主，与博主进行合作洽谈，借助他们在特定领域的影响力和粉丝基础扩大社群规模。

（4）内容营销

企业可以根据自身的产品或服务领域撰写专业、有深度的文章，如行业趋势分析、产品使用指南、问题解决方案等，然后在文章中巧妙地插入社群招募信息，引导客户加入社群。例如，企业可以在文章结尾处设置行动呼吁，如*"加入我们的微信客户群，与更多行业专家和爱好者交流分享"*。企业还可以举办"图片有奖征集"活动，邀请客户分享与企业产品或服务相关的图片，并在活动中宣传社群，吸引更多的客户加入。

除了图文作品外，企业还可以利用视频这一大众喜闻乐见的媒介来推广社群。在制作视频时，企业可以在开头、结尾或中间部分巧妙地加入社群成员招募的二维码，以便客户在观看视频的同时能够轻松扫描并加入社群。同时，企业还可以在视频中穿插社群的相关介绍和亮点，以提升客户对社群的认知和兴趣。

二、社群的管理

社群管理是维护社群秩序、促进成员互动及提升社群价值的关键手段。有效的社群管理不仅能够确保社群的有序运行，还能深入挖掘成员的潜力，为企业的品牌建设和市场拓展提供有力的支持。

1. 社群规则的制定

社群规则的制定是社群管理的基石，它确保了社群的有序运行和成员间的和谐互动。通过明确规则，企业能够引导成员形成正确的行为习惯，维护社群的良好氛围。

（1）发言规范

企业应明确规定，社群成员在发言时必须使用文明、礼貌的语言，禁止出现粗俗、侮辱性的词汇。同时，企业需要严格限制成员在社群中发布广告的行为，明确规定未经许可不得擅自发布任何商业广告、促销信息或链接，以保持社群的纯粹性，避免成员受到过多广告的干扰。

此外，企业在推广自身产品或服务时也应制定并遵守相应的规范。例如，企业可以在特定的时间段或板块内进行官方推广，并确保推广内容既具有价值又与社群主题相关，避免单纯的硬性广告影响社群成员体验。

（2）行为规范

企业应明确规定，成员不得对其他成员进行恶意攻击、诋毁或辱骂，要尊重每个人的观点和意见，开展理性的讨论与交流。面对社群中出现的争议和分歧，企业应引导成员采取和平、建设性的方式来解决，例如，私下沟通或请求管理员进行调解。此外，企业还应提醒所有成员，在分享内容时务必注意保护自己和他人的隐私，避免发布包含敏感信息的图片、文字或视频，以共同营造一个安全、互信的社群环境。

（3）违规处理

企业的违规处理举措主要有警告、禁言和移出社群三种。

① 警告

当社群成员首次违反社群规则时，企业应给予其警告处分。警告可以通过私信、群公告等多种方式传达给违规成员，明确指出其违规行为及可能面临的后果。在警告通知中，企业应着重强调社群规则的重要性，再次提醒成员务必遵守相关规定，以避免日后再次发生违规行为。

② 禁言

对于多次违反社群规则或情节较为严重的成员，企业可以对其进行禁言处罚。禁言的时间长度可以依据违规行为的严重程度来确定。在禁言期间，违规成员将无法在社群中发言，但仍可查看其他成员的发言内容。禁言期满后，若该成员再次发生违规行为，企业可以考虑对其采取更为严厉的处罚措施。

③ 移出社群

对于严重违反社群规则、屡教不改或对社群造成重大不良影响的成员，企业有权将其移出社群。在采取移出社群的措施之前，企业应确保给予该成员充分的解释机会，以保障处罚决定的公正性和合理性。一旦决定移出某一成员，就要及时将这一决定通知社群内的其他成员，以此作为对其他成员的警示。

2. 社群成员的管理

社群成员管理作为社群管理的核心环节，直接关系到社群的活跃度、凝聚力和商业价值。通过实施科学有效的成员管理策略，企业能够最大限度地激发成员的潜能，从而推动社群的整体发展。

（1）成员分类标准

为了更有效地管理社群成员，企业需要对成员进行分类，以便采取针对性的管理策略。

分类标准的选择应基于成员在社群中的行为和贡献，以确保分类的准确性和有效性。

① 活跃度

企业可以根据成员在社群中的发言频率、参与活动的积极程度等指标来衡量其活跃度。具体来说，企业可以设定每周发言次数、每月参与活动次数等具体指标来评估成员的活跃度。为了精准地监测和统计成员的活跃度，企业可以利用社群管理工具或数据分析软件。根据统计结果，企业可以将成员划分为高活跃度、中活跃度和低活跃度三个类别。

② 贡献度

企业可以将贡献度作为衡量成员社群表现的另一个指标。贡献度可以涵盖内容贡献、问题解答、活动组织、消费投入等多个方面。具体来说，成员发布有价值的内容、积极回答其他成员的问题、主动组织社群活动、积极购买企业产品等行为，都可以被视作对社群的贡献。为了更科学地评估成员的贡献度，企业应建立一套完善的贡献度评估体系，对成员的贡献进行量化评估。在这一体系中，企业可以设置积分制度，根据成员的贡献大小给予相应的积分，并依据积分的高低将成员划分为不同的类别。

（2）核心成员管理

核心成员是社群的中坚力量，他们不仅在社群中发挥着引领作用，还能为企业带来宝贵的用户资源和口碑效应。因此，企业要高度重视核心成员的管理，以激发他们的积极性和创造力。

① 关注和支持

企业应给予核心成员更多的关注和支持。具体来说，企业应定期与核心成员进行沟通，深入了解他们的需求和意见，并为他们提供额外的服务。为了进一步发挥核心成员的作用，企业应邀请他们参与社群的管理和决策过程，例如，通过成立核心成员委员会，共同商讨并确定社群的发展方向、活动策划等重要事项。此外，企业还应为核心成员提供一系列专属的福利和奖励，如优先体验新产品、受邀参加高级别活动、获得定制礼品等，以此来增强他们的归属感和荣誉感。

② 赋予管理和决策权限

企业应赋予核心成员一定的管理权限，如审核新成员加入、管理社群话题、处理社群内部纠纷等，这既有助于减轻企业自身的管理负担，又能提升社群的自我管理能力。在决策环节中，企业应充分听取并尊重核心成员的意见和建议。具体来说，在制定社群规则、策划活动等关键决策过程中，企业可以通过问卷调查等多样化方式收集核心成员的反馈，以提升决策的科学性和合理性。此外，不要因企业事务过度干扰核心成员的正常生活。

（3）活跃成员管理

活跃成员是社群氛围的重要营造者，他们的积极参与能够有效提升整个社群的活跃度。因此，企业应采取措施激励活跃成员，使其保持参与热情。

① 奖励和激励

对于社群中的活跃成员，企业应给予相应的奖励，以鼓励他们继续积极参与社群活动。这些奖励可以包括积分、优惠券、精美礼品等多种形式。为了营造一种积极向上的竞争氛围，企业可以设立活跃成员排行榜或者等级标识，成员可以设置为对外展示，以此来增强自身的成就感和荣誉感。

② 持续激励措施

企业应不断创新奖励和激励方式，以保持社群成员的新鲜感和积极性。例如，可以根据不同的节日、活动主题等，灵活推出特别的奖励措施，让成员始终保持期待和热情。同时，企业还应建立长期的激励机制，如会员制度、等级晋升制度等，鼓励社群成员通过积累积分、提升贡献度等方式，逐步提升自己的会员等级，从而享受更多的特权和福利。

（4）普通成员管理

普通成员是社群的基础力量，虽然他们的活跃度不如核心成员和活跃成员高，但他们的存在和参与对于社群的稳定和持续发展至关重要。

① 互动和关怀

对于社群中的普通成员，企业可以通过定期的互动和关怀来提升他们的参与度和忠诚度。具体来说，企业可以定期向普通成员发送问候消息，举办小型互动活动等，以此来拉近与他们的距离。同时，企业还应密切关注普通成员的需求和问题，并及时给予回复和解决，这样做有助于增强成员对企业的信任感和满意度，进而提升他们对社群的认同感。

② 引导和提升

企业应积极引导普通成员参与社群活动，通过提供活动参与指南、问题解答等帮助，逐步提升他们的活跃度和贡献度。具体来说，指南可以使用图文、视频等形式呈现，让成员一目了然。同时，在活动开始前，企业可以通过推送通知、私信等方式提醒成员参与活动。普通成员在参与活动的过程中可能会遇到各种问题，企业可以在社群中设立专门的问题解答板块，安排社群管理人员及时解答成员的问题，提供必要的支持和帮助。

3. 社群内容的策划与发布

社群内容的策划与发布是社群运营的重要组成部分，它对于激活社群成员、提升社群活跃度具有至关重要的作用，同时也间接影响着企业的经营状态和社群的长期存续。

（1）内容主题选择

在选择社群内容主题时，企业应充分考虑成员的兴趣和需求，以确保内容的吸引力和相关性，同时结合企业的品牌特点和市场策略，制定有针对性的内容主题选择策略。

① 产品信息

企业应当及时且有规划地发布产品信息。每当有新产品推出时，企业应结合社群所在平台的特点，以适宜的形式详细介绍这些新产品的特点、优势。对于产品的功能更新，企业需要以简洁明了的方式，清晰地说明更新的具体内容，以及这些更新给客户带来的好处。这样的做法有助于社群成员及时了解产品动态，提高产品信息的曝光度，进而提升产品的知名度和销售量。

② 行业动态

企业可以选取行业内的最新动态、趋势和热点话题，为社群成员提供有价值的信息，亿图软件公众号"双十一"期间推送消息如图 9-7 所示。这样做有助于成员更好地了解行业发展趋势，拓宽视野，并增加对企业专业性的认可度。企业可以通过关注行业媒体、参与行业会议等多种渠道来获取行业动态信息，并在经过内部审核与决策后，挑选适合客户知晓的行业信息在社群中进行分享。同时，企业也应鼓励成员积极参与讨论，主动分享自己的观点和宝贵经验，以此提升话题的热度与增强社群互动感。

③ 优惠活动

企业应根据市场策略和销售目标，定期发布优惠活动信息，包括折扣、赠品、促销等。在发布优惠活动信息时，企业务必明确优惠活动的时间、规则和参与方式，采用简洁明了的语言和图表进行说明，避免引起成员的误解和不满。

图9-7　亿图软件公众号"双十一"期间推送消息

企业可以设置一些互动环节，以增加活动的趣味性和成员的参与度。例如，举办抽奖活动，让成员通过完成特定任务（如分享活动信息、准确回答问题等）来获取抽奖机会；还可以设立打卡活动，为连续打卡的成员提供奖励，以激励他们持续参与。企业应及时对参与活动的成员给予积极的反馈和相应的奖励，以提升成员的满意度。

④　知识分享

企业可以根据自身产品或服务的特点，分享与之相关的知识和技能，包括行业知识、技术教程、生活小贴士等。例如，美妆企业可以分享化妆技巧、护肤知识；家居企业可以分享家居布置技巧、家居保养方法等。这些举措有助于加深成员对社群的依赖感和归属感。

（2）内容策略制定

在制定社群内容策略时，企业应根据社群的目标和定位来确定内容的主题与方向。如果企业的目标是提高品牌知名度，那么内容应侧重于品牌故事、品牌价值观的传播，以及产品的创新点和优势展示。具体来说，企业可以通过制作品牌宣传视频、举办品牌历史问答活动等方式，让社群成员更加深入地了解品牌。

如果企业的目标是提供优质的客户服务，那么内容应聚焦于问题解答与技术支持。为此，企业可以开设常见问题解答专栏，定期发布实用的技术类文章和视频教程。同时，企业还可以通过问卷调查和数据分析等方式，深入了解社群成员的需求与兴趣，从而制定出更符合成员偏好的内容策略。例如，企业可以仔细分析成员在社群中提出的各类问题和反馈，确定他们最为关心的领域，并针对性地制作相关内容，以满足他们的实际需求。

（3）内容发布时间和方式

为了更好地把握内容的发布时间，企业可以利用数据分析工具深入了解成员的活跃时间和使用习惯。例如，如果数据分析显示成员主要在晚上活跃，企业即可选择在晚上7～10点这一黄金时段发布内容，以提高内容的曝光率和阅读量。同样，如果成员在周末更为活跃，企业则可以在周末时段增加内容的发布频率，并丰富其内容形式。

此外，企业还可以根据不同的内容主题和目标受众来灵活调整发布时间。例如，针对上班族的内容，企业会巧妙地安排在工作日的午休时间或下班后发布，以确保这些内容能在他们最为放松和有空闲的时候触达。通过这样精准的时间管理，企业能够更好地满足成员的需求，从而提升内容的吸引力和影响力。

为了提升内容的曝光度和传播效果，企业应充分利用社群平台的各种功能。企业可以设置推送通知功能，以便及时提醒成员有新内容发布。然而，在设置推送时，企业需要注意推送的频率和时机，避免过度推送引发成员的反感。此外，企业还可以使用话题标签来优化内容的分类和搜索。例如，在发布产品信息时，企业可以巧妙地使用产品名称、功能特点等相关标签，方便成员快速搜索和浏览相关内容。

在发布内容时，企业还应结合不同的内容形式和主题选择合适的发布方式。对于图文内容，企业可以直接在社群中发布，同时注重图片的质量和文字的简洁明了，以吸引成员的注意力。而对于视频内容，企业可以通过链接或嵌入的方式发布，确保视频播放的流畅性和稳定性，提升成员的观看体验。对于重要的活动通知，企业应优先考虑通过私信或群公告的方式发布，以提高通知的到达率。

4. 社群活动的组织

企业在组织社群活动时，需要重点考虑参与性和互动性，具有强交互性的活动能够有效地得到成员的关注。常见的具有强交互性的社群活动如下。

（1）抽奖活动

抽奖活动能够有效激发社群成员的参与热情，增强成员间的互动，提升社群的活跃度和凝聚力。首先，企业需明确抽奖的规则和奖品详情，包括抽奖的方式（如随机抽奖、积分抽奖等）、参与条件（如关注社群、分享活动等），以及奖品的种类和数量等具体信息。为确保抽奖过程的公平、公正和公开，企业可以借助社群平台的抽奖工具或第三方抽奖平台来执行抽奖环节。

在抽奖活动进行期间，企业应及时公布抽奖结果，并通过私信或群公告的方式通知中奖成员前来领取奖品。对于未中奖的成员，企业也应给予适当的安慰和鼓励，如发放小礼品、优惠券等，以提升他们的参与热情和积极性。此外，企业还要积极收集成员对抽奖活动的反馈和建议，以不断优化活动的形式和内容，为成员带来更精彩、更丰富的社群体验。

（2）投票活动

投票活动不仅能促进社群决策的民主化，还能加深成员对社群事务的参与感，有助于构建更紧密、更和谐的社群氛围。首先，企业需要明确投票活动的主题和选项，主题应紧密围绕成员的利益和需求，如产品设计、活动策划、社群发展方向等，以激发成员的参与热情。为确保投票过程的便捷性和准确性，企业可以借助社群平台的投票功能或第三方投票平台来执行投票环节。

在投票活动进行期间，企业应积极鼓励成员参与投票，并对投票结果进行仔细的分析和总结。根据投票结果，企业应采取相应的措施，以满足成员的需求。例如，如果成员对某个产品设计方案的投票结果较为积极，企业可以考虑在后续的产品开发过程中采纳该方案。同时，企业还应及时公布投票结果和决策过程，让成员了解企业对他们意见的重视和尊重。这样做不仅能够增强成员的归属感，还能进一步促进社群的和谐与发展。

（3）直播活动

直播活动以其即时互动性和内容丰富性，成为连接成员、分享知识、建立信任的重要方式。首先，企业需要明确直播的主题，围绕产品演示、技术讲解、行业趋势分析等方面展开，确保直播内容既专业又具有吸引力。根据确定的主题，企业可以邀请相关领域的专家、学者或企业内部的专业人员进行直播，以保证直播内容的质量和深度。

在直播活动正式开始前，企业要进行充分的宣传和推广工作，通过社群公告、私信通知及社交媒体等多元化渠道，积极吸引成员的关注和参与，为直播活动进行预热。在直播过程中，企业要积极与成员进行互动和交流，耐心回答成员提出的问题，并适时发放奖品和优惠券等福利，以增加直播的趣味性和成员的参与度。

直播结束后，为了方便成员回顾和学习，企业可以将直播视频剪辑成短视频形式，并在社群内部或企业的官方社交媒体账号上发布和分享。这样做不仅能够满足成员的学习需求，还能进一步巩固直播活动的成果，提升企业的品牌形象和影响力。

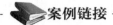 **案例链接**

茶百道——以福利为引，筑社群之基

2024年4月23日，茶百道母公司四川百茶百道实业股份有限公司正式在港交所挂牌上市，继奈雪的茶之后，成为新茶饮领域又一家成功登陆港股的企业。茶百道巧妙地从多渠道引流入手，构建起庞大的用户社群，有着周全的社群运营策略。

在线下门店，茶百道通过张贴社群二维码海报，并配以"加群领20元券包"等大额福利文案吸引顾客的注意。店员们也在服务的同时介绍社群优惠，以进一步提升顾客的入群意愿。此外，茶百道还与周边的电影院、书店等店铺展开合作，以拓宽社群用户的来源。顾客凭票根或消费凭证即可享受社群专属优惠。

在微信公众号方面，用户在关注"茶百道"公众号后，会立即收到包含品牌特性和社群福利的欢迎语。社群福利信息不仅详细，还附带了便捷的链接，用户点击后，系统能智能推荐距离最近的门店"福利官"，实现一对一的福利推送。而在小程序方面，茶百道在点餐首页和点单页面巧妙设置了企业微信的引流触点，以"领取大额优惠券"的福利信息引导用户扫码添加门店福利官，进而加入社群。

茶百道在视频号、抖音、小红书和微博等社交媒体平台也构建了全方位的引流布局。其视频号首页设置了企业微信的引流触点，发布的内容涵盖了品牌宣传、产品介绍和搞笑短剧等，以吸引用户的关注。抖音账号则以产品推广、活动宣传和直播推广为主，直播过程中不断提醒用户加入抖音粉丝群。小红书账号则专注于新品推广和品牌活动，推文结尾设置有抽奖环节，用户须先加入茶百道社群才能参与抽奖。微博平台则发布有奖互动、活动宣传和产品介绍等内容，用户关注账号并积极互动，成为"铁粉"后才可以申请进入粉丝群。

茶百道的社群定位清晰、明确。以其福利群为例，群昵称通常为"茶百道+城市+门店名+宠粉群"，其社群的主要价值在于为群成员提供丰富的专属福利、及时的产品上新信息，以及有趣的互动活动，进而提升用户的复购率，增强用户与品牌之间的黏性。用户在入群后，会立即收到欢迎语，欢迎语包含详细的社群专属福利信息，福利信息附带的链接会引导用户跳转到活动页面进行销售转化。同时，群公告中说明了违规行为以及群成员要遵守的规则，以确保社群的良好氛围和正常运营。

为了进一步扩大社群规模和提升用户黏性，茶百道还将会员体系与社群进行了紧密结合。会员通过消费可以获得"熊猫值"和"熊猫币"，"熊猫值"用于提升会员等级，享受不同等级的权益，如会员日特权、徽章特权、拼单特权等；而"熊猫币"则可以兑换产品优惠券、免单券等福利。高等级会员在社群中还能获得更多的专属福利和优惠，这激励用户不断消费，提升会员等级。

此外，茶百道还开展裂变活动。用户邀请好友进入社群，可以获得优惠券等奖励。茶

百道还推出"好友拼单"活动，以提升社群的活跃度和用户黏性。用户在社群内发起拼单邀请，邀请好友一起购买饮品，达到一定人数后即可享受团购优惠价格。

任务四　客户关系管理系统的应用

客户关系管理系统（简称"CRM 系统"）作为现代企业运营的核心组成部分，正在日益展现出其强大的市场影响力和战略价值。CRM 系统通过集成先进的信息技术与管理理念，旨在优化企业与客户的互动体验，深化客户洞察，进而驱动业务增长和市场份额的扩大。在高度竞争的商业环境中，CRM 系统不仅是提升客户服务质量的工具，还是企业实现数字化转型、构建客户导向型组织的关键支撑。

一、客户关系管理系统的作用

如今，许多 CRM 系统都具备综合性的功能，已发展成为集客户信息管理、销售管理、客户服务管理及数据分析与决策支持于一体的综合性平台，可以为企业提供全方位、多层次的管理解决方案。

1. 客户信息管理

CRM 系统在客户信息管理方面具有卓越的效能。它能够运用先进的数据采集技术，全面、高效地收集客户的信息，并通过智能化的数据整理和存储机制，确保信息的准确性和完整性。具体来说，CRM 系统能够详细记录客户的基本资料，涵盖姓名、性别、年龄、联系方式、地址等关键信息，为企业与客户建立直接且稳固的联系奠定基础。这些基本信息不仅是企业与客户沟通的起点，还是深入了解客户需求的重要依据。

CRM 系统能够精准捕捉客户的购买历史记录。客户购买的产品或服务名称、购买时间、购买金额以及购买频率等信息都能被详细记录。通过对这些数据进行深度分析，企业可以精准洞察客户的消费习惯和偏好。例如，企业可以根据客户的购买频率和金额划分客户群体，为不同群体制定个性化的营销策略。同时，结合客户购买的产品或服务名称，企业可以分析出客户的兴趣领域，为后续的产品推荐和交叉销售提供有力支持。

CRM 系统还具备收集客户偏好和需求信息的能力，例如，客户对特定产品功能的偏好、对服务的特殊要求等。这些信息的收集有助于企业为客户提供更加贴心的个性化服务，以提升客户的满意度和忠诚度。

以京东为例，其自研的 CRM 系统能够对客户的浏览历史、购买记录和搜索关键词进行深度分析。当客户再次访问京东网站时，系统会根据客户的历史行为，在首页和推荐页面展示客户可能感兴趣的产品，极大地提高了客户的购买转化率。

2. 销售管理

在销售环节，CRM 系统能够对销售流程进行全面、精细化的管理。从潜在客户的挖掘和跟进开始，CRM 系统能够利用大数据分析和人工智能技术，帮助销售人员精准识别潜在客户。同时，CRM 系统能够详细记录与潜在客户的沟通历史和进展情况，为销售人员提供全面的客户视图。销售人员可以根据这些信息制定个性化的跟进策略，提高潜在客户的转化率。

对于销售机会的识别和转化，CRM 系统具备强大的数据分析和预测功能。通过对客户行为数据、市场趋势等多维度数据的分析，CRM 系统能够帮助销售人员确定哪些潜在客户最有可能转化为实际客户。在此基础上，销售人员可以制定针对性的销售策略，提高销售效率和成功率。

在订单的处理和交付阶段，CRM 系统可以与企业的其他业务系统进行深度集成，实现订单的自动化处理和跟踪。例如，CRM 系统可以与物流系统集成，实时跟踪订单的物流状态，为客户提供准确的物流信息。同时，CRM 系统还可以对订单数据进行分析，帮助企业优化库存管理、生产计划等环节，提高企业的运营效率。

以销售易 CRM 软件为例，销售人员可以在该软件系统中创建销售机会，制订销售计划，记录销售活动，并通过系统的分析功能了解销售进展情况和预测销售业绩。同时，销售易 CRM 软件还可以与企业的电子邮件、社交媒体等渠道进行集成，实现多渠道销售管理，拓展销售渠道，提高销售业绩。

3. 客户服务管理

优质的客户服务是维护客户关系的关键，而 CRM 系统在客户服务管理方面发挥着重要作用。CRM 系统能够帮助企业实现客户服务的标准化和规范化。具体来说，CRM 系统可以记录客户的投诉和建议，通过自动化的工单分配系统，及时将问题分配给相关人员进行处理，并跟踪处理进度。这样可以确保客户的问题得到及时解决，提高客户满意度。

通过 CRM 系统，客服人员可以快速查询客户的历史记录和问题，了解客户的需求和痛点，提供更有针对性的解决方案。例如，当客户提出问题时，客服人员可以通过系统查询客户的购买历史和使用情况，为客户提供个性化的解决方案，提高客户的满意度。

此外，CRM 系统还可以对客户服务数据进行分析，了解客户的满意度和不满意之处。企业可以根据这些分析结果不断改进服务质量，提升客户体验。

以智齿科技为例，它可以集成多种渠道的客户服务请求，如电子邮件、社交媒体、在线聊天等。企业客服人员可以通过智齿科技，在一个平台上处理来自不同渠道的客户问题，提高服务效率。同时，智齿科技还提供了强大的数据分析功能，帮助企业了解客户服务的质量和效果，以便及时调整服务策略。

4. 数据分析与决策支持

CRM 系统在数据分析与决策支持方面具有强大的功能。它能够收集大量的客户数据和销售数据，并运用先进的数据分析和挖掘技术，为企业的决策提供有力的支持。

企业可以通过 CRM 系统深入了解客户的行为模式、购买习惯和需求趋势。例如，通过分析客户的购买历史和浏览记录，企业可以发现客户的潜在需求，及时推出相应的产品或服务，提高销售转化率。同时，CRM 系统还可以分析客户的行为路径，了解客户在购买过程中的决策过程，为企业优化营销策略提供依据。

CRM 系统还可以对销售业绩进行分析，帮助企业评估销售人员的工作效率和销售策略的有效性。例如，通过分析销售数据，企业可以了解不同产品的销售情况、不同销售渠道的效果等，为企业调整销售策略提供参考。

以神策数据为例，通过其应用程序接口，它可以与企业已有的 CRM 系统进行集成，为企业提供深入的客户数据分析服务。通过对客户数据的分析，企业可以了解客户的行为路径、转化率、留存率等指标，从而优化网站设计、营销策略和产品服务，提升企业的竞争力。

二、客户关系管理系统的类型

CRM 系统可以从多种角度进行分类，下面主要从管理对象、部署方式、主导功能、行业应用和技术架构角度对 CRM 系统进行划分，如表 9-1 所示。

表 9-1　CRM 系统的分类方式及主要类型

分类方式	具体类型	应用描述
按管理对象	面向企业客户型（如纷享销客、用友 CRM）	面向企业客户型的 CRM 系统主要针对企业组织级别的客户进行管理。其业务场景较为复杂，需求围绕不同行业或领域展开，角色众多导致业务场景多样，流程差异大，通常支持复杂且长周期的销售阶段管理，可允许多端口接入，以打通企业内部各部门及与客户对接人之间的信息壁垒
	面向个体客户型（如悟空 CRM）	面向个体客户型的 CRM 系统主要针对单个消费者进行管理。其业务场景和逻辑相对简单，流程较为标准化，核心功能通常是引流潜在客户，以及增强客户黏性
按部署方式	本地独立部署型（如小太阳 CRM）	本地独立部署型需要企业购买软件许可证，并在自己内部的服务器或计算机上进行安装和配置 CRM 软件。这种方式下企业对软件和数据有完全的掌控权，安全性和数据隐私保护能力较强，但需要专业的 IT 团队进行安装和维护，且硬件和软件成本投入较高
	云端部署型（如 Zoho CRM）	云端部署型是将 CRM 软件部署在云服务提供商的服务器上，企业通过互联网进行访问和使用。企业只需支付订阅费用，无须购买许可证和自行安装配置软件，具有高度的可伸缩性和灵活性，能根据企业需求快速扩展或缩减系统规模，且企业无须担心硬件和软件的维护和升级，可以随时随地通过互联网访问系统
	混合部署型（如 Oracle Siebel CRM）	混合部署型是将 CRM 软件的部分功能部署在本地服务器上，部分功能部署在云端服务器上，结合了本地部署和云端部署的优势，满足企业的多样化需求，但需要企业具备一定的技术能力来管理和维护本地和云端系统，并确保数据同步和一致性
	软件订阅模式型（如销售易 CRM、Zoho CRM）	软件订阅模式型是企业按需租用所需资源，通过多端方便地使用软件，前期投入成本低、可快速上线，具有高度可扩展性，能满足企业不断变化的业务需求
按主导功能	销售管理主导型（如 XTools CRM、销售易 CRM）	销售管理主导型的 CRM 系统聚焦于销售过程的管理和优化，包括潜在客户管理、销售机会管理、报价和合同管理等功能，以提高销售效率和收益为目标
	客户服务主导型（如智齿科技 CRM、ServiceNow CRM）	客户服务主导型的 CRM 系统关注客户服务质量，通过记录和处理客户反馈与投诉、优化服务流程等方式，提升客户满意度和转化率，同时提供知识库功能，帮助客服人员快速找到解决方案
	市场营销主导型（如励销云 CRM、悟空 CRM）	市场营销主导型的 CRM 系统侧重于市场信息的收集、分析与利用，以及推广活动的组织和执行，可以进行目标客户定位和精准营销，通过电子邮件营销、社交媒体营销等功能提高客户参与度和转化率
	综合功能型（如金蝶 CRM、神州云动 CRM）	综合功能型的 CRM 系统则兼具销售管理、客户服务和市场营销等多方面功能
按行业应用	行业通用型（如纷享销客、销帮帮 CRM）	行业通用型 CRM 系统适用于多种行业，功能较为全面，可以满足大多数企业的基本需求
	行业特定型（如鲸邻 CRM、明源云 CRM）	行业特定型 CRM 系统是针对特定行业设计的，包含该行业的特定功能，能够更好地满足特定行业的需求，但开发和维护成本相对较高

续表

分类方式	具体类型	应用描述
按技术架构	单客户独立架构型（如企业自研 CRM）	在该类型 CRM 系统下，每个客户使用独立的数据库和应用程序实例，数据隔离性高，但成本相对较高，适用于对数据安全性要求极高的企业
	多客户共享架构型（如八百客 CRM、白码 CRM）	在该类型 CRM 系统下，多个客户共享同一应用程序和数据库，成本较低，但数据隔离性不如单用户独立架构型，适用于对成本较为敏感且能接受数据隔离性不高的中小企业

随着社交网络的发展和移动设备的普及，S-CRM 系统和 M-CRM 系统应运而生。

1. S-CRM 系统

S-CRM（Social Customer Relationship Management，社交客户关系管理）是一种将社交媒体平台的功能和渠道与传统 CRM 相结合的客户关系管理理念和技术。它不仅关注企业与客户之间的一对一关系，还着重利用社交网络的力量，如社交媒体平台上的用户互动、口碑传播等，构建更广泛、更深入的客户关系网络。

S-CRM 系统最大的优势是借助社交网络的传播效应，使企业接触到更广泛的潜在客户，利用社交数据进行精准营销，提高营销活动的转化率和投资回报率。

S-CRM 系统能够深度整合微信、微博、抖音等多种社交媒体平台，企业可以统一管理品牌形象、发布内容，同时收集客户的基本信息、社交行为和社交关系等数据，以更全面地了解客户。S-CRM 系统能够通过分析客户在社交媒体平台上的互动内容和行为模式，挖掘客户的潜在需求、兴趣爱好和购买意向，还能利用社交网络分析技术识别意见领袖，推动品牌传播和产品推广。此外，S-CRM 系统能够增强企业与客户的双向互动，客户不再是被动接收者，可以参与企业品牌建设和产品研发，企业可以通过社交媒体平台举办线上活动，促进客户间交流，形成社区。

S-CRM 系统深化了传统 CRM 在社交营销方面的功能。在品牌推广与声誉管理方面，企业可以利用 S-CRM 系统监测其在社交媒体上的品牌口碑，及时回应客户反馈。在客户服务与支持方面，企业通过社交媒体渠道提供服务。在产品研发与市场调研方面，企业可以利用 S-CRM 系统收集客户对产品的意见和建议，用于产品改进和新产品研发，为产品迭代提供依据。

2. M-CRM 系统

M-CRM（Mobile Customer Relationship Management，移动客户关系管理）是一种以移动技术为核心，使企业能够通过移动设备（如智能手机、平板电脑）来有效管理客户关系的策略和技术。其目的是让企业员工，特别是销售和服务团队能够随时随地访问客户信息，执行销售和服务任务，以及与客户进行沟通，从而提高客户关系管理的效率和效果。

M-CRM 系统最大的优势是销售人员和服务人员不再受限于办公室环境，可以在移动过程中高效地完成工作，减少了时间浪费，并满足客户对即时性的需求。

M-CRM 系统具有出色的移动设备适配性，无论是 iOS 还是 Android 系统，都能提供流畅的用户体验，其界面设计简洁直观，方便企业员工在小屏幕设备上快速操作。M-CRM 系统支持移动设备与企业服务器之间的数据实时同步。当销售人员或服务人员在移动设备上对客户信息进行修改、添加新的销售机会或者完成服务任务后，这些数据会立即更新到企业的中央数据库中；反之，企业端的任何数据变化（如产品价格调整、客户级别更新等）也会同步到移动设备上，保证所有企业员工看到的都是最新的数据。

M-CRM 系统拓展了传统 CRM 系统在数据传输上的渠道，使前台业务部门和后台决策部门能够协同工作。M-CRM 系统支持企业开展移动商务，对于经常在外经营业务的销售团队，M-CRM 系统是必不可少的工具。

三、客户关系管理系统的选择

企业需要结合自身的业务特征和发展程度，评估成本效益，选择合适的 CRM 系统。

1. 功能需求分析

企业在选择 CRM 系统之前，必须进行深入、全面的功能需求分析，这不仅涉及对当前业务特点的考量，还需要着眼于未来的发展需求。

（1）销售管理需求

企业应根据自身的业务模式和组织架构，明确各个部门对 CRM 系统的具体功能要求。对于互联网销售企业而言，销售管理功能是首要的关注重点。如果企业拥有庞大的销售团队，那么销售流程的严格管理就尤为关键。此时，企业应选择具备强大销售管理功能的 CRM 系统。这样的系统通常包含以下模块。

① 精准的销售机会管理模块。该模块能够对潜在销售机会进行分类、评估和跟踪，确保每一个销售机会都得到充分挖掘。

② 高效的销售预测模块。该模块能够通过对历史销售数据和市场趋势的分析，为企业提供对未来销售业绩的合理预测，帮助企业制订科学的销售计划。

③ 全面的销售业绩分析模块。该模块能够从多个维度（如销售人员、产品类别、销售区域等）对销售业绩进行评估，为企业决策提供数据支持。

（2）服务管理需求

对于注重客户服务质量的企业来说，良好的客户服务管理功能至关重要，包括以下几个方面。完善的客户投诉处理机制，能够快速响应客户投诉，记录投诉内容、处理过程和结果，确保问题得到及时解决；高效的服务请求跟踪功能，实时掌握服务请求的处理进度，提高服务效率和客户满意度；科学的客户满意度调查功能，定期收集客户反馈，了解客户对产品和服务的满意度，为企业改进服务提供依据。

（3）业务拓展需求

企业还需要考虑未来的发展规划，如果企业有拓展业务到其他地区或国家的计划，那么选择支持多语言、多货币的 CRM 系统将是明智之举。这样可以确保在不同地区或国家的业务运营中，CRM 系统能够适应不同的语言和货币环境，提高业务处理效率。如果企业计划与其他企业进行合作或整合，那么具有良好集成性的 CRM 系统则是首选。这样的 CRM 系统能够与其他企业系统（如企业资源规划系统、供应链管理系统等）进行无缝对接，实现数据的共享和业务流程的协同，提升企业的整体运营效率。

2. 成本效益评估

企业在选择 CRM 系统时必须进行严格的成本效益评估，以确保企业的投资能够获得最大的回报。

在成本方面，企业应全面考虑 CRM 系统的购买成本、实施成本和维护成本。购买成本包括软件许可证费用、硬件设备费用等。在选择软件许可证时，企业可以根据自身的需求和预算选择合适的许可证类型，如永久许可证或订阅许可证。硬件设备费用则取决于系统的性能要求和企业的现有硬件设施。

实施成本主要包括系统安装、调试、培训等费用。系统安装和调试需要专业的技术人员进行操作，确保系统能够正常运行。培训费用则包括对员工进行系统操作培训和业务流程培训的费用。企业可以选择内部培训或外部培训，根据员工的实际情况和培训需求制定合理的培训计划。

维护成本包括系统升级、数据备份、技术支持等费用。系统升级是确保系统始终保持最新功能和最佳性能的关键，企业应根据系统供应商的升级规划，合理安排升级计划。数据备份是保障企业数据安全的重要措施，企业应选择可靠的数据备份方案，确保在发生意外情况时能够及时恢复数据。技术支持费用则包括系统故障排除、问题咨询等方面的费用，企业应选择提供优质技术支持的系统供应商。

在收益方面，企业应考虑 CRM 系统带来的潜在收益，如提高销售效率、提升客户满意度、增加客户忠诚度等。对于提高销售效率，企业可以通过缩短销售周期、提高销售成功率等方式实现，从而增加企业的销售收入。对于提升客户满意度，企业可以通过提供优质的客户服务、满足客户的个性化需求等方式实现，从而增加客户的重复购买率和强化口碑传播效应。对于增加客户忠诚度，企业可以通过建立长期稳定的客户关系、提供增值服务等方式实现，从而为企业带来持续的业务增长。

企业可以通过计算投资回报率（ROI）来评估 CRM 系统的成本效益。其计算公式为：ROI=（收益－成本）÷成本×100%。如果 ROI 为正数，说明 CRM 系统的投资是值得的；如果 ROI 为负数，说明 CRM 系统的投资可能存在风险，企业需要考虑更换系统。

3. 系统易用性和可扩展性

大型企业往往倾向于使用自研 CRM 系统，或是选用性能稳定但价格相对较高的第三方 CRM 系统，这通常与它们的资金实力和定制化需求相匹配。相比之下，中小规模企业由于资源和资金相对有限，难以在 CRM 系统上投入大量资金。因此，中小规模企业在选择 CRM 系统时，要重点考虑系统的易用性和可扩展性。

在易用性方面，CRM 系统应具有简单、方便的操作界面，易于学习和使用。企业可以通过几个方面来评估系统的易用性：首先，观察系统的操作界面是否简洁明了，功能布局是否合理。一个好的操作界面应该能够让用户快速找到所需的功能，减少操作失误。其次，了解系统的操作流程是否简单顺畅。系统的操作流程应尽可能简化，避免复杂的操作步骤和烦琐的审批流程。最后，考虑系统是否提供了丰富的帮助文档和培训资源。良好的帮助文档和培训资源可以帮助用户快速掌握系统的操作方法，提高工作效率。

在可扩展性方面，CRM 系统应能够随着企业的发展而不断扩展和升级。企业可以从几个方面来评估系统的可扩展性：首先，查看系统是否支持自定义字段、自定义报表和自定义流程。这些功能可以让企业根据自身的业务需求，灵活地调整系统的功能和数据结构。其次，了解系统是否提供了开放的 API。开放的 API 可以让企业与其他系统进行集成，实现数据的共享和业务流程的协同。最后，考虑系统供应商的技术实力和发展前景。一个技术实力强大、发展前景良好的系统供应商可以为企业提供持续的技术支持和系统升级服务，确保系统始终保持最新的功能和最佳的性能。

📈 项目实训：喜茶会员体系设计分析

1. 实训背景

喜茶成立于 2016 年，总部位于广东深圳，是近几年崛起的头部茶饮品牌。喜茶的会员模式是等级制，客户完成指定任务/购买贡献即可升到对应等级，获取对应会员权益。客户的等级越高，得到的权益就越多。

喜茶会员共分为五个等级，VIP1 为见习贵宾，注册即可达到；VIP2 为进阶贵宾，消费满 1 元即可；VIP3 为高阶贵宾，要求累积 200 成长值；VIP4 为资深贵宾，要求累积 700 成长值；VIP5 为黑卡贵宾，要完成升级任务才可升级：成长值满 2200，在等级有效期内累计购买不少于 12 次（单笔订单实付满 11 元计入有效次数），注册喜茶会员的时间不少于 180 天。

喜茶的会员可以享受的会员权益包括以下几种，同时喜茶还会根据自身业务发展情况不断对当前特权内容进行升级迭代，创新贵宾特权的类型和内容，提供更好的贵宾服务和消费体验。

VIP1：可于每周一领取 1 张"外卖免配送费券"（限当天使用，订单金额满 20 元可用）。

VIP2：可解锁 4 项特权，分别是周一领券免配送费、周三积分券、周四一起喝随机立减、生日饮茶有礼（享单杯 8 折优惠）。

VIP3：可解锁 6 项特权，除了 VIP2 的 4 项特权以外，还有另外两项特权，分别是周二免费加倍果肉、一起喝免配送费（一年 1 次）。另外，生日饮茶有礼升级为享单杯 5 折优惠。

VIP4：可解锁 9 项特权，除了 VIP3 的 6 项特权外，还有另外 3 项特权，分别是一起喝立减（满 88 元立减 10 元）、喜卡专享折扣（95 折购卡）、新品优先制作（一年 12 次，此项为黑卡贵宾专享特权，但资深贵宾可以体验 1 次）。另外，一起喝免配送费升级为一年 2 次，生日饮茶有礼升级为享立减 20 元和订单优先制作。

VIP5：可解锁 12 项特权，除了 VIP4 的 9 项特权外，还有另外 3 项特权，分别是繁忙点单通道（一个月 3 次）、黑卡体验卡赠送（一年 2 次）、黑卡个性定制（无限次）。另外，生日饮茶有礼升级为享立减 30 元和订单优先制作，一起喝免配送费升级为一年 4 次，一起喝立减升级为满 88 元立减 15 元，喜卡专享折扣升级为 92 折购卡，新品优先制作升级为一年 12 次。

2. 实训要求

登录喜茶 GO App 或小程序，查看喜茶的会员体系设计，并查看其他同类企业的会员体系设计，对比分析并总结。

3. 实训思路

（1）查看企业的会员体系设计

登录喜茶或其他同类企业（茶百道、沪上阿姨、蜜雪冰城、奈雪的茶、霸王茶姬等）的官方 App 或者小程序，查看其会员体系设计。

（2）对比不同企业的会员体系

仔细观察不同企业的会员体系设计之后，请对比其相同点和差异点，并进行总结。

（3）评价喜茶的会员体系

在网络上搜索喜茶的客户关系管理案例，然后与同学相互讨论，分析喜茶的会员体系对其经营有何作用，然后对其会员体系提出一些建设性的意见。

巩固提高

一、单选题

1. 在客户分类中，若根据客户需求与偏好进行分类，将注重天然成分、有机美妆产品且对品牌的环保理念高度认同的客户归为一类，那么（　　）不属于针对这类客户的维护策略。

    A. 重点讲述产品的特点　　　　　　　　B. 加强品牌文化传播和形象塑造

    C. 推出性价比高的产品套餐　　　　　　D. 提供专属服务体验

2. 在会员体系类型中，付费制会员体系的主要优势是（　　）。

    A. 消费金额可累计积分　　　　　　　　B. 能够区分客户层级

    C. 为企业创造稳定收入流　　　　　　　D. 根据消费频率划分会员等级

3. 在社群平台选择中，若企业的目标是进行深度的客户互动和品牌建设，下列哪个平台可能不是最佳选择？（　　）

    A. 微信　　　　　　B. QQ　　　　　　C. 微博　　　　　　D. 抖音

4. 在客户关系管理系统的类型中，面向个体客户型的 CRM 系统的核心功能通常是（　　）。

    A. 复杂且长周期的销售阶段管理

    B. 引流潜在客户以及增强客户黏性

    C. 对销售业绩进行分析

    D. 与企业内部各部门打通信息壁垒

5. 在社群成员管理中，对于核心成员的管理措施不包括（　　）。

    A. 赋予核心成员管理权限，促使其参与企业事务

    B. 对多次违反社群规则的核心成员予以禁言

    C. 给予核心成员更多关注和支持

    D. 邀请核心成员参与社群管理和决策过程

二、判断题

1. 企业在设计会员体系等级时，会员等级越高，享受的权益和服务一定越多。（　　）

2. 对于成长型会员体系，企业需要设定最低消费金额、消费频率要求、消费品类要求、客户行为表现等门槛，以激励会员在体系中不断成长升级。（　　）

3. 企业在发布社群内容时，需要统一发布的方式，以提高效率和行动的规范性。（　　）

4. 互联网销售企业在选择 CRM 系统时，服务管理功能是首要的关注重点。（　　）

5. S-CRM 系统具有双向互动增强效果，使企业前台业务部门和后台决策部门能够协同工作。（　　）

三、简答题

1. 简述客户识别的重要性。

2. 简述会员体系等级设计中的成长值规则。

3. 社群管理中社群规则的制定包括哪些方面？

项目十

销售管理

● 知识目标

➤ 了解销售人员绩效考核的指标和方法。
➤ 掌握激励销售人员的方法。
➤ 了解销售服务质量管理的原则。
➤ 掌握衡量客户满意度的方法。
➤ 掌握账单管理和发票管理的方法。

● 能力目标

➤ 能够根据企业业务类型选择绩效考核方法。
➤ 能够运用多种方法衡量客户满意度。
➤ 能够有效管理销售票据。

● 素养目标

销售绩效考核应基于公正、公平的原则，以此激励员工正向发展，营造积极向上的工作氛围。销售人员要将责任感内化于心、外化于行，通过实际行动和绩效成果来展现工作担当。

● 项目导读

在互联网销售中，销售管理是一个综合性、多维度的管理过程，这对于企业的成功运营和持续发展具有重要的作用。企业的销售管理主要包括对人员的管理、对服务质量的管理，以及对票据的管理等。随着技术的发展，一些专业的销售管理系统和平台应运而生，它们提供的工具可以帮助企业规范管理流程，提高运营效率。

知识导图

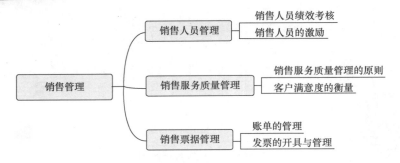

 案例导入

华为 Pura 70 促销，授权渠道迎来新机遇

2024 年 9 月，华为为了促进 Pura 70 系列手机的销售，提升公司在手机高端档位的市场份额，对授权销售渠道投入了为期 35 天的 SO（Sell Out 的简写，指销售给最终端消费者的销售数据）激励。

自 9 月 27 日开始，销售人员每售出一部手机并使用户成功激活就可以获得对应的金额奖励。华为的激励内容具体为：Pura 70 Ultra 投入 500 元/台的 SO 激励；Pura 70 Pro+（含乐臻版）投入 300 元/台的 SO 激励；Pura 70 Pro 投入 300 元/台的 SO 激励；Pura 70 北斗卫星消息版投入 300 元/台的 SO 激励；Pura 70（含乐臻版）投入 300 元/台的 SO 激励。

早在 2024 年 3 月，华为中国政企业务副总裁就透露过相关信息，要从激励 SI（系统集成商）转向激励 SO（销售渠道）。他表示："过去我们激励的主要是 SI，鼓励分销商多提货，今年我们会强化激励分销商的 SO，也就是出货，我们希望分销的货物流速能提高起来，加大资金周转效率。"

微课资源

截至 2024 年 10 月中旬，华为 Pura 70 系列市场表现出色，该系列销量已突破 650 万台。

任务一　销售人员管理

互联网销售的模式减少了传统的面对面推销场景，消费者可以自主浏览和比较产品，销售人员的角色逐渐变得多元化，涉及客服、运营和营销等不同职能。销售人员是企业业务持续发展的基础，对销售人员的有效管理不仅可以帮助企业规范服务流程，确保客户体验的一致性和专业性，还可以增加企业的内生活力。企业对销售人员的管理需要考核与激励相结合，以促进销售人员的自我提升和企业业务效益的增长。

一、销售人员绩效考核

销售人员绩效考核体系不仅是衡量销售业绩的标尺，更是驱动企业组织效能、促进业务持续增长的关键引擎。随着市场环境日益复杂和消费者行为模式的多样化，构建一套科学、全面且具备前瞻性的绩效考核机制，对于激发销售人员潜能、优化资源配置、提升客户满意度及忠诚度具有不可估量的价值。

1. 考核指标的设定

在互联网销售背景下，考核指标的设定需紧密结合企业战略目标、市场环境变化及销售人员的工作特性，确保考核指标既能准确反映销售人员的实际工作成效，又能有效引导其行为向企业期望的方向发展。

（1）销售业绩指标

企业可以将销售额、销量和销售利润等作为重要的销售业绩考核指标。销售部门负责制定具体的目标值，销售管理人员则定期收集和分析销售数据，关注每个销售人员的业绩完成情况，并与目标值进行对比，以评估销售人员在销售业绩方面的表现。这些指标能够直观地反映销售人员为企业创造的经济价值。

具体来说，销售部门需要根据企业的年度销售目标和市场情况，将总目标分解为具体每月的销售额、销量和销售利润目标值。例如，某电子产品销售企业设定目标为每月销售额达到 500 万元，销量达到 1000 件，销售利润达到 100 万元。这些目标值的确定需要考虑产品的市场需求、竞争对手情况、企业的生产能力等因素。

销售管理人员需要定期（如每周或每月）收集销售数据，运用销售数据管理系统（如 ERP 系统或 CRM 系统）对这些数据进行整理、分类和分析。通过对比实际销售数据与目标值，销售管理人员可以了解销售人员的业绩完成情况。例如，如果上述电子产品销售企业的某个销售人员在一个月内的销售额为 450 万元，销量为 900 件，销售利润为 90 万元，那么销售管理人员可以计算出该销售人员的销售额完成率为 90%，销量完成率为 90%，销售利润完成率为 90%。

（2）客户开发指标

销售管理人员需要根据市场情况和企业发展战略，为销售人员制定新客户开发目标。例如，如果企业的发展战略是扩大市场份额，那么销售管理人员可能会设定较高的新客户开发目标，如每月新增 20 个新客户。如果市场竞争激烈，销售管理人员可能会更加注重新客户的转化效率，设定新客户转化率目标，如新客户转化率达到 30%。

新客户转化率是指从潜在购买客户转化为实际购买客户的比例。销售管理人员可以通过跟踪新客户转化率，评估销售人员的客户开发能力。例如，如果某个销售人员在一个月内接触了 100 个潜在购买客户，最终成功转化了 30 个实际购买客户，那么该销售人员的新客户转化率为 30%。

（3）客户维护指标

客户留存率和客户满意度是衡量销售人员客户维护能力的重要指标。客户留存率是指在一定时间内继续购买企业产品或服务的客户比例。客户满意度是指客户对销售人员服务的满意程度。

销售管理人员可以通过对客户满意度和客户反馈信息的调查，了解客户对销售人员服务的评价，评估销售人员的客户维护能力。例如，如果某个销售人员的客户满意度较高，客户留存率也较高，那么销售管理人员可以给予该销售人员一定的奖励，如绩效奖金、荣誉称号等；如果某个销售人员的客户满意度较低，客户留存率也较低，那么销售管理人员可以给予该销售人员一定的惩罚，如扣除绩效奖金。

（4）工作态度指标

工作态度指标包括考勤情况、工作积极性和团队协作等方面。销售管理人员通过定期的团队会议和一对一沟通，关注销售人员的工作态度和积极性。例如，在团队会议上，销售管理人员可以表扬工作积极、业绩突出的销售人员，激励其他销售人员向他们学习；同时，对工作态度不端正、积极性不高的销售人员进行批评和指导，帮助他们认识到问题的严重性，并提出改进建议。如果某个销售人员经常迟到或早退，销售管理人员要与其进行单独谈话，了解其原因，并根据具体情况采取相应的措施，如调整工作时间、加强监督管理等。

在团队协作方面，销售人员需要与同事密切配合，共同完成销售任务。销售管理人员可以通过观察销售人员在团队项目中的表现、同事之间的评价，以及客户对团队服务的反馈等方式，评估销售人员的团队协作能力。

例如，在一个大型项目的销售过程中，销售人员需要与市场部门、技术部门等多个部门协同工作。销售管理人员要观察销售人员在项目中的沟通协调能力、问题解决能力，以及对团队目标的贡献度等。如果某个销售人员在团队项目中表现出色，能够积极、主动地与同事合作，共同解决问题，销售管理人员要给予该销售人员相应的奖励，如团队合作奖、绩效加分等；如果某个销售人员在团队项目中缺乏团队合作精神，影响项目的进展，销售管理人员要对其进行批评教育，并扣除一定比例的绩效分数。

2. 考核方法

互联网销售企业对销售人员的考核方法主要包括定量考核和定性考核。定量考核主要基于销售数据等客观指标，而定性考核则关注销售人员的行为表现和工作态度。在考核方法的实际应用中，企业需要根据自身业务类型和发展阶段选择合适的考核方法。

定量考核法适合以结果为导向的岗位，尤其适合互联网销售企业使用。定性考核法适合行政管理类岗位。一些业务较为综合的企业也会采用定量考核和定性考核相结合的绩效考核方式。此外，企业还可以采用目标与关键结果法和定期评估的方式来提升考核的质量。

（1）定量考核

定量考核主要是指销售管理人员根据具体的销售数据对销售人员进行考核，如关键绩效指标（Key Performance Indicator，KPI）考核。销售管理人员可以通过销售管理系统生成的各种图表，直观地了解销售人员的业绩表现。例如，系统生成的销售业绩排行榜可以显示每个销售人员的销售额、销量、销售利润等指标的排名情况，以便销售管理人员进行比较和评估。

销售管理人员需要根据销售业绩指标、客户开发指标等定量指标，制定详细的考核得分计算标准。例如，对于销售额指标，可以设定不同的完成率区间，对应不同的得分。例如，完成率在80%以下得0分，80%至100%（不含）得50分，100%至120%（不含）得80分，120%及以上得100分。

对于新客户开发指标，可以根据新客户数量和新客户转化率进行综合评分。例如，新客户数量达到目标值的80%以下得0分，80%~100%（不含）得50分，100%及以上得100分；新客户转化率30%以下得0分，30%~50%（不含）得50分，50%及以上得100分。

销售管理人员将各个指标的得分进行加权平均，进而得到销售人员的定量考核得分。

（2）定性考核

定性考核主要指销售管理人员根据上级、同事和客户对销售人员的评价进行考核，如360度绩效评估。这些评价分别从不同角度反映了销售人员的综合素质和工作表现。上级领导能够从宏观层面评估销售人员的工作态度、团队协作能力以及对企业战略的执行情况；同事之间的评价则更侧重于日常工作中的配合和协作情况，能够反映销售人员的团队精神和沟通能力；客户评价则直接体现了销售人员的服务质量和专业水平，是衡量销售人员工作成效的重要依据。定性考核中岗位胜任360度评分的内容如表10-1所示。

表 10-1　岗位胜任 360 度评分

被评价人		部门		岗位	
评价时间		评价周期			
是否愿意将结果反馈给被评价人：□是 □否　与被评价人关系：□上级 □同事 □下级 □其他					

评价尺度及分数		卓越（100）优秀（90）良好（80） 胜任（70）不胜任（60）	权重	得分
工作能力 （40分）	1. 职务资格	具有担任本岗位所要求的能力资格，能够适应新岗位的工作要求	10	
	2. 工作经验	掌握工作技能与技巧，工作经验丰富	10	
	3. 应变力	能够根据客观情况处理出现的问题	10	
	4. 职务技能	熟练并掌握与其担任职务相关的知识，能够高质量且按时完成任务	10	
工作态度 （60分）	5. 合作性	能够充分认识本岗位的地位和作用，谦虚地为他人（部门）提供支持和帮助	10	
	6. 服务意识	具有很好的奉献意识和服务精神	8	
	7. 责任感	能够严格律己，遵守企业各项制度纪律要求	7	
	8. 工作态度	工作自觉性高、学习能力强	7	
	9. 积极性	能够主动与他人进行沟通，解决问题，提供帮助	10	
	10. 沟通效果	能够抓住对话重点，表达清晰，易于理解，不需要多次沟通	10	
	11. 联系方便	在多数情况下能够联系到本人	8	
总分				
评价等级		□S（96～100分）□A（90～95分）□B（80～89分）□C（70～79分）□D（70分以下）		
评价者意见		（备注：评价等级为 S 或 D 时，评价者需要采用关键事件法描述：列举本次考核期间被考核者工作考核值得褒奖或批评的关键事件；评价等级为其他时，评价者从业绩、能力、态度、潜能等维度评价即可）		

销售管理人员可以对评价的结果进行汇总，按照一定的权重分配进行综合计算。例如，可以设定上级评价占 40%、同事评价占 30%、客户评价占 30%的权重分配比例。根据综合计算的结果，销售管理人员确定销售人员的最终评价得分。

（3）目标与关键结果法

目标与关键结果法（Objectives and Key Results，OKR），是一种以目标为导向的绩效管理框架，起源于硅谷企业，国内现已有不少组织开始逐步使用和推广 OKR。销售企业 OKR 内容如表 10-2 所示。

表 10-2　销售企业 OKR 内容

序号	目标	目标分解	权重	完成情况	数据来源	分数算法	得分（分数×权重）
1	月度关键运营目标达成率	销售额达到 50 万元	35%			实际额÷目标额×100	
		客单价达到 300 元	20%			低于 290 元扣 10 分； 低于 280 元扣 20 分； 低于 270 元本项不得分	
		转化率 1%	20%			低于 0.9%扣 10 分；低于 0.8%扣 20 分；低于 0.7%本项不得分	

续表

序号	目标	目标分解	权重	完成情况	数据来源	分数算法	得分（分数×权重）
2	计划与总结提交及时率	平台月度销售计划及主推产品销售计划按时提交	10%			延迟1天扣10分；延迟2天扣20分；延迟3天本项不得分	
		月度销售报告按时提交	10%			延迟1天扣10分；延迟2天扣20分；延迟3天本项不得分	
3	其他工作任务完成情况	上级主管交办的任务完成率	5%			完成任务数÷交办任务数×100	
	总得分						

① OKR的概况

OKR中的"O"为定性的目标，例如，打造具有超强吸引力的年轻用户专属互联网销售生态。OKR中的"KR"为定量的关键结果，例如，完成年轻用户专属产品与服务体系的创新设计，获得年轻用户群体80%以上的满意度认可。同KPI一样，OKR也是结果导向，但OKR更注重过程，具有灵活性，可以弥补KPI固化、僵化等"痛点"。

OKR适用于企业对人员的管理。因此，尽管OKR本身不具备考核功能，但可以作为企业绩效考核的辅助工具。OKR尤其适合创新型、探索性的工作场景，如互联网公司的研发部门、创业公司等，这些地方需要鼓励员工突破传统思维，追求高远的目标。字节跳动等企业的一些创新产品研发部门就是通过OKR来激发团队的创造力，鼓励员工尝试新的技术和创意，而不是局限于传统的指标考核。

② 企业使用OKR的场景

企业尝试开拓新的销售渠道、进入新的市场领域，或者推出全新的产品品类时，OKR的优势就会凸显出来。例如，企业计划开展直播带货这种新的销售模式，OKR可以设定一个具有挑战性的目标，如"在三个月内通过直播带货成为行业内直播销售排名前50%的企业"，关键成果包括直播观众数量、转化率、品牌曝光度等。这种愿景式的目标能够激发团队的积极性和创造力，鼓励他们尝试新的策略和方法来实现目标。

企业经常会有一些涉及多个部门的大型项目，如大型促销活动、平台系统升级等。OKR可以有效地协调各部门的工作。以"双十一"促销活动为例，营销部门的目标可能是"通过创新的营销活动引流并提高品牌知名度"，销售部门的目标是"实现活动期间销售额同比增长200%"，技术部门的目标是"确保促销活动期间平台的稳定运行，系统故障时间不超过1小时"。这些部门的OKR相互关联，通过共同的愿景和关键成果的对齐，能够促进跨部门协作，有利于项目的成功实施。

如果企业注重培养创新文化，鼓励员工自我驱动，OKR是一个很好的工具。它允许员工设定具有挑战性的个人目标，与企业的战略目标相结合。例如，在一个以创意营销著称的互联网销售公司，员工可以根据自己的想法和市场趋势设定OKR，如"开发一种全新的社交媒体营销方式，使品牌在目标用户群体中的好评率提升30%"。这种自我驱动的目标设定能够激发员工的创新潜力，为企业带来新的销售增长点。

（4）定期评估

企业可以每月、每季度或每年对销售人员进行一次全面的绩效评估。

① 月度考核

月度考核配以奖励制度可以作为一种短期的激励机制，激发销售人员的工作热情和积极性。这种及时的奖励和认可有助于形成良性竞争氛围，推动销售团队整体业绩的提升。此外，月度考核还可以让销售人员及时了解自己的工作进展情况，从而调整工作状态和策略，提高工作效率。

② 季度考核

季度考核能够全面评估销售人员在一个季度内的销售业绩，这有助于企业更准确地了解销售人员的业绩情况，调整销售策略和激励机制，合理分配资源，提高整体运营效率。根据季度考核结果，企业可以判断销售策略的有效性，进而优化销售策略。此外，季度考核还可以让销售人员对自己的工作有更全面的认识，发现问题并及时改进。

③ 年度考核

年度考核是企业对销售人员全年工作表现的一次综合评估，能够反映销售人员的长期销售业绩和贡献。这有助于企业更准确地了解销售人员的整体实力和发展潜力。年度考核结果可以作为企业人事决策的重要依据。通过对销售人员连续多个年度的考核结果进行综合分析，企业可以制定销售人员的发展规划，包括晋升机会、培训计划等。这同时也有助于销售人员明确自己的职业发展方向，提升职业素养和专业技能。

二、销售人员的激励

销售人员作为企业与市场之间的桥梁，其积极性和创造力直接关系到企业的销售业绩和市场占有率。因此，构建一套科学、合理的销售人员激励机制，对于激发销售人员的潜能、提升销售业绩、增强企业竞争力具有重要的意义。

1. 物质激励

物质激励是销售人员激励机制的核心组成部分，它与销售人员的最终收益回报相关联。销售行业的薪资构成一般包括底薪、提成、目标奖金以及项目分红。企业需要根据薪资构成设置合适的物质激励方式。

（1）提成激励

在销售行业中，提成是一种十分常见的激励手段。提成通常与销售人员的业绩直接挂钩，业绩越好，提成越高。这不仅能够激励销售人员积极拓展客户、提升销售业绩，还能让他们切实地感受到自己的努力与回报成正比。

对于不同的产品或服务，企业需要根据其利润空间和市场需求设定不同的提成比例。例如，对于在线教育平台，其售卖的课程边际成本相对较低，利润空间较大。企业可以针对这类高利润的产品设置较高的提成比例，以激励销售人员大力推广。而对于一些互联网上常见的低价虚拟商品，如在线音乐会员、电子书等，虽然销量可能较大，但是利润相对较低，企业可以适当降低提成比例。

为了进一步激发销售人员的竞争意识，企业可以设立提成等级制度。当销售人员的业绩达到一定的等级时，提成比例相应提高。例如，当月销售额在 10 万元以内，提成比例为 5%；销售额达到 10 万元～20 万元，提成比例提升至 8%；销售额超过 20 万元，提成比例可高达 10%。这样的设置能够促使销售人员不断挑战更高的销售目标，为企业带来更多的收益。

当销售人员在一个月内通过直播带货成功销售一定数量的产品后，企业可以逐步提高提成比例，以鼓励他们持续增加销量。对于销售新人，企业可以提高底薪所占的份额，以弥补销售新人因经验问题在获取提成方面的劣势，以激发其积极性。

（2）目标奖金激励

目标奖金激励是指企业设定明确的销售目标，并为达成目标的销售人员提供丰厚的目标奖金。目标奖金需要根据企业的实际情况和销售目标的难度进行合理设置。

在制定销售目标时，企业要充分利用互联网大数据，分析市场潜力和企业发展需求。例如，通过分析电商平台的用户搜索数据、浏览行为数据以及竞争对手的销售数据，预测某类互联网产品在特定时间段内的市场需求，从而确定合理的销售目标，并将年度销售目标细化到每个月或每个季度，同时结合互联网营销活动的节奏进行调整。例如，在电商购物节期间，提高销售目标，并相应提高目标奖金的额度，激励销售人员在这段时间内全力冲刺业绩。

当销售人员成功完成销售目标时，企业应及时给予他们目标奖金作为奖励。对于在销售中表现突出，如通过创新的网络营销手段成功拓展大量新客户或显著提高客户复购率的销售人员，企业除了给予他们常规的目标奖金外，还可以提供额外的福利（如赠送最新的电子产品、给予一定额度的电商平台购物券等），以激励他们不断提高自身的业务水平。

（3）承包经营激励

承包经营激励是一种给予销售人员更大自主权和经济回报的激励方式。企业可以将特定的互联网产品系列、线上销售区域或特定类型的客户群体承包给有能力的销售人员，让他们负责该部分业务的销售和管理。

例如，对于一家从事跨境电商业务的企业，该企业可以将某个国家或地区的市场承包给熟悉此区域市场情况的销售人员。承包经营的销售人员可以根据当地的互联网消费习惯、文化特点和市场竞争情况，自主制定线上营销策略，包括选择合适的电商平台、制定产品定价策略、策划网络促销活动以及优化客户服务等。企业则为他们提供必要的互联网技术支持、物流配送资源和供应链保障。

承包经营的销售人员需要承担一定的风险，但同时也享有更大的收益权。他们可以根据自己的市场判断和销售策略，自主决定产品的定价、促销活动和客户服务等方面的工作。企业则根据承包协议，为他们提供必要的资源支持和后勤保障。

为了确保承包经营的效果，企业需要与销售人员签订明确的承包协议，规定双方的权利和义务、销售目标、收益分配方式等内容。同时，企业还要建立有效的监督和评估机制，定期对承包经营的业绩进行考核和评估。如果销售人员完成了承包协议中的销售目标，将获得丰厚的经济回报，如高额的提成、奖金或分红；如果未能完成目标，也需要承担相应的责任，如降低提成比例，或者承担一定的经济损失。

（4）合伙人激励

合伙人激励是一种中长期激励方式，指的是在某个项目中销售人员与其他人员（如生产人员、技术人员）合作完成任务，按比例分红的模式。

在这种激励模式下，销售人员不再是单纯的执行者，而成为项目的合伙人之一，与其他团队成员共同承担风险、分享收益。这有助于打破部门之间的壁垒，促进团队协作，提高项目的成功率。

项目合伙人模式需要设计合理的收益分配机制，企业可以参考以下分配依据。

① 销售业绩占比

企业可以根据合伙人的销售业绩在项目总业绩中的比例来确定分配权重。例如，销售业绩占项目总业绩的 60%，则相应的合伙人在收益分配中的占比也为 60%。

② 专业贡献占比

企业可以考虑合伙人在专业领域的贡献程度，如市场策划、客户服务、技术支持等，通过评估专业贡献的重要性和难度来确定占比。例如，市场策划贡献占比 20%，客户服务贡献占比 10%，技术支持贡献占比 10%。

③ 团队协作占比

企业可以鼓励合伙人进行团队协作，根据团队协作的表现给予一定的分配权重。例如，团队协作良好的合伙人可以获得额外的 5% 分配比例。

（5）股权激励

股权激励是一种长期激励方式，企业可以给予销售人员企业的股份或股份期权，让他们成为企业的股东，从而分享企业的长期发展成果。这是一种将销售人员与企业紧密结合的激励方式。销售人员不仅能够分享企业的经济利益，还能参与企业的决策和管理，从而增强他们的归属感和责任感。

股权激励能够有效地吸引和留住优秀的销售人员，激发他们的工作积极性和创造力。同时，还能促进企业的长期稳定发展，提升企业的核心竞争力。

在实施股权激励时，企业需要根据销售人员的业绩、能力和贡献等因素，合理确定股权激励的对象、数量和价格等内容。同时，企业还需要建立健全的股权激励制度，明确股权激励的实施条件、管理方式和退出机制等内容。

例如，企业可以为业绩突出的销售人员提供一定数量的股份期权，让他们在未来一定时期内以约定的价格购买企业的股份。如果企业的业绩良好，股价上涨，销售人员就可以通过行使期权获得丰厚的收益；反之，如果企业的业绩不佳，股价下跌，销售人员也可以选择不行使期权，从而避免损失。

2. 精神激励

企业对销售人员的精神激励主要有以下几个方面。

（1）荣誉激励

荣誉激励可以让销售人员感受到企业对其的认可和尊重，提高工作积极性和自豪感。企业可以对在销售工作中表现杰出的销售人员进行公开、隆重的表彰，并授予荣誉称号。例如，在企业内部重要会议上，颁发精心设计的荣誉证书和具有象征意义的奖杯，并通过企业公告栏、内部网站等多种渠道进行广泛宣传报道，树立优秀销售人员的榜样形象，激发其他销售人员的学习热情和竞争意识；每月评选出一名"销售之星"，在企业月度总结会议上进行重点表彰，同时邀请其分享成功经验和销售心得，为全体销售人员提供学习借鉴的机会。

（2）晋升激励

晋升激励可以激发销售人员的上进心和竞争意识，提高工作积极性，同时可以为企业培养和储备管理人才。

企业需要清晰、明确地规划销售人员的晋升路径，并告知其从初级销售代表逐步晋升至高级销售经理等多层次、多阶段的职业发展通道。同时，制定详尽、严格且科学合理的晋升标准，全面涵盖销售业绩、客户满意度、团队协作能力等关键维度。例如，规定初级销售代表若能在连续 6 个月内，每月销售额达到 5 万元，且客户满意度评分在 90 分以上，同时展现出良好的团队协作精神，即可晋升为中级销售代表。

（3）培训激励

在互联网销售行业，知识和信息更代速度极快，培训激励可以满足销售人员的自我提升需求，提高其工作能力和业绩水平，同时可以为企业的发展提供人才支持。

企业可以定期组织开展全面、系统的内部培训课程，如销售技巧培训、产品知识培训、市场趋势分析等，邀请公司内部经验丰富的销售专家以及行业资深人士担任授课讲师，通过深入浅出的讲解、生动翔实的案例分析，以及实际、有效的角色扮演等多元化教学方式，切实提升销售人员的专业能力和综合素质。例如，每月精心安排一次销售技巧培训课程，旨在帮助销售人员熟练掌握与客户沟通、谈判以及促成交易的方法和技巧。

企业应大力支持销售人员参加外部培训和行业前沿研讨会，积极为他们报销培训费用和差旅费，鼓励他们不断学习行业最新知识、前沿技能和先进理念，拓宽自身视野，提升行业洞察力和市场敏感度。例如，每年为销售人员提供至少一次参加行业知名研讨会的宝贵机会，使其能够与同行精英进行深入交流和经验分享，从而及时了解市场动态变化和竞争对手最新情况，为实际工作注入新的思路和创新方法。

任务二　销售服务质量管理

销售服务质量管理是一种综合性的管理体系，旨在通过系统化的策略、流程、技术支持与企业文化，确保销售服务全链条的每一个环节都能达到甚至超越客户的期望。它不仅关注服务过程的标准化与效率，还强调服务体验的个性化与差异化，力求在激烈的市场竞争中，让企业通过卓越的服务品质赢得客户的忠诚与信赖。

一、销售服务质量管理的原则

销售服务质量管理的原则是企业制定和实施质量管理策略的基础，这些原则能够为企业的管理提供明确的指导和方向。

1. 客户导向原则

客户导向原则是企业销售服务质量管理的首要原则，企业销售服务的目的就是为了满足客户的期望和要求，进而提升企业形象和口碑，实现利益的转化。销售人员应当能够洞察客户需求，满足客户需求，甚至提供超越客户期望的服务。

（1）洞察客户需求

企业需要通过多种渠道收集客户需求信息，以洞察客户的需求。企业可以利用网站的客户反馈表单、在线客服聊天记录、客户评价和投诉等信息，深入分析客户对产品功能、价格、配送方式、售后服务等方面的期望。例如，一家电商企业通过分析客户评价发现，许多客户希望某类产品的包装更环保、更简约，该企业就可以根据这一需求改进包装设计。

企业还可以通过市场调研工具，如在线调查问卷，针对目标客户群体开展调查，了解客户在购买决策过程中的关注点，例如，是更注重品牌形象、产品质量，还是价格优势等因素，以便调整销售服务策略来满足客户需求。

此外，企业还可以利用大数据分析技术，对客户的浏览历史、购买行为、搜索关键词等数据进行深度挖掘，精准把握客户的潜在需求和偏好。

（2）满足客户需求

企业可以基于客户的个人信息、购买历史和浏览行为，运用人工智能算法为客户量身定制商品推荐列表，提高客户发现心仪商品的概率。企业要确保客户在整个购物过程中拥有良好的体验。从客户访问网站或电商平台开始，就要保证界面设计简洁、清晰、易用。产品展示页面应该有高质量的图片、详细而准确的产品描述，并且能够方便客户找到相关信息。例如，在客户购物过程中，为其提供便捷的搜索功能、清晰的购物流程引导（包括加入购物车、结算、支付等步骤）。

（3）超越客户期望

销售人员可以提供超出客户预期的增值服务，如免费的礼品包装、赠品、个性化的定制服务、延长售后服务期限等。对于客户咨询和售后问题，要及时响应。例如，设定在线客服的响应时间标准，如在 30 秒内响应客户咨询，快速解决客户遇到的问题，从而提升客户满意度和忠诚度。

2. 全员参与原则

全员参与指的是企业管理层和执行层能够就服务质量问题采取有效的行动，具体表现为领导重视和员工参与。

（1）领导重视

企业管理层领导应将销售服务质量视为企业发展的核心竞争力，制定明确的质量战略和目标。例如，领导可以在公司年度战略规划中明确提出将客户满意度提升至特定水平，并将其作为各部门绩效考核的重要指标。此外，企业管理层还应为质量管理提供充足的资源支持，包括人力、物力和财力。例如，投入资金建设先进的客户服务系统，培训专业的客服团队，开展质量改进项目等。

（2）员工参与

在互联网销售中，销售服务质量不仅仅是销售人员及其部门的责任，全体员工都要积极参与销售服务质量管理，树立质量意识，提高服务水平。市场部门需要提供准确的市场信息和有效的促销活动，以吸引客户；技术部门要确保网站和销售平台的稳定运行，优化客户体验；仓储物流部门则要保证产品能够及时、准确地发货和配送。

例如，当企业推出一款新产品的促销活动时，销售部门要与市场部门紧密合作，明确促销目标和策略，同时技术部门要提前做好平台的压力测试，确保能够应对可能出现的流量高峰，仓储物流部门要备好足够的库存。

销售人员是销售服务的直接提供者，他们的质量意识和服务水平直接影响着客户满意度，企业应对其进行重点培养。企业可以通过定期的培训、激励、沟通等方式，提升销售人员的质量意识和服务水平。

此外，企业还要对所有员工进行销售服务质量意识的培训。无论是一线销售人员，还是后台支持人员，都要理解销售服务质量的重要性。培训内容可以包括企业文化、服务理念、产品知识、沟通技巧等方面。此外，企业还可以通过设立质量奖励制度、建立内部沟通渠道等方式，鼓励员工积极参与提升销售服务质量的行动。

3. 持续改进原则

不同的客户有着不同的服务期望，客户的服务期望是不断变化的，这促使着企业不断地改进服务策略，提升服务质量。因此，企业需要不断完善自身的质量管理体系，对销售服务质量进行定期评估，学习借鉴先进的经验和方法。

（1）完善质量管理体系

企业应制定明确的销售服务质量标准，包括产品质量标准、服务响应时间标准、沟通规范标准等。例如，规定产品的质量必须符合国家相关标准和企业内部的质量检测要求，在线客服的响应时间不能超过规定时间，销售人员与客户沟通时要使用礼貌、专业的语言。

企业要严格执行销售服务质量标准，可以通过内部监督和检查机制确保员工遵守标准。例如，设立质量监督小组，负责定期检查员工的服务记录和沟通内容，一旦发现不符合标准的情况，立即进行纠正并提供必要的培训。

企业可以根据自身的销售服务质量标准和执行条例，建立销售服务质量管理体系。销售服务质量管理体系应包括服务质量目标、服务质量标准、服务质量控制、服务质量保证和服务质量改进等环节。此外，企业还可以通过引入国际标准（如 ISO 9001）、优化内部质量管理流程、提升质量审核层级等方式，完善销售质量管理体系。

（2）定期评估

企业质量管理人员可以利用数据分析工具对销售服务质量数据进行定期分析，评估销售服务质量的现状和趋势。例如，分析客户投诉率、退换货率、客户满意度等指标的变化情况，找出存在的问题和改进的方向。

此外，企业还可以开展内部审核和外部评估，确保销售质量管理体系的有效运行。内部审核可以由企业内部的质量管理人员进行，外部评估可以邀请专业的第三方机构进行，以获得客观、公正的评价。

（3）学习借鉴

企业可以通过派遣人员参加行业研讨会、学习标杆企业经验、引入质量管理工具等方式，学习借鉴先进的销售质量管理经验和方法。例如，学习六西格玛管理（一种改善企业流程管理质量的方法）、精益生产、全面质量管理等方法，引入质量控制工具（如 SPC 统计过程控制、FMEA 失效模式与影响分析等）。

（4）流程优化与创新

企业需要根据评估结果不断优化销售服务流程。例如，如果发现客户在退货过程中遇到较多麻烦，企业可以简化退货流程或提供更清晰的退货指南，如在线生成退货标签、上门取件等。

此外，企业还应鼓励内部的创新。企业可以鼓励员工们提出改进销售服务质量的创新性建议，并对建议被采纳的员工给予奖励。例如，一名员工提出通过建立客户社区，增强客户之间的互动和对品牌的归属感，企业采纳后可以奖励该员工"本月绩效考核加 10 分"。这样不仅可以提高该员工的集体认同感，还可以提升企业的客户忠诚度，从而提升销售服务质量。

4．数据驱动原则

在互联网环境下，销售人员在销售过程中的每一步具体操作都会留下数据信息。企业应注意收集和记录这些数据，用数据来驱动决策。"基于数据和信息的分析和评价的决定，更有可能产生期望的结果"，这句话在销售服务质量管理中同样适用。

企业应收集与销售服务质量相关的数据，包括客户满意度数据、销售数据、服务响应时间数据、客户投诉数据等。数据收集可以通过问卷调查、系统记录等方式来进行。

数据分析可以采用统计分析方法（如回归分析、方差分析等）、数据挖掘技术等，以发现数据中的规律和趋势。企业要运用数据分析技术，对收集到的数据进行深入挖掘和分析，找出影响销售服务质量的关键因素。例如，通过关联分析发现客户投诉率与物流配送时间之间存在较强的关联，从而确定物流配送是需要重点改进的环节。

企业对数据进行分析的同时，可以将数据进行可视化展示，使数据分析结果更加直观、易懂。例如，通过制作图表等形式，展示客户满意度的变化趋势、不同商品类别的销售情况等。

企业还可以建立数据驱动的绩效考核体系，将销售服务质量指标与员工绩效挂钩。例如，将客户满意度、投诉处理及时率等指标纳入销售人员的绩效考核体系，激励其提升服务质量。

5. 相关方合作原则

影响企业销售服务质量的不仅仅只有企业内部人员，还包括与企业各种活动和利益有联系的外部人员，如社会组织、合作伙伴。

为了有效把控销售服务的质量，企业需要组织管理与各相关方之间的关系。企业应明确相关方的需求，积极与相关方进行沟通交流，了解他们对销售服务质量的期望和要求。例如，与社会组织沟通，了解消费者权益保护的最新动态和标准；与合作伙伴探讨合作过程中对服务质量的共同目标和需求等。

企业应与相关方共同建立合作框架和机制，明确各方的权利与义务。例如，与合作伙伴签订合作协议，明确产品质量标准、服务水平要求、问题解决流程等，建立定期沟通和协调机制，以及时解决合作中出现的问题。企业可以组织定期的会议或工作坊，与相关方共同讨论销售服务质量问题，制定改进措施。

企业可以与相关方合作开展质量改进项目，共同提升销售服务质量。例如，与物流合作伙伴共同优化物流配送流程，提高配送效率和准确性；与供应商合作改进产品质量，降低次品率。

此外，企业还可以与相关方共同识别和评估销售服务质量风险，制定风险应对策略。质量风险因素包括市场竞争变化、技术故障、供应链中断、法律法规变化等。例如，关注竞争对手的价格策略和促销活动，提前做好应对准备，防止因价格劣势而失去客户。

二、客户满意度的衡量

客户满意度能够反映出企业销售服务质量与管理的情况。一方面，高质量的销售服务能够显著提升客户满意度；另一方面，客户满意度的反馈是销售服务质量管理的重要环节，也是为企业提供改进服务、优化销售策略的依据。

1. 客户满意度指标的设定

企业对客户满意度指标的设定主要包括产品质量、服务质量和产品价格等方面的内容。

（1）产品质量满意度

企业需要了解客户对产品质量的评价，包括产品的性能表现、外观设计、耐用程度等。

① 性能表现。企业要关注产品核心功能的发挥情况，评估其是否达到客户预期。例如，企业需要询问客户电子产品的运行速度、续航能力，以及软件的功能完整性和稳定性等情况。

② 外观设计。企业要关注产品的形状、颜色、材质、包装等方面的外观设计是否令客户满意。时尚的外观设计能够吸引更多的客户，如电子产品的轻薄外观、家居用品的简约风格等。良好的包装既能保护产品，又能提升产品的档次。

③ 耐用程度。企业要衡量产品的耐用程度，评估产品在使用一段时间后是否容易出现磨损、损坏等情况，如服装的耐穿性、电子产品的使用寿命等。企业可以通过客户反馈了解产品与同类产品相比的质量水平，以及客户对产品质量认证和标识的认知度。

（2）服务质量满意度

企业需要了解客户对销售服务的评价，包括服务态度、响应速度、处理能力等。

① 服务态度。企业应评估客服人员在与客户交流过程中的热情、友好程度。例如，评估在线客服是否使用礼貌用语、语气亲切程度，以及线下销售人员所展现出的专业素养水平等。

② 响应速度。企业要关注客服人员对客户问题咨询或投诉的响应时间。例如，从客户反馈问题到得到初步解决方案的时间是否合理，在线客服的回复速度能否满足客户需求等。

③ 处理能力。企业要考察客服人员能否准确地找到问题的根源，并提供有效的解决方案。企业可以评估问题解决后客户的满意度，以及是否还会出现类似问题。

（3）产品价格满意度

企业需要了解客户对产品价格的评价，包括价格的合理性、性价比等。

① 合理性。企业需要判断客户对产品价格的接受程度，判断在同类产品中，产品价格处于偏高、适中还是偏低水平，以调整产品的价格区间。

② 性价比。客户在购买产品时，往往会综合考虑价格和质量因素。企业可以通过与其他品牌同类产品的比较，了解客户对产品性价比的看法，以及价格因素在客户购买决策中的影响程度。

2. 衡量客户满意度的方法

企业可以通过在线问卷、客户服务渠道等方式收集客户满意度数据。企业衡量客户满意度的方法如下。

（1）客户满意度评分

客户满意度评分（Customer Satisfaction Assessment，CSAT）是一种直接评估客户在特定服务或产品体验后的满意程度的工具。它通常通过一个简单的评分机制进行，例如，从 1 到 5 分来表示客户的满意度。CSAT 评分通常通过如下问题获取："您对本次服务体验感到满意吗？"客户可以选择一个分数来表示他们的满意程度，评分越高，表明客户越满意。CSAT 得分通常以百分比形式（即总体满意度）呈现。

CSAT 评分的优点在于其易于实施和即时性。通过在客户互动结束后（如购买完成、售后支持或技术问题解决后）进行 CSAT 评分，企业可以快速获得反馈，识别需要改进的服务流程或产品特点，及时采取针对性措施。

CSAT 适用于短期满意度评估，因为它可以迅速地反映出客户在单一互动或交易中的满意度情况。例如，企业在客户咨询结束后弹出评分请求，以收集客户对客服服务的满意度反馈。值得一提的是，在互联网的环境中，为了解决文化差异和体现亲和力，企业常以表情变化的方式来呈现 CSAT，淘宝店铺客服满意度评分如图 10-1 所示。

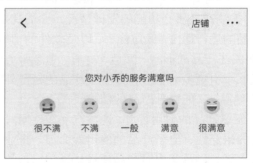

图 10-1　淘宝店铺客服服务满意度评分

（2）净推荐值

净推荐值（Net Promoter Score，NPS）是一项通过客户推荐意愿衡量客户忠诚度的指标。NPS 通常通过一个简单的问题来评估，如图 10-2 所示。回答 9～10 分的客户被归为"推荐者"，他们表现出对品牌的高度忠诚；7～8 分的客户称为"被动者"，他们虽然满意但不具备主动推荐的倾向；0～6 分的客户被视为"贬低者"，他们对品牌的体验可能不佳，甚至可能传播负面信息。

图 10-2　净推荐值图示

NPS 得分的计算公式如下。

$$NPS=推荐者百分比-贬低者百分比$$

NPS 不仅能够反映客户满意度，还能深入评估客户忠诚度及其推广品牌的意愿。由于 NPS 基于客户的推荐意愿，所以它能为企业提供客户关系的长期表现预测。NPS 可以帮助企业识别高忠诚度客户，并进一步增强客户的忠诚度，同时对贬低者进行跟踪，了解负面评价背后的原因，为客户服务优化提供依据。

（3）客户费力值

客户费力值（Customer Efforts Score，CES）通过评估客户在完成特定任务或获得帮助时所花费的努力程度来衡量客户体验。客户在获取服务体验的过程中，如果过于费力，遇到的困难太多，很有可能对企业做出负面评价，并将其传播出去。客户费力值可以通过量表题来测量（见图 10-3），分值越高，表示客户费力程度越轻，意味着客户能够更轻松地与企业进行交互，体验越好。

图 10-3　客户费力值

客户费力值评分主要应用于评估客户服务、技术支持和产品使用的便捷性。马修·狄克逊等人的《停止取悦客户的努力》一文指出，减少客户在解决问题或获得帮助时的费力度，可以显著提升客户满意度和忠诚度，因为客户往往更倾向于持续选择那些操作简便、提供帮助迅速的品牌。CES 可以提供一个直接的、量化的反馈，用于评估客户在服务过程中的体验是否流畅、快捷。企业可以通过降低客户费力值（如优化网站导航、改进客服响应时间等）来提升服务质量，提升客户体验。

（4）客户流失率

客户流失率（Customer Churn Rate，CCR）是指在一定时间内停止使用企业产品或服务的客户比例，企业可以通过分析客户流失率间接了解客户满意度，其计算公式如下。

$$客户流失率＝流失客户数÷总客户数$$

企业可以通过客户停止购买、订阅终止、长时间未进行互动等行为来识别和确认流失客户。

客户流失率直接反映了企业能否吸引并保持客户的能力。客户流失率过高，意味着服务质量不足，或者客户未得到有效支持。通过对流失客户的行为、反馈和互动历史进行分析，企业可以识别客户流失的原因，如产品缺陷、服务响应不及时、竞争对手的吸引力等。降低客户流失率的关键在于优化客户体验、与客户保持积极互动，并根据客户反馈进行持续改进，从而提高客户留存率。

（5）客户评论

客户评论是指客户对产品或服务的公开评价或私下反馈。客户评论可以是在线评论、社交媒体留言、电子邮件反馈或客户调查问卷等多种形式。客户评论不仅传达了客户对产品或服务的体验，还可能包含具体的改进建议或意见，能够为企业改进产品或服务提供依据。

企业可以通过定期收集和分析客户评论来深入了解客户需求和体验，识别服务的优势和不足。企业要做好客户评论管理，要将积极和消极的反馈均纳入考量，因为每一条评论都可能包含对产品质量、服务流程、价格等多方面有用的信息。

通过倾听客户意见并快速做出响应，企业可以建立积极的客户关系，同时通过改进产品和服务逐步提升品牌声誉。在互联网销售领域，客户评论还会影响新客户的决策，因此，企业应积极管理和改善在线评价，维持良好的市场形象。

任务三　销售票据管理

在数字化、信息化高速发展的当下，由于在线交易便捷、频率高，销售数据在海量累积，销售票据的数量也随之激增。有效的销售票据管理能够确保这些销售数据的准确性与透明度，防止因票据丢失、损坏或记录错误而导致财务问题。这不仅有助于企业内部的财务审计，还能为外部的投资者和监管机构提供可靠的数据支持，提升企业的信用度。

一、账单的管理

企业的账单管理不仅是财务管理的关键，还是企业资金流管理、客户体验优化和风险控制的重要环节。通过建立高效、智能化的账单管理流程，企业能够减少账单错误，缩短付款周期，提升客户忠诚度，并增强自身的市场竞争力。

1. 账单的生成

账单生成是账单管理的首要环节。企业通常依托自动化系统将订单信息转换为账单数据，确保账单的全面性、透明性和一致性。账单生成流程包含以下要素。

（1）客户信息的系统化校验

企业可以通过 CRM 等自动化系统与账单系统对接，确保账单生成前客户信息无误。CRM 等系统能够自动校验客户名称、地址和联系方式等信息，避免因信息错误导致账单发送失败。

（2）订单明细和税费的精细化管理

企业的账单系统应确保产品或服务的描述、数量、单价及各项税费明细准确无误，并在账单中清晰标注。通过增值税发票的自动生成与税率更新，企业可以确保税务合规，提升财务管理的透明度。

（3）账单的周期性自动生成

对于订阅型或周期性服务，账单管理系统可以设定定期自动生成账单，避免遗漏，并减少人工操作成本。此外，企业可以为客户提供电子账单与纸质账单两种选择，提升客户的支付体验与管理便利性。

2. 收入的确认

收入的确认是账单管理的核心任务之一，直接影响企业的财务报表和经营状况。企业在收入确认过程中必须严格遵循会计准则，尤其是在服务递延收入的确认和复杂账期管理方面。

（1）一次性销售的收入确认标准化

对于单次销售的产品，企业应在产品交付或客户确认收货后确认收入。通过物流与账单系统的联动，企业可以在系统内实现自动化的收入确认，减少人为干预。

（2）递延收入和分期收入确认的规范化

对于按月或按年收费的服务，企业可以在合同管理系统中设定分期收入规则，按照服务周期逐步确认收入，以确保财务数据的真实、可靠。特别是对于带有试用期或退款保障的服务，企业需要在服务期内分摊收入，并设置提前预警，以避免错报收入。

（3）收入分析与预测

企业应对收入确认流程进行动态分析，跟踪收入确认的滞后情况和各类型收入的实际表现，调整未来的销售与账期策略，确保财务的可持续增长。

3. 应收账款的管理

应收账款管理是账单管理的重要组成部分，其目标在于确保账款的及时收回，优化现金流管理。企业可以通过运用智能化系统来提升催收效率，并结合客户数据分析实现对账款风险的有效控制。

（1）智能催收与账期管理

企业可以使用机器学习算法预测客户的支付行为，通过在线留言、短信提示、自动电话等方式分层次、分时间进行催收。此外，企业可以依据客户的支付历史动态调整账期，给予高信用客户更灵活的账期，提升客户满意度。

（2）动态折扣和支付激励策略

企业可以为提前付款的客户提供折扣或奖励，如小额回扣，以鼓励按时或提前付款。对于大客户，企业则可以采用定制化的账期规则和支付激励，提升账款回收的及时性。

（3）风险预警与信用评分体系

企业可以建立客户信用评分体系，对高风险客户实施限额销售或预付制度，规避坏账风险。企业还可以结合对市场环境与客户历史行为的监测数据，调整催收策略和信用规则，减少账款损失。

4．账单调整与退票处理

账单调整与退票处理是账单管理中不可或缺的一环。企业要确保账单的及时调整，维护财务数据的准确性，并尽量缩短调整时间，以减少客户不便。

（1）退票及退款自动化处理

企业应在系统中配置自动化的退票及退款流程，根据客户退货原因、时间等条件快速触发账单调整。对于大客户和批量退货的情况，企业可以根据实际情况为其提供简化的退票、退款流程，提高账单调整效率，并提升客户体验。

（2）账单纠错流程标准化

企业应建立账单的错误审查机制，当出现数量、价格或税费错误时，需要严格按照标准流程进行纠错，重新生成正确账单。每次账单的调整均应形成记录，确保财务数据的透明性。

（3）账单冲销及坏账核销机制

对于长期欠款或未收回的款项，企业应依据账龄进行账单冲销或坏账核销等操作，定期清理账单数据，减少其对空间资源的占用，保证财务系统的有效性和准确性。

5．财务对账与报告

财务对账与报告是账单管理的最终环节，通过高效的对账流程，企业可以确保账单款项与财务记录一致，为后续的财务分析与策略调整提供依据。

（1）实时对账与差异分析

企业可以通过系统化的对账流程，对账单生成、收入确认和应收账款管理的每个环节进行监控，发现账单金额与财务记录的差异，并分析差异原因。在月度或季度末，企业应结合财务审计流程，进行全面的账单核对，避免账目偏差。

（2）财务数据可视化分析

企业可以运用大数据技术，辅助生成账单管理的可视化分析报告，此类报告涵盖账单回款率、客户付款周期、应收账款周转率等核心指标。这些核心指标可以实时呈现，为财务和管理层提供清晰的经营状况和风险评估信息。

（3）长期趋势预测与应收款优化

企业应通过对历史数据的分析，预测未来账款趋势和风险，从而制定科学的账款管理策略。财务部门可以根据不同的客户付款习惯、账期结构等指标，提出改进应收账款管理的建议，优化现金流，并提升财务稳定性。

二、发票的开具与管理

企业发票的开具与管理关系到客户体验、企业的税务合规性和财务透明度。发票是客户购买商品或服务的重要凭证，在商品出现质量问题或需要售后服务时，发票可以作为客户维权的依据。企业在进行税务申报时，需要发票作为成本和费用的证明。许多企业在采购商品或服务时，需要发票作为财务报销的凭证。因此，企业需要制定一个规范、精准的发票开具与管理流程，以保障业务的稳定运营。

1．发票开具的规范化流程

企业在发票开具过程中，必须严格遵循国家税务法律法规和企业内部的财务标准，以保证发票信息的合法性、准确性。发票开具流程主要有以下几个环节。

（1）发票类型的选择

企业需要根据客户需求、交易性质和税务规定，选择合适的发票类型。常见的发票类型包括增值税专用发票、增值税普通发票等。不同的发票类型在适用条件、税率和使用方法上有所区别，企业应合理选择，以确保合法合规。

（2）开票条件的明确

企业应明确发票开具的前提条件。通常，需要在客户完成付款后或者在企业确认订单并发货后方可开具发票。合理的开票条件有助于规避发票作废的情况，减少不必要的财务工作量。

（3）发票内容的准确性

企业必须确保发票信息的准确性，包括客户名称、税号、地址、联系方式、商品或服务名称、金额、数量、单价、税率和总金额等。详细、准确的发票信息不仅有助于客户入账和报销，还为企业的财务对账提供了清晰的数据。

（4）开票平台或系统

在发票开具过程中，企业应借助规范化的开票平台或系统，以实现操作的标准化、信息的准确性，以及税务的合规性。开票平台或系统的选择应根据企业规模和业务需求进行评估，大型企业通常会选用功能完善的企业资源规划（Enterprise Resource Planning，ERP）系统，将开票流程整合至整体财务体系中，实现数据的集中管理和精细化控制，而中小型企业可以选择高效的简易开票平台，以满足日常需求。

开票平台或系统要无缝对接企业财务管理，实现实时数据同步，并自动生成对账报表，以便于审计。开票平台或系统还应遵循最新税务法律法规要求，保证发票模板、税率及税务编码及时更新，以支持线上线下多渠道开票、电子发票发送及重复开票预警等功能，以便于企业进行全面跟踪和管理。

为了保证数据的完整性和安全性，开票平台或系统应配备数据加密、权限控制及定期备份机制，防止数据丢失，并确保合规审计的溯源能力。通过专业化、系统化的开票平台或系统，企业能够提升财务流程的自动化水平，有效降低财务风险，确保发票信息的安全性和合规性，实现发票开具的现代化与规范化。

2. 发票的管理

在互联网销售领域，电子发票是企业的主流开票方式。随着《电子发票全流程电子化管理指南》的颁布和我国全面数字化电子发票的正式推广应用，全流程电子化管理成为新趋势，电子发票的有效管理也愈加重要。电子发票管理的重点在于确保开票的效率、准确性和客户使用的便捷性。通过高效的系统集成，企业可以实现发票管理的自动化与数字化。

（1）发票存储与归档

企业应按照税务相关法律法规要求对发票进行存档管理。企业可以按客户名称、发票号、开票时间等进行发票的分类存档，以确保发票数据能够被迅速检索到，提高管理效率。电子发票应存储于安全的云端或本地服务器，利用加密和权限控制等技术保障数据安全，并定期进行备份，以防数据丢失。发票的分类存储能够减少查询和核对的时间成本，同时降低因数据丢失或错误带来的法律与财务风险。

（2）发票查询与验证

企业应具备高效的发票查询与验证能力，以满足客户和企业内部财务部门的需求。通过专业开票系统的智能检索功能，财务人员可以根据订单号、客户名称、开票日期等关键信息快速定位发票，实现高效查询。

为确保发票的真实性，企业需要定期对发票数据与财务系统中的收入数据进行对账。通过与银行对账单和销售记录的比对，企业可以及时发现和纠正错账、漏记账等问题，确保财务数据的准确性。此外，企业还应将所有开具的发票在国家税务系统中进行验证，及时排查不合规或虚假发票，确保企业的财务账目符合税务相关规定，并提升内部管理的严谨性。

（3）发票作废与红冲

企业应明确发票作废的条件，一般仅限于当月开具、尚未报税的发票。作废发票的操作须由财务人员执行，避免未批准的作废操作产生财务混乱。作废操作完成后，企业需要及时记录原因，并在系统中保留记录，以备日后审查。

对于已申报或跨月的错误发票，企业需要通过红字发票冲销错误数据。企业在开具红字发票前，通常需要客户提交"红字发票开具申请单"，并该申请单需要通过企业的财务审批，以确保操作的合规性。红字发票能够有效满足退货或发票金额调整的需求，以保障企业账务的准确性。

在对发票进行作废操作或开具红字发票后，企业需要对财务系统中的收入记录进行调整。通过及时更新财务数据，企业可以确保对账数据的准确性和完整性，避免因错账影响财务报表的准确性。

（4）发票交付与统计

企业应建立高效、合规的发票交付机制，确保发票能够准确无误地送达客户。电子发票应可以在线浏览和下载，或者由企业通过安全的电子邮件、短信等形式发送给客户。在完成交付后，企业应对发票数据进行汇总与统计分析，形成清晰的财务报表和业务报表，为高层管理决策提供全面的数据支持。同时，企业还可以从开票数据中提炼出客户偏好、地域销售分布等信息，为优化客户服务和做出销售决策提供支持。

通过科学、规范的发票管理流程，企业能够有效减少因财务失误导致的合规风险，实现财务操作的自动化和透明化。这种管理模式不仅提升了财务流程的安全性和精确性，还为企业在信息化、数字化时代的运营效率提升提供了坚实的支撑，使其在税务合规和财务管理方面脱颖而出，树立财务管理专业性与先进性的标杆。

此外，企业还要做好随时接受税务部门审计和检查的准备，一旦面临审计和检查，要能及时提供其所需的发票证明和相关资料。

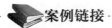 **案例链接**

小米商城，发票管理的智能化典范

随着互联网销售的普及，个人客户和企业客户对发票管理的便捷性和准确性提出了更高的要求。作为数码产品电商平台，小米商城在发票服务上不断优化，力求让个人客户和企业客户都能享受到高效、智能的发票管理体验。

2024年5月，某数码产品爱好者在小米商城购买了新款手机。支付完成后，他不仅收到发货通知，还在手机上收到了电子发票的即时推送提醒。打开小米商城的官方应用，他便能在订单详情页随时查看电子发票，清晰地看到购买的手机型号、价格和购买时间等信息。他感觉方便至极，不用担心纸质发票丢失，还能随时分享发票给朋友参考。

早在2023年12月，某创业公司选择在小米商城为员工批量采购了笔记本计算机等办公设备。由于是公司采购，发票抬头和税号的准确性尤为关键，采购负责人在下单时仔细填写了公司信息。小米商城的系统对此进行了多重核验，自动检查税号格式后，再联网与税务系统对接，验证其真实性。确保信息无误后，系统才生成并推送了企业电子发票。后续财务报销中，财务人员无须做额外核对，大大提升了财务管理效率。

通过智能化发票管理，小米商城成功满足了个人客户和企业客户的不同需求。电子发票即时推送的便捷性，以及企业信息多层验证的严谨性，可以使客户享受到便捷与精准的发票服务体验。

📈 项目实训：海尔集团销售人员管理分析

1. 实训背景

在互联网时代，海尔集团对销售人员的管理采取了一系列先进的方法和措施，以确保销售团队的高效运作和企业的持续发展。海尔集团用到的考核指标包括线上订单处理指标、客户关系维护指标、创新能力指标，并对销售人员是否完成指标实行激励或惩罚措施。

线上订单处理指标考核销售人员对互联网平台上订单的处理速度和准确性，包括订单的确认时间、发货时间、订单信息的准确性等方面；客户关系维护指标关注销售人员与线上客户的长期关系维护，通过客户的复购率、客户的忠诚度等指标来衡量；创新能力指标鼓励销售人员在互联网销售模式、销售渠道、客户服务等方面进行创新。

海尔集团对绩效考核优秀的销售人员会给予荣誉表彰、奖金、旅游奖励等；对于绩效不佳的销售人员会进行绩效面谈，帮助其分析问题并制订改进计划，如果销售人员在规定时间内未能达到改进目标，可能会调整其工作岗位或与其解除劳动合同。

2. 实训要求

在网上搜索海尔集团销售人员管理的相关内容，并分析其销售人员管理的方法。

3. 实训思路

（1）搜索相关资料

在网上搜集搜索海尔集团销售人员管理的相关内容，然后根据本项目所学知识对其销售人员管理方法进行分类，了解其考核指标与考核方法。

（2）分析销售人员激励方法

了解海尔集团激励销售人员的方法，其中物质激励是什么？精神激励是什么？与同学讨论后进行总结。

（3）提出销售人员管理建议

针对海尔集团销售人员管理方面提出自己的建议，把自己想到的都写下来，然后和同学们相互交流。

📈 巩固提高 ● ● ● ● ● ●

一、单选题

1. （   ）不是销售人员绩效考核的指标。

   A. 销售业绩指标　　B. 客户开发指标　　C. 产品研发指标　　D. 工作态度指标

2. 在下列考核方法中，（   ）更注重过程。

    A. 定量考核法　　　B. OKR 考核法　　　C. 定性考核法　　　D. KPI 考核法

3. 在销售服务质量管理原则中，（   ）原则提到"对数据进行定期分析，评估服务质量的现状和趋势"。

    A. 客户导向　　　　B. 全员参与　　　　C. 持续改进　　　　D. 数据驱动

4. 衡量客户满意度时，（   ）主要通过客户的推荐意愿来衡量。

    A. CSAT　　　　　B. NPS　　　　　C. CES　　　　　D. CCR

5. 在销售票据管理中，下列最能确保财务数据透明度的环节是（   ）。

    A. 客户信息的系统化校验　　　　　　B. 订单明细和税费的精细化管理

    C. 财务的对账与报告　　　　　　　　D. 发票的周期性自动生成

二、判断题

1. 在互联网销售中，企业强调各部门合作，适合采用定性绩效考核法。（   ）

2. 合伙人激励是指销售人员成为企业的合伙人，与企业共同承担风险，分享收益。（   ）

3. CES 和 CCR 分值越高，表明客户体验越好。（   ）

4. 对于单次销售的产品，企业一般会在产品交付或客户确认收货后确认收入。（   ）

5. 财务对账与报告是账单管理的首要环节。（   ）

三、简答题

1. 简述 OKR 在互联网销售中的应用场景。

2. 简述销售服务质量管理的全员参与原则的具体内容。

3. 简述企业在发票管理方面应注意哪些问题。